영화, 섹슈얼리티로 말하다

Women's Sexuality in Korean Cinema

영화, 섹슈얼리티로 말하다

유진월

푸른사상
PRUNSASANG

섹슈얼리티, 그 매혹의 탈주
-한국영화와 여성-

이 책은 한국영화에서 재현되는 다양한 여성의 모습을 섹슈얼리티라는 키워드를 중심으로 탐구하는 것을 목표로 하고 있다. 자본주의의 산물인 영화에서 여성 섹슈얼리티의 표현은 사회적 인식의 잣대가 되는 동시에 사회와 주고받는 영향도 적지 않다. 영화에서 재현되는 여성상과 그들의 섹슈얼리티를 통해 오늘날 사회와 여성의 관계를 가늠해볼 수도 있다. 섹슈얼리티는 단일한 의미로 규정하는 것이 불가능할 정도로 풍성한 의미를 담고 있는데 여기서는 성적인 특성을 갖는 행위나 태도 및 이를 둘러싼 느낌이나 욕망, 실천, 정체성과 같은 측면을 포괄하는 다소 광범위한 개념으로 사용하였다. 또한 성을 사회적 역사적 구성물로 이해하는 푸코의 관점에 동의하여 섹슈얼리티가 권력관계의 산물이자 사회적 관계망 속에서 구성되며 불평등한 성별 권력을 매개하는 정치적 측면이 있음을 중시하였다.

오늘날 영화에서 재현되는 여성들은 새로운 섹슈얼리티를 추구하고 때때로 과감하게 이를 드러낸다. 그러한 욕망은 위반을 낳고 위반은 탈주로 이어진다. 그들은 정상과 비정상, 이성과 감정, 받아들여지는 행동과 배척되는 행동 등 경계로부터의 탈주를 통해 대립되어 있다고 상정되는 세계를 넘나든다. 이러한 행동은 표준화된 사고에 익숙하고 코드화된 질서에 길들여진 사람들에게는 낯설고 당황스럽고 수용하기 어려운 것이다. 그러므로 그들은 기존의 고정되고 획일화되고 정리된 가치와 사회를 유지하기 위해 격리되거나 징계를 받기도 한다. 그럼에도 탈주의 욕망은 조금씩 세상에 대해 이의를 제기하고 변화의 시발점이 되며 여성들을 새로운 세상으로 나아가게 한다. 그래서 새로운 섹슈얼리티의 탐구와 구현에의 노력은 하나의 매혹이 된다.

이러한 관점을 기반으로 하여 영화를 분석하는 과정에서 한 사람의 여배우를 택하고 그가 출연한 작품들을 하나의 카테고리로 묶어서 접근하는 방법을 사용하였다. 물론 이 책은 배우 연구가 아니라, 배우가 선택함으로써 결과적으로 관심의 대상이 되고 문제작이 된 '영화에 대한 연구'이다. 배우와 주인공을 완전히 일치하여 보는 것은 아니지만 배우가 특정한 영화에 출연하기로 결정하는 것은 자신의 세상을 보는 관점의 반영 문제, 자신이 연기할 여성 인물에 대한 상당한 이해와 동의, 작품의 재현/표현 방식에 대한 능동적 선택 등이 담겨 있다고 보기 때문이다. 한 사람의 배우가 선택한 영화는 대중들에게 이 시대에 함께 고민해야 할 문제를 제시하는 동시에 그 배우의 사회적 관심사와 사회적 역할을 알려준다. 이는 특정한 배우가 출연하는 일련의 영화들은 어떤 식으로든 공통점이 있다는 전제가 되며 그 영화들을 함께 분석할 수 있는 근거가 된다.

이 책은 주로 2008년부터 2011년에 걸쳐 한국영화와 여배우, 여성과 섹슈얼리티라는 주제 아래 쓰여졌다. 본격적으로 논의가 된 작품의 배우들은 김혜수, 전도연, 문소리, 신은경, 수애 등이다. 그리고 주제의 특성상 개별적으로 분석하지 못하고 여럿을 묶어 함께 논의한 작품의 배우로는 장미희, 이미숙, 김윤진, 엄정화, 장진영 등이 있다. 여기서 연구대상으로 택한 작품들 중에는 영화계에서 좋은 평가를 받는 작품도 있지만 많은 관객들과 만나지 못하고 아쉽게 지나간 작품도 있으며, 비판적 관점에서 부정적인 논의의 대상으로 선택된 작품도 있다. 긍정적이든 부정적이든 한국영화에서 여성의 문제를 함께 생각해볼 만한 요소가 들어있다고 생각되는 작품들을 연구대상으로 택한 것이다.

　이 책을 출간해주시는 푸른사상의 한봉숙 사장님과 여러 면에서 애를 많이 쓰신 편집실의 모든 분들께 깊이 감사드린다.

2011년 가을의 길목에서

유진월

■ 책머리에 • 5

제1장 섹슈얼리티와 결혼/가족제도의 변모
— 이미숙의 〈정사〉에서 김혜수의 〈바람 피기 좋은 날〉까지

Ⅰ. 서론   17

Ⅱ. 본론   21
  1. 모성신화와 이데올로기에 대한 도전, 〈정사〉   21
  2. 성적 욕망의 주체로서의 여성, 〈해피엔드〉   24
  3. 여성중심적 몸의 재현, 〈밀애〉   30
  4. 일부일처제도에 대한 도발적 조롱, 〈결혼은, 미친 짓이다〉   33
  5. 가족제도에 대한 냉소와 해체, 〈바람난 가족〉   37
  6. 가부장제도의 허와 실, 〈바람 피기 좋은 날〉   41
Ⅲ. 결론   44

제2장 억압된 욕망과 전복의 정치학
— 김혜수의 〈얼굴 없는 미녀〉와 〈분홍신〉

Ⅰ. 서론   51

Ⅱ. 본론   53
  1. 분열된 자아의 환상과 억압된 것의 회귀, 〈얼굴 없는 미녀〉   53
  2. 이원화된 주체와 욕망의 구현, 〈분홍신〉   65
Ⅲ. 결론   79

제3장 자본주의 시대의 욕망과 진실의 길항
— 전도연의 〈밀양〉과 〈하녀〉

Ⅰ. 서론　　　　　　　　　　　　　　　　　　　87

Ⅱ. 본론　　　　　　　　　　　　　　　　　　　89

　1. 탈영토화된 분열자와 유토피아에의 욕망, 〈밀양〉　　89

　2. 자본주의시대 무산계급/여성의 탈주 욕망, 〈하녀〉　　102

Ⅲ. 결론　　　　　　　　　　　　　　　　　　　114

제4장 섹슈얼리티와 주체의 구현
— 문소리의 〈오아시스〉, 〈바람난 가족〉, 〈여교수의 은밀한 매력〉

Ⅰ. 서론　　　　　　　　　　　　　　　　　　　121

Ⅱ. 본론　　　　　　　　　　　　　　　　　　　125

　1. 장애 여성과 섹슈얼리티, 〈오아시스〉　　　　125

　2. 기혼 여성과 섹슈얼리티, 〈바람난 가족〉　　　132

　3. 지식인 여성과 섹슈얼리티, 〈여교수의 은밀한 매력〉　　143

Ⅲ. 결론　　　　　　　　　　　　　　　　　　　151

제5장 젠더 이데올로기의 재생산

― 신은경의 〈조폭마누라〉

I. 서론   159

II. 본론   162

   1. 여성의 재현과 역담론   162

   2. 복장 전도와 성적 위장   166

   3. 은폐된 여성성과 순결 이데올로기   171

   4. 모성성을 통한 전통적 여성성의 강조   175

III. 결론   179

제6장 여성의 아비투스를 재현하는 성의 정치학

― 수애의 〈가족〉, 〈나의 결혼원정기〉, 〈그 해 여름〉, 〈님은 먼 곳에〉

I. 서론   187

II. 본론   192

   1. 이분화된 성정체성과 남성 판타지의 구현   192

   2. 여성의 재현에 내재된 성의 정치학   205

III. 결론   212

제7장 신여성의 근대체험과 영화의 재현
— 장미희의 〈사의 찬미〉와 장진영의 〈청연〉

Ⅰ. 서론   219

Ⅱ. 본론   222

  1. 신여성과 근대체험   222

  2. 비극적 모던걸 윤심덕, 〈사의 찬미〉   225

  3. 현실과 타협한 이상주의자 박경원, 〈청연〉   235

Ⅲ. 결론   247

제8장 소비사회의 탈주 욕망과 키치적 글쓰기
— 김대우의 〈음란서생〉과 〈방자전〉

Ⅰ. 서론   255

Ⅱ. 본론   259

  1. 탈주 욕망으로서의 글쓰기, 〈음란서생〉   259

  2. 인물의 진정성과 키치적 글쓰기, 〈방자전〉   269

Ⅲ. 결론   281

■ 참고문헌 • 283

■ 찾아보기 • 287

제1장
섹슈얼리티와 결혼/가족제도의 변모
— 이미숙의 〈정사〉에서 김혜수의 〈바람 피기 좋은 날〉까지

이 장에서는 최근 10년간의 영화 중에서 금지된 여성의 사랑 곧 '불륜'이라는 소재를 택하여 문제 제기적이면서도 흥행에 성공한 영화들의 여성 재현방식을 분석하였다. 물론 영화는 표현상으로는 더 자극적이고 주제상으로는 더 진보적이므로 현실과 동일하다고 할 수는 없다. 그러나 영화에 재현되는 여성의 섹슈얼리티가 결혼/가족제도와 연관되는 방식은 다분히 현재의 한국 사회를 담아내고 있다.

　결혼 제도와 새로운 사랑 사이에서 갈등하며 자아를 찾아가는 〈정사〉를 시발점으로 해서 혈연관계대신 여성들의 인간적 유대만으로 이루어진 가족 형성을 보여준 〈가족의 탄생〉에 이르는 과정에서 나름대로 의미 있는 진보를 담고 있다고 보는 6편의 영화를 분석했다. 아내의 불륜을 살인으로 징계한 남편이 처벌대신 동정을 받는 결말을 보여주는 〈해피엔드〉는 성적욕망의 주체로서의 여성과 그를 응징하는 한국 사회를 반영한다. 〈밀애〉는 여성중심의 섹슈얼리티를 잘 표현하고 있으며 〈결혼은, 미친 짓이다〉는 연애와 결혼의 공존을 모색하는 여성을 통해 결혼제도에 대한 도발적 조롱을 하고 있다. 〈바람난 가족〉은 개인적 성을 인정하는 가족관계에서 나아가 결국은 가족의 완전한 해체에 이르는 극단적 현실을 보여준다. 〈바람 피기 좋은 날〉은 불륜의 죄책감이나 갈등대신 경쾌한 연애의 주체자로서의 기혼여성을 보여주기에 이른다. 영화가 현실에 대한 재현과 예견을 담아내는 사회적 장이라고 할 때 이상의 영화들은 우리 사회의 결혼/가족이 해체와 재구성의 수순을 밟고 있음을 반영한다. 또한 구성원의 정서적 개인적 기본 욕구의 충족, 평등하고 민주적인 관계의 유지, 공동체 원리와 개인의 자율권의 조화 등을 위한 노력이 위기에 처한 현 사회의 결혼/가족 공동체를 유지할 수 있는 기본 요소임을 인식하게 한다.

I. 서론

영화는 사회를 읽고 표현하는 나름의 독특한 시스템 속에서 당대의 대중이 보고 싶어 하는 것을 가장 정확하게 포착해서 급속도로 재생산해내는 고도의 순발력을 가진 장르다. 따라서 당대의 영화는 그 사회가 처해 있는 상황을 예민하게 포착하고 문제를 제기하여 드러내거나 혹은 은폐하는 나름의 결정에 의해 사회 및 대중과 결탁해 왔다. 영화를 통해 당대 사회의 문제를 읽어낼 수 있는 것은 이런 이유에서다. 또한 가부장 문화에서 여성을 소재로 한 대부분의 재현은 타자 혹은 차이를 암시하는 것으로 읽을 수 있다.[1] 재현은 본래 그 성격이 생산적이며 특히 영화는 기존의 세계를 재생산할 뿐 아니라 이미지 속에 있는 것은 무엇이든지 소비의 대상으로 구축하는 코드화된 담론을 형성한다. 그러므로 영화에서

---

[1] 아네트 쿤, 이형식 역, 『이미지의 힘』, 동문선, 2001, 35면.

여성의 이미지는 어떤 식으로든 의미가 있다. 영화가 여성을 주제로 선택하는 곳에서 여성은 언제나 일련의 의미로 구축되고 그것은 이어서 문화적 경제적 유통 과정에 뛰어들게 된다. 따라서 영화 속에서 매우 강력한 이미지를 담고 있는 여성의 재현 방식은 그 영화가 속한 사회를 이해하는 하나의 준거가 된다.

영화는 특정한 사회적 구성물인 섹스/젠더시스템에서 젠더를 둘러싼 남녀 간의 억압과 무의식이 어떻게 투쟁하고 작동하는가를 여실히 보여주는 격렬한 성적 투쟁의 장으로 오랫동안 성/권력관계가 각축을 벌여온 영역[2]이다. 본 연구는 이러한 관점에서 최근 십 년간의 영화 중에서 사회적 윤리적 도덕적 법적 규범적 정서적 이성적으로 엄격하게 금지된 여성의 사랑 곧 불륜이라는 소재를 택하여 문제 제기적이면서도 흥행에 성공한 영화들의 여성 재현방식을 분석함으로써 변화하는 오늘의 한국 사회를 읽어내고 문제점을 파악하고자 한다.

흔히 영화는 감독의 예술이라 하여 종합예술의 총책임자이자 예술의 완성자로서의 감독의 지위를 중시한다. 그러나 본 연구에서 연구대상으로 택하는 영화들은 특히 여성인물/여배우가 영화를 이끌어간다는 특성을 가지고 있으며 그들이 내러티브의 주체로서 능동적으로 행동한다는 점에서 여타의 영화들과 변별성을 가진다. 진열되는 육체로서 남성 관음증의 대상으로 존재하던 수동적 여성이 아니라 주체적으로 금지된 사랑을 선택하고 억압되어온 성적 욕망을 드러내며 그에 대한 책임을 지고 죽거나 몰락하거나 혹은 고통을 딛고 성숙으로 나아가거나 냉소적으로

---

2 서인숙, 『시네페미니즘의 이론과 비평』, 책과 길, 2003, 313면.

위선적 현실을 벗어나는 여성들을 보여준다는 점에서 문제적이다. 은폐되고 억압된 여성의 쾌락과 섹슈얼리티를 드러낸다는 사실만으로도 여성을 위한 정치적 의미를 수행하는 것[3]이기 때문이다. 신체와 섹슈얼리티에 대한 여성적 담론을 생산해내는 것은 여성의 주체성을 획득하는 유효한 방법이다.

최근 한국 사회는 남녀평등의 신장과 여성의 사회참여 확대 및 경제력의 증가, 성개방의 풍조와 성의식의 변화, 가족 개념의 변화 등 여성을 중심으로 한 변모가 중요한 현상이 되고 있다. 가부장제도와 일부일처제도 및 여성의 모성 이데올로기와 순결의식 등 기존의 가치가 변화를 보이고 있는 것이다. 그럼에도 불구하고 이러한 현실에 대한 명확한 분석과 진단 및 대안 등에 대한 개방적인 담론의 장은 미흡하다. 그것은 본 연구에서 사용하는 금지된 사랑이라는 용어가 실은 한국 사회에서 매우 불온하고 은밀한 어감을 가진 불륜의 온건한 표현이라는 점을 고려할 때 이유가 좀 더 명확해진다. 그것은 대부분의 텔레비전 드라마가 소재로 채택하고 있을 정도로 이 사회에 만연된 현상이며 진지하게 공론화하고 분석해야 하는 중요한 문제임에도 불구하고 금기의 영역이며 불온하고도 사적인 문제라는 인식 때문에 본격적인 연구 대상이 되지 않았던 것이다.

여기서는 영화에서의 재현을 통해 이상의 문제들을 분석하고자 하며, 연구대상으로 삼을 작품들은 〈정사〉(1998), 〈해피엔드〉(1999), 〈결혼은, 미친 짓이다〉(2002), 〈밀애〉(2002), 〈바람난 가족〉(2003)과 〈바람 피기 좋

---

3 서인숙, 앞의 책, 282면.

은 날〉(2007) 등이다. 물론 이 작품들이 의도하는 바나 영화적 표현, 주인공의 의식이나 감독의 의도, 사회적 반향 등 재현의 양상과 사회에 미친 영향력의 수위가 저마다 다르지만 앞서 제기한 연구 의도에 부합하는 작품들이기 때문에 주된 분석 대상으로 삼고자 한다. 이 6편의 영화를 영화가 발표된 연대순으로 분석하였는데 이들이 여성과 사회의 점진적인 변화를 담아내고 있다는 점에서는 나름대로의 의미를 갖는 순서이기도 하다.

Ⅱ. 본론

1. 모성신화와 이데올로기에 대한 도전, 〈정사〉

〈정사〉가 보여주는 중산층의 깔끔한 집, 성공한 남편과 아름다운 아내와 어린 아들이 이루어내는 행복한 가정은 이 땅의 남녀가 오랫동안 꿈꾸며 지향점으로 삼아온 바로 그 풍경이다. 그러나 완벽해 보이는 이 그림은 매우 정적이고 반복되는 일상에는 생동감이란 없다. 서현(이미숙 분)의 우울한 표정과 무채색 일색의 의상과 가구 등에 의해 이루어지는 무거운 분위기를 통해서 이상적인 듯 보이는 이 가정에 내재한 결혼생활의 공허가 드러난다. 그리고 마침내 수족관이 깨어지면서 그간 보기 좋은 배경으로 존재하던 어항 속의 물고기들은 바닥에 내동댕이쳐져 유리조각 사이에서 팔딱거린다. 매우 진부한 상징임에도 불구하고 이 장면은 서현의 안정되지만 억압된 지금까지의 삶과 자유롭지만 위험할 수 있는 앞으로의 삶을 요약한다. 수족관이 깨지는 요란한 소리와 유리 파편들은 견고해 보이던 이 가정이 사실은 얼마나 나약한 것이었는지를 드러낸다.

이 영화의 저변에는 결혼한 여성에게 강요되는 모성 이데올로기가 깔려 있다. 모성 이데올로기란 여성의 위치는 가정이며 가정에서 여성의 임무는 가족 구성원을 돌보고 이들에게 정서적 안정을 제공하는 것이라는 사회적 통념을 말한다. 여성의 이런 역할은 성별 분업이라는 맥락 속에서 정당화되며 결혼한 여성이라면 가사노동, 자녀의 양육과 교육의 전 과정에 대한 책임을 떠맡아야 한다는 것이다. 모성 이데올로기는 가정 내에서 여성의 책임이 정신적 육체적으로 힘든 일이라는 점이 은폐되며 과도하게 이상화되고 미화됨으로써 여성을 가족이라는 영역에 묶어두어 고립화 무력화시킨다는 점에서 문제가 된다.

중산층 기혼여성인 서현에게 허용되는 삶의 범위는 매우 협소하고 인간관계는 단조롭다. 모든 개개인에게는 자신의 주체적인 존재를 확인하고자 하는 윤리적 충동과 함께 자유를 유보하고 하나의 사물이 되고자 하는 유혹이 동시에 존재한다. 본래적 실존을 수행하는 일에 내포되어 있는 무게를 회피하려는 이러한 타자성의 수용은 기만적일 뿐 아니라 자유로부터의 도피다. 타자로 퇴보하는 것은 여성들이 그들보다 우월한 계층에 의존함으로써 그들에게 부여된 모든 이점들을 포기하는 것이다. 남성은 여성에게 물질적 보호를 제공하고 그녀의 존재에 대한 도덕적 정당화를 떠맡는 것[4]이다.

---

4 조세핀 도노번, 김익두 · 이월영 공역, 『페미니즘 이론』, 문예출판사, 1993, 230~231면.

이렇게 볼 때 평화로운 듯한 서현의 생활이 우울하고 불안하며 일촉즉발의 문제적 상황에 처해 있음을 알 수 있다. 아내, 엄마, 주부, 언니, 처형 등의 호칭이 의미하듯 그녀는 가족 내의 제한적 역할로만 존재하는 기능적 존재이다. 그러나 우인(이정재 분)을 만나면서 그녀의 삶은 이질감으로 균열을 일으키는 동시에 실존의 문제와 직면하게 된다. 가족제도 내에서의 관계를 벗어나 한 인간과 인간으로서 관계 맺기를 제안하는 우인의 등장은 서현에게 충격이고 도발이며 도전이다. 자신이 가족이라는 테두리 안의 제한된 존재가 아니라 독립적이고 스스로 의미 있는 존재임을 깨닫게 해주고 인정해주는 사람을 만난 것이다. 그것은 그녀에게 인간으로서의 자존감을 부여했으며 개별 존재로서의 삶에 대한 두려움과 욕구를 동시에 갖게 한다. 따라서 우인과의 〈정사〉는 서현에게 진정한 자아를 발견하게 하는 일종의 통과의례로 기능한다. 이 영화가 에로틱한 장면과 여성 육체의 전시를 통해 관객의 관음증을 유발하여 흥행 효과를 노리던 과거의 영화들을 넘어서서 여성 영화로 자리매김하게 되는 이유다.

영화는 '정사(情事)'를 붓글씨로 내려쓰는 것으로 시작된다. 이러한 오프닝을 통해 '정사'는 동물적이거나 본능적인 어감을 가진 섹스라는 단어와 차별화되는 매우 고상하고 정감 있는 행위로 표상된다. 한국의 전통적 윤리관이나 도덕관으로는 용납될 수 없는 처형과 제부의 정사를 사랑으로 그리고자 한 감독의 의도가 엿보인다. 자칫 에로틱한 영화로 분류될 수 있는 이 영화는 사랑의 열정에 대한 도덕적 판단과 윤리적 기준과 개인적 감성의 복잡한 갈등을 다루고 있으며 인물의 결단에 대한 위기의 순간을 드라마틱하게 구현하고 있다. 더욱이나 열린 결말은 그들의 결합의 가능성에 대한 관객의 선택을 요구하는 동시에 그들의 결합 여부보다 더 중요한 것은 그녀가 과거의 자신에서 탈피해서 변모된 자아를 발견하는 것임을 강조한다.

그렇다면 여성은 왜 불륜을 통해서 자아를 발견하는가. 서현에게 있어 우인은 도덕과 윤리에 얽매어 자신의 본질을 외면하고 살아가던 한 인간으로 하여금 자신의 내면을 바로 보고 새 세상을 향해 나아가도록 견인하는 촉매제가 되었다는 점과 진실과 허구 중에서 어느 것이 선택할 만한 가치가 있는 것인지를 깨닫게 해주었다는 점에서 의미를 가진다. 〈정사〉는 젊고 멋진 남자와의 사랑을 위해 안정된 가정을 버리고 집을 나가는 불륜 여성의 이야기를 넘어서서 의식조차 하지 못할 만큼 여성에게 억압기제로서 기능하던 모성 이데올로기를 벗어버리고 자아를 찾아 길을 떠나는 도전적 여성을 그린 문제적 여성 영화이다.

2. 성적 욕망의 주체로서의 여성, 〈해피엔드〉

여성들의 성역할에 대한 대항방식 중의 하나는 성에 대해 공개적으로 말하고 주장하는 것이다. 여성의 성은 때로 남성중심적 권력에 대한 저항의 도구이자 억압적 가족에 대한 대응의 소재이며 자신의 자아를 확인할 수 있는 매개물로 이해된다. 〈해피엔드〉는 헌신과 보살핌의 화신이며 자신의 욕망이라곤 없는 것으로 여겨졌던 무성적 존재로서의 어머니/여성의 성적 욕망을 드러낸다. 억압과 외면을 통해 부정되었던 여성의 성문제를 본격적으로 문제 삼는 것이다. 자녀 때문에 자신의 사랑을 포기하던 여성들이 자신의 행복을 위해 자녀를 포기하기도 하는 현실이지만 이렇게 외면화되는 여성의 성적 욕망은 모성성과 충돌하며 갈등을 일으킨다. 일반적으로 고학력 중산층 여성에게 모성애는 모든 것을 극복하고도 남을 만한 힘을 가지고 있어 삶의 존재론적 근거를 마련해주는 본능적인 그 무엇이다. 그러나 동시에 모성은 엄마 이전에 한 개인의 삶의 의욕을 불러일으키는 다른 요소들 예컨대 자신의 세계, 남편과의 관계가 충족되지 않는다면 흔들릴 수도 있는 상대적인 정체성[5]이 된다.

여성의 불륜은 어떠한 대가를 치르는가. 자녀를 생산하는 한도 내에서만 인정되어온 여성의 성욕에서 쾌락의 측면이 표출되는 순간 여성이 치러야 하는 대가는 결코 가볍지 않다. 〈해피엔드〉의 서민기(최민식 분)는 최보라(전도연 분)를 살해함으로써 남편이 불륜에 빠진 아내를 어떻게 응징해야 하는가에 관한 하나의 예를 보여준다. 그는 살인의 의심을 받지 않는 것은 물론 오히려 동정의 대상이 되는데 이는 불륜 아내에 대한 한국 남성의 보편적 견해를 극단적인 방식으로 반영하는 것이다. 아내는 남편에 의해 죽고 아내의 정부는 남편대신 살인죄를 뒤집어쓰고 살인자인 남편은 혼자 어린 아이를 키워야 하는 이 종반 상황이 과연 누구를 위한 해피엔드인지 제목이 매우 아이러니컬하다.

최보라는 유치원을 경영하는 커리어 우먼이며 남편은 실직한 지 꽤 되어 무기력한 상태이다. 아내는 직장에서 퇴근하면 육아와 가사를 담당하며 온종일 분주하고 피곤하지만 그 와중에서 첫사랑 김일범(주진모 분)을 만나 사랑을 나누기도 한다. 남편은 헌책방에 쭈그리고 앉아 추리소설을 읽고 집안일도 하고 취업을 위한 이력서를 써보지만 별 소득이 없

---

5 심영희 외, 『모성의 담론과 현실』, 나남, 2000, 286면.

다. 남편은 바깥일 아내는 집안일이라는 전통적인 노동의 분업이 역전되어 있는 이 부부는 출발부터 불안하다. 서민기는 무능한 남편이라는 콤플렉스에 시달리고 최보라는 집 안팎의 모든 일을 혼자 다 책임져야 하는 게 힘들다. 부부간에서 남편의 도구적 역할은 가정생활에서 그의 기능과 연결된다. 직업을 갖고 적당한 수입을 벌어들임으로써 남편/아버지는 체계로서의 가족에 필수적인 기능을 수행한다. 남편의 도구적 역할은 그에게 공동체 내에서의 지위를 보장해준다. 현대사회에서 남편을 가정의 도구적 지도자로 지칭할 수 있는 근거는 가족이 수행하는 기능 중 중요한 요소인 직업생활을 담당하기 때문이며 여성이 도구적 역할까지 담당한다면 가족의 통합을 훼손할 수 있다는 파슨스의 견해[6]는 이들 부부에게도 적용된다. 성별분업이 경제적이고 가족 생존가능성이 높다는 이러한 견해에 의하면 역으로 이것이 충족되지 않으면 가족 파괴의 가능성이 높아질 수 있음을 의미한다.

성역할에 대한 기대의 측면을 보면 여성의 경우는 남성의 경제적 부양 책임 소홀이, 남성의 경우는 여성의 가사 및 자녀양육 책임 소홀이 갈등 요인이 된다. 우리 사회의 결혼생활은 성인 남녀의 인격적 결합이기보다는 남편과 아내의 역할 수행이 중시되는 기능적 결합인 것이다.[7] 남녀에게 상이한 책임과 의무를 부과하는 가부장적 이중 규범은 여성들에게 인내만을 요구하고 결혼생활 유지의 책임을 주로 여성으로 하여금 유지하게 하며 문제가 있으면 결과적으로 여성이 비난을 받게 된다.

---

6 앙드레 미셸, 변화순 · 김현주 역, 『가족과 결혼의 사회학』 한울아카데미, 1991, 114면.
7 이재경, 『가족의 이름으로』, 또 하나의 문화, 2003, 191면.

최보라에게는 일터, 가정, 애인의 집이라는 세 개의 공간이 있다. 그녀에게 저마다 다른 의미를 가진 이 공간들은 그녀로 하여금 한사람이면서도 각기 다른 자아를 드러나게 한다. 일터에서 그녀는 커리어 우먼으로서 당당하게 일하며 그 대가로 돈을 벌고 사회적 자아를 실현한다. 집에는 무능한 남편과 가사와 육아라는 현실이 기다리고 있고 정신적으로나 육체적으로나 고통스럽고 힘겨운 자아로 살아야 한다. 이 두 공간에서 벗어날 출구로서 애인의 집이 마련된다. 그곳에는 사진으로만 남아있던 과거의 사랑이 실재하고 있다. 현실에서 벗어나 사랑만이 있는 곳, 임신과 출산이 배제된 육체의 쾌락만이 있는 곳, 집이면서도 가사노동은 없는 곳, 애인의 집은 그녀에게 현실 도피적인 과거의 공간이자 현재의 공간이다. 그러나 반사회적이며 부도덕하다는 지탄을 받을 우려가 있는 위험한 공간이기에 미래는 없다.

더욱이 이 공간은 점점 위험해져서 현실을 위협한다. 공간의 주인 김일범은 최보라에게 불쑥 찾아와 당장 만나자고 조른다. 두 개의 대립된 공간을 오가던 최보라는 둘 다 그녀에게 평안한 안식을 제공하는 곳이 아님을 깨닫는다. 아기에게 수면제를 타먹이고 애인을 달래러 나가는 순간 세 사람의 위험한 동거는 마침내 그간의 불화를 견디지 못하고 폭발한다. 남편은 그들이 더 이상 견딜 수 없는 한계상황에 도달했으며 결단의 순간이 도래했음을 알게 된다. 그녀는 우울한 현실에서의 출구이자 쾌락의 장소였던 바로 그 침대에서 남편에 의해 잔인하게 죽는다.

삼각관계를 이루는 세 사람의 내면에 잠복해 있는 불안과 집착, 절망과 분노 등을 적나라하게 드러내는 〈해피엔드〉는 부부 관계와 성의식 문제를 냉정한 방식으로 드러낸다. 서로 다른 욕망과 부조리에서 비롯된

혼돈과 가족 해체, 여성의 성욕과 모성애의 방기, 순결 이데올로기의 억압과 탈주, 남성중심적 사회의 가장의 컴플렉스 등을 보여준다. 가부장제, 가족, 국가, 민족은 여성의 섹슈얼리티를 통제하고 활용, 매개, 동원함으로써 유지된다. 우리 사회가 여성을 그토록 어머니로 호명하고 싶어하는 이유가 바로 여기에 있다. 어머니로 간주되는 여성은 성적 주체가 될 수 없고 자신의 몸을 가질 수도 없다.[8] 그녀의 몸은 남성만이 주체가 되는 가족과 국가의 소유인 것이다. 결국 그녀는 가부장제 이데올로기의 화신인 남편에 의해 살해되고 사회는 그것을 덮어둠으로써 그녀를 단죄하는 일에 공모한다.

남편은 아내의 자동차에 앉아 주유량과 주행거리를 계산하면서 아내의 일정과 행동반경을 추측하고 검토한다. 심지어 그는 고속도로 톨게이트 영수증을 보면서 아내의 하루를 상상한다. 이러한 치졸한 행위는 남편이 실직상태라는 점과 무관하지 않다. 그는 직장이 없으므로 시간도 많고 아내에 대한 열등감 때문에 마음이 복잡하다. 더욱이 아내의 불륜현장을 목격하는 순간 치솟은 분노는 아기의 분유에 들어가 있는 개미를 보면서 극한에 도달한다. 아내가 아무리 경제력으로 인해 실질적인 가장의 역할을 수행하고 있다 할지라도 그것을 아내나 엄마와 같은 여성 고유의 역할들과 등가로 맞바꾼 것은 아니기 때문이다.

결국 그는 응징을 결심하는데 그 치밀하고 완벽한 복수는 그의 독서에서 온다. 헌책방에서 추리소설을 섭렵해온 실업자의 독서이력은 그의 인생에 구체적으로 영향을 미친다. 그는 완전범죄를 저지르고 아내의 죽음

---

8 정희진, 『페미니즘의 도전』, 교양사, 2007, 57면.

을 애도하며 위로받는다. 그러나 그의 인생은 참으로 남루하기 짝이 없다. 그는 경제력을 갖지 못함으로써 가장으로서의 권위를 잃었으며 아내와 행복하게 살지 못했고 끝내 극한적 범죄를 저지르는 데까지 인생이 추락했다. 살인이라는 목적의 달성과 면죄부를 받았다는 그의 성공의 결과는 아내의 부재와 아기를 길러야 하는 실직 가장으로서의 지위뿐이다. 이것이 그가 성취한 '해피엔드'이다.

최보라가 남편에 대해서 성적 매력이나 욕구를 느끼지 못하고 젊고 매력적인 옛 애인에게 끌리는 것은 현실에 대한 불만에 큰 이유가 있다. 이러한 상황에서 최보라는 남편에게 결별을 선언하고 당당하게 자신의 일과 사랑을 선택했어야 했지만 그렇게 하지 못했다. 사랑이 없는 결혼은 파기되어야 하지만 인정과 도덕이라는 사회의 해묵은 가치관에 얽매인 그녀는 그렇게 하지 못했다. 결과적으로 그녀는 불륜이라는 더 부도덕한 사태에 머무르게 됐고 과도한 징계의 대상이 되었다. 여기서 아내에 대한 복수는 남편의 실직상태와 연관이 있다. 서민기의 선택은 남편이라는 지위의 콤플렉스에서 온다고 할 수 있다. 아내에 의해 불명예스러운 이혼을 당하기 전에 스스로 야생의 복수를 발빠르게 실천하는 것이야말로 수컷의 자존심을 지키는 일인 것이다.

최보라의 죽음은 가부장의 자리를 차지한 여성에 대한 남성의 불안감을 반영하는 남성중심적 사회의 신경질적인 반응이다. 불륜이라는 도덕의 문제를 빌미삼아 처벌함으로써 결혼제도의 완강한 유지를 강화하는 듯 보이지만 더 중요한 것은 아내와 여성의 전도된 역할에 대한 불만이며 여성의 전통적 역할에 대한 남성들의 향수이자 열망이다. 서민기는 원래 자신의 것이었던 가장의 자리를 거의 차지해버린 아내가 모든 면에서 자기보다 더 우월한 남성에게 남편으로서의 자리와 성적 파트너의 자리마저 이전시킬 것을 두려워하고 있다. 결국 과도한 복수는 불륜 자체가 문제라기보다는 남편의 열등감에서 기인한 과민반응으로 해석할 수 있다. 여성의 성적 욕망이 부부간의 역할 전도라는 문제와 뒤엉켜 있는 이 작품은 여성은 성적 욕망에서든 집안의 권력에서든 절대 남성의 우위에 있어서는 안된다는 가부장제도의 일단을 보여줌으로써 역으로 여성주의적 시선을 드러낸다. 〈해피엔드〉는 여성을 단죄한 강력한 가부장을 보여줌으로써 남성중심적 관점을 강조한다기보다는 오히려 그 왜곡된 가부장제의 비극성을 역설적으로 부각시킴으로써 문제적 여성 영화가 될 수 있는 것이다.

3. 여성중심적 몸의 재현, 〈밀애〉

여성의 몸은 개인의 몸인 동시에 사회적인 갈등 곧 대립적인 이데올로기의 각축이 벌어지는 의미심장한 전장이다. 여성의 몸은 이데올로기와 담론과 관행에 의해 구성되며, 젠더의 차이가 물질적으로 각인된 공간으로서의 몸은 페미니즘의 재현 연구에서 중요한 문제이다. 〈해피엔드〉에서 보듯이 불륜이 죽음으로 대가를 치러야 할 만큼 반사회적인 일이라면 왜 여자들은 거기 빠져드는가를 따져볼 차례이다. 그것은 부도덕하다는 비난을 감수할 만한 어떤 가치를 담고 있는가, 그렇다면 그 핵심가치는 무엇인가, 그들은 가정이라는 일상에 파묻혀 이미 휘발되어버린 사랑에 대한 향수를 품고 그것을 찾아다니고 있는 것은 아닌가. 〈밀애〉는 평범한 한 여성이 불륜에서 사랑으로 나아가는 일련의 과정에서 이러한 질문들에 대한 답을 제시해준다.

미흔(김윤진 분)의 집에 어느날 남편의 여자가 찾아오면서 평온한 일상은 깨진다. 남편은 미흔에게 잘못을 사과하고 그들은 시골로 이사한다. 우울증 증상이 있는 미흔은 의사인 인규(이종원 분)를 찾아간다. 냉소적인 그는 미흔에게 사랑에 빠지는 사람이 지는 게임으로서의 연애를 제안하지만 뜻밖에 자신이 사랑에 빠지게 된다. 함께 길을 떠나다가 교통사고로 인규는 죽고 살아남은 미흔은 과거를 회상하며 사진관에서 자기를 위한 한 장의 기념사진을 찍는다. 이러한 상징적 통과의례를 통해 과거를 정리하고 새롭게 출발하고자 한다.

생에 대한 아무 의욕이 없는 미흔은 권태에 빠진 의사와 게임을 시작한다. 하지만 게임은 진실해지고 아내는 여자가 된다. 인규와의 섹스장면들은 여성주의적 시각에 의거하고 있으며 여성 섹슈얼리티 묘사의 한 양상을 잘 보여준다. 미흔은 이 사랑을 통해 비로소 자신이 자기 몸의 주인이자 주체라는 것을 깨닫게 되며 거기에서 촉발된 여성의식이 그녀를 홀로 서게 만드는 동인이 된다. 남성중심적 이원론에서는 언제나 정신을 육체보다 우위에 두었지만 여기서 육체는 정신보다 민감하며 정신과 상호작용을 하는 중요한 요소로 솔직하게 표현되었다. 미흔이 자신의 몸을 진실하게 느끼고 예민하게 반응을 드러냄으로써 여성의 벗은 육체는 오히려 남성의 관음증을 무력화시킨다. 나신이 적나라하게 드러난 에로틱한 장면이지만 남성의 시각적 쾌락을 위해 전시되는 육체에 머물러 있지 않고 스스로 아름답고 당당한 몸으로 나아가면서 새로운 의미를 창조하고 있다.

이러한 과정은 자신의 쾌락만을 중시하는 남자에 의해서는 결코 얻어질 수 없다. 이는 온전히 여성의 몸과 마음을 열고 감동시키기 위한 남성의 애정과 그에 대한 여성의 반응을 보여주는 장면이며 이 일련의 과정에서 드러나는 것은 다름 아닌 사랑이다. 불륜이 '윤리가 아닌/윤리에 벗어난'이라는 의미를 지니고 결혼제도를 지키려는 완강한 의지를 담고 있는 단어라면 이 영화가 그 굴레에서 벗어날 수는 없다. 그러나 그 굴레는 사랑을 깨닫는 순간 더 이상 굴레가 아니라 새로운 세상으로의 이동을 가능케 하는 출구이자 동시에 입구가 되어준다. 나아가 제도마저 벗어버림으로써 억압적이고 권위적인 제도권에서 탈주하는 여성이 되고 불륜을 넘어 진정한 사랑의 주체로 변모할 수 있다.

사랑에 빠지게 되어 게임에 지는 순간 인규는 드디어 권태로운 바람둥이에서 살아있는 인간으로 변모하고 진정한 사랑의 동반자와 함께 새로운 세계로의 동행을 꿈꾼다. 그러나 그는 바로 그 출발 지점에서 죽음으로써 불륜의 징계를 받는다. 〈해피엔드〉에서 처절한 죽음을 당하는 최보라와 달리 미흔이 살아남는 것은 이 영화의 여성중심적인 시각을 끝까지 보여주는 지점이다. 최보라와 미흔의 사랑을 표현하는 방식은 처음부터 다르다. 최보라의 몸은 쾌락을 추구하는 탐욕스러운 몸으로 표현되었고 그것은 그녀의 징계를 수용하기 위한 장치로서 준비되어 있다. 미흔에게는 남편의 불륜에서 모든 것이 촉발된다는 전제를 달아놓았다. 혼외관계는 여성으로서 사랑을 통해 억압적인 가정생활의 문제점을 덮어버리려는 좌절의 표현이며 환상에 불과하다는 연구[9]도 있으나 자신이 누구이며 무엇을 원하고 어떻게 살고 싶은가를 알지 못하고 무기력하게 살던

---

9 공미혜, 「혼외관계의 역동성과 성정치학」, 한국여성학회 학술대회, 2001.6.16.

여자가 나름대로 사랑과 행복을 추구할 권리가 있다는 사실을 깨닫고 길을 나선다는 점에서 〈밀애〉는 여성문제를 진지하게 탐구한 작품이라 할 수 있다.

4. 일부일처제도에 대한 도발적 조롱, 〈결혼은, 미친 짓이다〉

이상의 영화들에서 보듯 결혼은 언제나 사랑을 사장시키는가. 그렇다면 사랑의 영속성을 담보하지 못할 것을 알면서도 결혼을 꼭 해야 하는가. 이에 대한 매우 도발적이고 새로운 방식의 답변이 있다. 〈결혼은, 미친 짓이다〉.

처음 만난 날부터 주저 없이 여관에 가고 여자가 결혼한 후에도 거리낌 없이 계속 만나는 연희(엄정화 분)와 준영(감우성 분) 커플은 남자의 집 동네에서는 주말부부로 통한다. 그들은 시골로 신혼여행을 가고 추억이 담긴 앨범을 만들고 새살림을 시작하는 부부처럼 생활에 필요한 것들을 사들인다. 최보라가 〈해피엔드〉에서 가사노동이 필요 없는 애인의 집을 가정과 분리된 일탈 공간으로 삼았던 것과는 달리 연희는 연애하는 남자의 집에서도 결혼생활과 똑같은 일을 반복하는 걸 즐긴다. 연애를 하면서도 결혼을 모방함으로써 두 겹의 결혼생활을 하는 것처럼 보인다.[10] 그녀가 실제로 결혼한 집에서 남편과 어떻게 생활하는지는 단 한

---

10 결혼제도의 성역할을 고스란히 답습하는 이 장면은 기존의 결혼제도에서 벗어나려는 인물의 의도와는 모순을 보여준다. 유계숙 외, 『영화로 배우는 가족학』, 신정, 2005. 348면.

장면도 나오지 않지만 그녀는 집에서도 역시 사랑스럽고 애교 넘치는 완벽한 아내노릇을 할 것이고 남편은 그런 아내를 전적으로 신뢰할 것이다.

연희는 사랑스럽고 매력적인 여성 아이콘이다. 그녀는 연애 따로 결혼 따로 주의자로 이상적인 사랑과 현실적인 결혼생활을 모두 누리려는 새로운 여성상이다. 발랄하며 아름다운 그녀는 기존의 가부장제와 일부일처제를 떠받치고 있는 견고한 이데올로기를 가볍게 와해시킨다. 그 기습적이고 전복적인 태도는 조금도 심각하거나 근심스럽지 않으며 우울하지도 않다. 오히려 매우 생기에 넘치며 죄책감과는 거리가 멀기에 그녀의 삶은 비난받을 수 없는 영역에 속해 있는 것처럼 보인다. 결국 이 영화가 보여주는 연애와 결혼의 분리, 곧 사랑의 기쁨과 결혼의 안정을 양손에 쥐고 있는 삶의 방식이 위태롭기보다 오히려 좋아 보이는 것은 원작의 이데올로기와 함께 여배우에 의존한다. 이 새롭고도 일견 진보적인 삶의 방식은 보편화되기보다는 하나의 특수한 사례로 여겨질 수 있지만 그럼에도 불구하고 결혼제도 특히 일부일처제도에 대한 야유와 조소는 높이 평가할 수 있다.

로버트 모리슨은 인간 재생산 단위로서의 가족을 단념하고 재생산이라는 자연현상에서 성적 매력이라는 현상의 분리를 제안한 바 있다. 미래 사회에서는 자녀가 없는 성인들도 자녀가 있는 성인들처럼 행복을 느낄 것이라 예견한 것이다.[11] 연희는 결혼했으되 임신을 하거나 출산을 할 것처럼 보이지 않는다. 마치 동화의 세계에 속한 소녀처럼 연애와 결혼

---

11 앙드레 미셸, 앞의 책, 147면.

을 오가며 발랄함을 보여줄 뿐이다. 연희에게 〈정사〉의 서현과 같은 우울한 갈등이나 〈해피엔드〉의 최보라의 신경질 혹은 〈밀애〉의 미흔의 집착과 같은 밀도 있는 내면 연기는 어울리지 않는다. 그녀는 깊이를 허락하지 않는 혹은 내면이라곤 없는 인형처럼 보인다. 그러한 천진함 속에서 결혼은 연애처럼 연애는 결혼처럼 서로 모방되며 길항 대신 동조를 모색한다. 마치 그래도 되는 것처럼 아니 그렇게 살아야 하는 것처럼 관객을 유혹한다.

그러나 남성 캐릭터 준영은 그 허구적인 삶에 브레이크를 건다. 그가 더 이상 그러한 소꿉 놀음을 견디지 못하고 폭발하는 것은 아주 단순한 일상에서이다. 극히 사소한 신경전에서 두 사람의 갈등은 폭발하고 이별이 결행된다. 남성 가부장으로서 한 여자를 완전히 자기 것으로 소유할 수 없다는 불만은 이중생활을 즐겁게 할 수 있는 연희를 수용할 수 없다. 완벽한 가부장이 될 수 없다면 차라리 그만 두는 것이 낫다는 생각이 들었을 것이다.

사회생활의 중심적 측면은 다양한 재화와 용역의 교환[12]이라고 할 때 연희는 남편과는 돈과 성과 결혼제도의 안락함을 서로 교환하고 준영과는 낭만과 성과 연애를 서로 교환한다. 가치 있는 자원을 서로 교환함으로써 유지되는 이들의 관계는 각자가 투입한 비용과 보상, 이익의 개념을 통해 정의할 수 있다. 이 삼각관계를 가장 먼저 포기하는 사람은 준영인데 그는 자신이 유부녀와 연애를 계속하고 있는 이 과정에서 자기가 치르는 심적 비용, 곧 자존심과 불쾌감, 열등감 등의 복잡한 심리상태가

---

12 유계숙 외, 앞의 책, 79면.

그녀와의 관계를 통해 얻는 보상 곧 낭만적 연애와 성의 충족, 일시적인 가정의 환상 등의 보상에 비해 크고 그 관계를 통해 이익보다는 손해를 보고 있음을 깨닫게 되고 관계를 깨뜨리게 되는 것이다.

역사상 단 한 번도 일부일처제가 완벽하게 실현된 사회는 없었다. 부계가족의 영속은 여성의 섹슈얼리티 통제를 통해서만 가능하기 때문에 일부일처제는 여성에게만 강요된 규율이었다. 그동안 남성사회는 일부일처제를 보완하기 위해 성매매, 축첩, 외도 등 다양한 제도를 발전시켜왔다. 실질적인 일부일처제가 가능하려면 모든 정치 경제 권력의 반 이상을 여성이 소유해야 한다. 그렇지 않은 현재 한국 사회에서는 남성은 언제 어디서든 여성을 취할 수 있고 여성은 교환가치로서 남성 간에 유통된다.[13] 엥겔스는 연속적으로 바뀌는 일부일처제가 가장 이상적인 결혼제도라고 주장했다. 이혼과 재혼을 쉽게 할 수 있도록 제도적 장치를 마련해 놓고 자녀들에 대한 책임은 사회가 지는 것, 이것을 통해 가식적인 결혼제도가 극복될 수 있다고 지적한 바 있다.

결혼제도의 모순과 보완점을 인식하고 있는 것은 연희 측이다. 여성을 일부일처제도에 옭아매 놓고 남성은 이를 보완할 사회적 제도를 다양하게 마련해 두었듯이 이 영화에서는 반대로 여성이 일부일처제도를 보완하기 위한 새로운 제도를 마련하고 있다. 그러나 이러한 보완은 남성에게나 가능한 것이지 여성에게 용인되는 것은 아니다. 한 여성에게 두 남성이 종속되는 이 새로운 제도는 남성 가부장의 위상에는 매우 자존심 상하는 굴욕일 수밖에 없다. 연희의 혁신적인 태도를 수용하는 것은 지

---

13 정희진, 앞의 책, 104면.

극히 어려운 일이며 결혼 제도 밖에 있는 남자가 스스로 물러남으로써 이들의 관계는 정리되고 결혼제도는 아무 일도 없다는 듯 지속된다. 그러나 견고한 제도에 대한 연희의 도발은 새로운 의미로 남는다.

5. 가족제도에 대한 냉소와 해체, 〈바람난 가족〉

프로이트는 유아가 부모와의 관계를 통해서 성적 정체성을 형성하고 자아를 만들어 가는 과정을 가족 로망스라는 개념을 통해서 설명한다. 개인의 행복과 불행은 가족으로 환원할 수 있으며 그 원인을 가족에서 찾을 수 있다는 것이다. 그러나 탈근대적 상황에서 서구 부르주아의 이성애 중심 핵가족 담론만을 유일한 가족 담론으로 주장하는 일은 더 이상 유효하지 않게 되었다. 또한 여성들의 교육 수준 향상, 경제활동 참여의 증가, 의식의 변화 등으로 여성의 변화가 사회적으로 확산되고 있다. 여성은 불합리한 결혼생활에 저항하고 결혼 생활의 질적 변화를 요구하고 있다. 독신 여성의 증가, 기혼 여성의 취업 증가, 출산율 저하, 이혼의 증가 등은 기존의 가족제도에 대한 여성들의 의식변화를 보여준다.

〈바람난 가족〉에 오면 가족 구성원들은 저마다 극단적인 개인중심의 연애사를 펼쳐 보인다. 정부의 집을 드나드는 젊은 가장, 고등학생과 섹스를 하는 아내, 죽어가는 남편은 아랑곳하지 않고 새 애인과의 사이에서 오르가즘을 느꼈다고 아들 부부에게 고백하는 시어머니. 이들은 기존의 가족과 구성원에 대한 고정관념을 모조리 깨뜨리며 오직 섹스만을 향해 부나비처럼 방황하는 인물들을 보여준다. 그들에게 더 이상 가족의 전통적 의미는 존재하지 않고 거기 얽매이지도 않는다.

가부장제와 전통적 가족대신 이 영화는 급격한 톤으로 문제를 제기하고 나름대로의 대안을 제시한다.[14] 노인 성욕 문제의 제기, 긴 세월을 묶어둔 무의미한 결혼제도에 대한 회의, 성을 대하는 남성과 여성의 차이점, 쿨한 여성 혹은 쿨한 연애의 진짜 의미, 미성년자와의 섹스 문제, 혈연가족과 입양을 통한 비혈연가족의 형성, 혼외정사와 임신을 대하는 태도, 사회적인 편견과 고정관념을 대하는 문제적 주인공의 의식과 선택 등 이 영화가 제기하는 문제들은 매우 중요하다. 바람난 가족이라는 도발적인 제목과 유부녀와 고등학생의 섹스라는 선정적인 소재, 수위 높은 성행위와 적나라하게 전시되는 여배우의 나신 등 기존의 관점에서 여성의 몸과 섹스를 내세운 매우 상업적인 영화라고 평가될 수 있는 모든 요소들을 가진 이 영화는 오히려 매우 진지한 영화이다.

특히 여기서도 여주인공 호정(문소리 분)의 태도는 매우 돋보인다. 그녀는 자신의 육체를 에로틱하게 전시하는 것이 아니라 오히려 당당하게 드러내는 여성 주체적인 태도를 보여 주었다. 더 이상 관음증의 대상으로서의 몸이 아닌 우리 모두가 가지고 있는 몸을 자연스럽게 대하게 한 것이다. 호정/문소리는 자신을 솔직하게 드러낼 뿐 자신의 몸을 미화하려는 과장도 왜곡도 하지 않았다. 영화에서 이러한 몸의 주인이자 주체인 여성을 보는 것은 참으로 드문 일이다. 그런 점에서 호정/문소리는 이 영화의 진정한 주인공이다.

---

14 임상수 감독은 이 영화가 문화인류학적인 일부일처제를 비판하려는 의도보다는 여성의 힘이나 가치에서 폭력적인 남성중심사회의 출구를 모색하려고 했을 뿐이라고 말한다. 지승호, 『영화, 감독을 말하다』, 수다, 2007, 324면.

결혼한 남편과의 사이에서 합법적인 섹스를 하지만 임신이 되지 않는다. 남편은 외도를 통해서 내연녀에게 임신을 시키며[15] 아내 또한 외도를 통해서 임신하는 것으로 보아 두 사람이 다 임신할 수 있는데도 유독 공식적인 관계에서는 불임이라는 사실은 의미심장하다. 불임이 아닌 이 부부는 입양을 하고 입양아를 긍정적으로 양육한다. 그러나 불임, 입양, 입양아의 죽음, 외도를 통한 임신, 출산의 결심 등으로 이어지는 임신을 둘러싼 일련의 과정은 일부일처제라는 결혼제도의 불확실성과 신뢰할 수 없음, 입양의 가능성과 실패, 그로 인한 가족의 와해, 임신과 자아의 각성 및 선택 등의 문제를 제기한다.

호정은 결혼이라는 제도에 얽매이지 않으며 사랑의 부재를 확인하는 순간 단호하게 남편에게 결별을 선언하고 임신을 했다고 해서 고등학생과 뭘 어쩌려는 의도 또한 추호도 없다. 그녀에게는 섹스/임신/결혼이 완전히 분리되어 있다. 그녀는 자신의 몸의 주인으로서 자신이 원할 때 섹스를 하고, 임신을 했으면 낳고, 아이는 자기 힘으로 키우기로 결심한다. 그것은 매우 당연한 일로 받아들여지고 자신감에 차 있다. 누구의 아이든 개의치 않으니 아이를 기르며 다시 잘 살아보자는 비교적 아량 있는 제의를 하는 남편을 거절하고 과거를 모두 밀어버리려는 듯 신나게 대걸레질을 하는 엔딩 장면은 깔끔하고 경쾌하다.

뱃속에 아기가 들어있는 것이 명백한 현실인 것처럼 아기는 명백하게

---

15 남편의 정부는 임신하면 스스로 책임지고 알아서 낙태함으로써 남자를 외도의 책임으로부터 완전히 해방시킨다. 남성에게 매우 고마운 이런 행동을 통해 그녀는 쿨한 애인이 된다. 여성문화이론연구소, 『다락방에서 타자를 만나다』, 여이연, 2005, 102면.

호정 자신의 것이다. 여성이 임신과 출산에 의해서 구속되는 것이 아니라 생명을 잉태하고 생산하는 본래의 숭고한 의미를 되찾는 순간이다. 호정은 자신을 억압하는 굴레를 능동적으로 벗어던지고 주체를 회복하며 현재를 있는 그대로 수용함으로써 미래의 주인공이 될 자신감을 얻고 홀로 서기를 향해 나아간다. 결혼은 무엇보다도 자녀에게 합법적인 아버지를 보장해주는 것이라는 견해에 의하면 법, 도덕, 관습은 남자가 없는 가족은 완전하지 않다는 것을 의미한다. 그러나 다양한 가족의 가능성이 열리고 있는 현실을 반영한 이 영화와 호정이라는 캐릭터는 기존의 관습을 넘어선 여성의 정체성 형성의 새 장을 보여준다.

호정이 남편 영작과 이혼을 결심하는 것은 결혼생활의 구체적 체험에서 기인한 것이며 그 결혼생활의 문제는 가부장제가 안고 있는 매우 오래된 요소들의 총합이었다. 이혼 증가 요인에 대해서 개인주의적 가치 확산으로 인한 전통적 가족 관념의 퇴조나 여성해방의식의 부정적 영향보다는 가부장적 결혼제도에 내재된 결과가 강조되어야 한다. 가족 내 성별 분업과 성불평등이 결혼의 긴장을 초래하는 주된 요인이 되고 있는 것이다. 여성의 희생과 인내로 유지되어야 하는 허구적인 가족제도는 이제 무의미하며 다양한 의미를 담은 다양한 형태의 가족이 가능한 시대가 도래하고 있는 중이다. 〈바람난 가족〉에 이어 역시 문소리가 주연한 영화 〈가족의 탄생〉은 전통적인 혈연관계가 배제된 여성가족의 형성 과정을 보여주며 그 진실한 우의에 의미를 부여하고 있다.

6. 가부장제도의 허와 실, 〈바람 피기 좋은 날〉

가부장제도란 남성우월적인 사고와 관행에 의한 결혼과 이러한 결혼에 의해 형성된 아버지 중심의 위계질서를 바탕으로 한 가족, 그리고 이 가족이 전체 사회의 구조 및 기능에 영향을 미쳐 수직적 상하관계를 세습적으로 이어가는 형태의 제도 및 문화 전반을 의미한다. 가부장제는 모성성을 가부장제적 가족구조 속에서 현실화시킬 때 안정적으로 재생산되므로 여성은 모두 아이를 낳고 기르는 것이 본성에 부합한다는 모성 이데올로기를 가족제도 안에서 실현하려고 한다.

〈바람 피기 좋은 날〉에서 '이슬'(김혜수 분)은 경쾌하고 밝은 분위기로 유쾌하게 바람을 피운다. 남편의 외도라는 발단은 새로울 것이 없지만 채팅을 통해 스무살의 풋내기 '대학생'을 만나 〈바람난 가족〉의 호정처럼 섹스의 주도권을 갖는다. 이 두 편의 영화는 성을 중심 소재로 삼고 전면에 내세우며 바람이라는 통속적 단어를 과감하게 겉으로 드러냄으로써 스스로 영화의 계도적 지위와 같은 공연한 무게잡기에서 벗어난다. 바람이라는 것은 오늘날 한국 사회에 만연한 현실이고 겉으로 꺼내놓고 공론화시켜야 하는 소재이며 결과적으로 틀에 박힌 주의 주장보다 훨씬 더 설득력 있는 방식의 문제제기가 필요한 것이다.

이상에서 논의한 십 년 간의 영화를 볼 때 여성의 섹슈얼리티 표현 방식은 매우 달라져 있다. 이슬은 〈정사〉의 서현처럼 윤리와 도덕 앞에서 갈등하거나 머뭇거리지 않는다. 오히려 적극적으로 상대를 물색하며 풋풋한 연하남을 상대로 선택하는 과감함을 보인다. 이는 남성보다 지적, 경제적, 성적 능력이 우월한 여성이 많아져 여성이 남성을 고르게 된 오늘의 사회상을 반영한다. 이슬은 바람 피는 과정에서 남성 주도의 성행위 장면 같은 과거 영화의 정형화된 표현대신 연하남을 가르치며 깔깔거린다. 여성은 자신감 넘치는 섹슈얼리티의 주체로 표현되며 성이란 더 이상 수치스럽거나 부끄러운 일이 아니라 즐기고 누리는 쾌락으로 변모하였다. 그런 의미에서 화면에 드러나는 밝고 명랑한 배우의 이미지는 내용상으로 매우 긍정적으로 작용하고 있다. 자신의 의지대로 남성을 선택하고 그 선택 속에서 능동적인 성적 주체로 행위하는 자유로운 정신의 실천자로 형상화된다. 이슬은 주체로서 섹슈얼리티의 경험을 능동적으로 조율하고 자신의 육체를 투쟁과 저항의 원천으로 삼는 여성[16]이다. 성행위에서 능동적이고 적극적인 여성을 음탕하다고 규정하는 가부장적 판단의 선입견은 파기된다.

또한 이슬은 동병상련격인 여자 '작은새'(윤진서 분)에게 일종의 자매애와 같은 우의를 보여준다. 유부녀에게 금지된 장소인 여관에서 마주치고 서로 매 맞고 쫓기는 모습을 보여주고 푼돈을 빌리기도 하는 등의 우여곡절을 겪으면서 그녀들은 자신의 결혼생활에 무언가 문제가 있다는 것을 깨닫는다. 이슬은 연하남에게 사랑이 아니라 섹스 파트너로서의 동지애를 나누듯 작은 새에 대해서는 언니같은 자매애를 나눈다.

이슬의 불륜은 유쾌하고 쿨하다. 그녀는 불륜에서 결혼을 대체할 돌파구를 찾으려 하거나 자신을 구원해줄 남자를 찾으려는 것도 아니며 인생의 큰 의미를 걸고 있지도 않다. 위선에 찬 남성중심의 가부장제도로서의 결혼을 조롱하고 있는 냉소적 태도가 중요할 뿐이다. 연하남에 대해

---

16 서인숙, 앞의 책, 305면.

서 어떠한 진지함이나 가능성 같은 것도 갖지 않고 있으며 다만 순간을 즐길 뿐인 그녀의 태도는 남성중심적 결혼제도에 대한 전복적 자세를 보여준다. 〈바람난 가족〉과 〈바람 피기 좋은 날〉의 두 여성은 자기보다 어린 남자와의 관계를 통해 성의 주체로 표현되고 있는 공통점이 있다. 이는 남성이 그동안 연하 여성과의 수직적인 권력관계를 기반으로 한 상하관계를 형성하는 모습에 익숙해있는 관객들에게 낯설게 보임으로써 불편함을 준다. 바로 이러한 비틀기와 낯설게 보여주기는 이 영화들이 일종의 소외효과를 통한 문제제기를 한다는 점에서 의미를 갖는다.

　남성의 아이를 낳기 위한 재생산 수단으로서의 성이 아닌 자신의 순수한 쾌락으로서의 성을 향유하는 여성인물의 태도는 남성과 여성에게 다른 의미를 부여해왔던 기존의 성에 대한 고정관념을 와해시키는 것이며 이것이 바로 이 영화의 새로운 지점이다. 프랑스 페미니스트에 의하면 그동안 억압받아왔고 반드시 소생되어야 할 존재는 성적인 모친(sexual mother)과 노는 어머니(la mere qui jouir)[17]다. 이들은 에로틱한 전오이디푸스 단계의 어머니를 그 자체가 이데올로기의 변화를 위한 매체인 억압받지 않는 여성 상상력의 원천으로 간주한다. 이 작품은 현재 사회에서 여성의 금지된 사랑과 성적 욕망을 잘 드러내며 가족제도의 경계에 서있는 여성들과 과거에 머물고 싶은 남성들의 욕망 및 변화에 대한 그들의 불안을 통해 결혼과 가족제도의 혼란과 긴장을 보여준다.

---

17 조세핀 도노번, 앞의 책, 213면.

Ⅲ. 결론

　영화에 재현되는 여성의 섹슈얼리티가 결혼과 가족제도와 연관되는 방식은 다분히 현재의 한국 사회를 담아내고 있다. 물론 영화는 현실을 똑같이 재현한다기보다는 표현상으로는 더 자극적이고 주제상으로는 더 진보적이다. 결혼제도와 사랑 사이의 갈등 속에서 자아를 찾아가는 여성을 그린 〈정사〉에서 연애와 결혼의 공존을 모색하면서 결혼제도를 도발적으로 조롱하는 〈결혼은, 미친 짓이다〉를 거쳐 혈연관계대신 여성들의 인간적 유대만으로 이루어진 〈가족의 탄생〉에 이르는 과정은 매우 급진적이기도 하다. 〈해피엔드〉에서 성적 주체가 되고자 했던 아내는 남편의 살인으로 응징받으며 사회는 이에 동조하고 암묵한다. 이러한 잔인한 결론에도 불구하고 변화와 진보는 서서히 일어난다. 그 과정에서 〈밀애〉의 미흔은 여성중심 섹슈얼리티를 잘 표현하며 〈바람난 가족〉은 개인적 성을 인정하는 가족관계에서 나아가 결국은 가족의 완전한 해체에 이르는 극단적 현실을 보여준다. 〈바람 피기 좋은 날〉에 오면 여성의 불륜은 〈해피엔드〉의 어두운 죄책감이나 〈정사〉의 우울한 갈등대신 발랄하고 경쾌한 여성 주도적 성관계로 그려지기에 이른다. 결국 영화는 현실에 대한 재현과 예견을 담아내는 사회적 장이라고 할 때 앞으로 한국 가족의 현실이 해체와 재구성의 수순을 밟게 될 가능성을 시사한다.

이상의 영화에서 보듯 성과 사랑에 대한 한국인들의 의식과 실천은 기존 가족제도의 틀을 뛰어넘고 있다. 결혼 이후의 연애가 빈번해졌고 성은 자아를 구성하는 핵심요소가 되었다. 여성의 사회진출 증가로 여성의 행동반경이 넓어지고 남성과 만남의 기회가 많아졌다는 점, 남녀가 어느 정도 평등한 관계가 이루어졌다는 점, 전반적으로 경제수준이 높아져서 기본적인 의식주 생활을 넘어선 욕구와 여유가 생겼다는 점, 아이에게 인생을 걸던 절대적인 모성성에 변화가 생겼다는 점 등 여성 섹슈얼리티의 변화 요인은 매우 다양하고 복잡하다. 또한 남녀 성역할의 변화도 급속히 진행되고 있지만 현재의 우리 사회는 여전히 가부장제 가치관에 얽매어 있을 뿐 아니라 대안적 가치관을 확보하지 못하고 있다. 결과적으로 개인의 혼란은 심화되고 가족은 소통하지 못하고 단절과 균열을 일으키며 해체의 위기에 봉착해 있다. 이 위기를 극복하고 좀 더 발전적인 가족이 되기 위해서는 가족의 가부장적 억압이 완화되어야 하며 다양한 가족 형태에 대한 사회적 인정과 관용도 필요하다.

성공적인 결혼/가족관계는 개인의 선택이 존중되면서도 구성원 상호간의 존중과 신뢰를 중시하는 문화의 정착에서 비롯된다. 나의 자유와 권리는 남에 대한 배려와 양보를 수반해야 한다. 미래의 가족 공동체는 정서적 개인적 기본 욕구가 충족되고 구성원간의 평등하고 민주적인 관계가 유지되며 공동체 원리와 개인의 자율권이 조화를 이루는 방향으로 변화해야 할 것이다. 〈가족의 탄생〉은 이러한 측면에서 새로운 형태의 가족의 탄생을 낙관적 태도로 보여준다.

제2장

억압된 욕망과 전복의 정치학

— 김혜수의 〈얼굴 없는 미녀〉와 〈분홍신〉

김혜수의 〈얼굴 없는 미녀〉와 〈분홍신〉은 현실과 환상에서 이원화된 자아를 통해 여성의 억압된 욕망을 강렬하게 표현함으로써 여성에 대한 기존의 관념들에 도전하는 동시에 이를 전복하려는 시도를 담고 있다.

　　〈얼굴 없는 미녀〉는 여성 자신의 섹슈얼리티의 무한함과 복잡성을 여성적 글쓰기를 통해 표현함으로써 억압된 것으로부터 귀환한다. 〈분홍신〉은 여성의 몸에 대한 본격적인 응시이자 여성 욕망의 구현이다. 여성들은 현실과 환상을 넘나들며 억압된 자아를 자신의 언어와 몸으로 표현함으로써 스스로를 해방시킨다. 이러한 여성 특유의 광기와 분노와 히스테리는 〈얼굴 없는 미녀〉의 지수와 〈분홍신〉의 선재에게 있어 전복의 전략이다. 히스테리를 통해 가부장제의 안과 밖을 넘나들 때 여성은 욕망하고 말하는 주체로서의 가능성을 열어가게 되는 것이다.

　　그들은 또한 모성성과 관련하여 갈등에 빠진다. 임신을 거부한 지수의 몸은 생명과 죽음을 아우르는 기괴한 전복의 공간이 된다. 비체를 통한 딸 태수의 모친살해 욕망이 선재의 환상 속에서 이루어짐으로써 모친살해는 딸살해로 역전이 되고 이렇게 주체의 위치가 뒤섞임으로써 자아의 분열을 통한 욕망의 극대화가 이루어진다. 모성성은 혼란에 빠지고 모녀관계는 극심한 갈등을 겪으면서 기존의 여성에게 부과되고 수용되던 여성 역할에 대한 고정관념은 와해된다.

지수의 잘려나간 육체와 '얼굴 없는' 몸은 가부장제가 규정하는 육체의 형상에 대한 부정이며 정상의 육체를 탈피하려는 시도이다. 선재의 분홍신에의 욕망과 그것을 빼앗아간 자에 대한 응징은 어머니 노릇과 가부장제의 순종적인 딸 노릇에 저항하며 그동안 억압되었던 욕망과 분노를 의미한다. 자기 식의 미적 기준과 틀 안에서 여성을 구조화하려는 석원, 인철의 욕망은 지수, 선재의 저항으로 무력화되고 이들의 관계는 전통적인 남성 주체/여성 대상이라는 관계에서 벗어나 전복된다.

I. 서론

　스타의 이미지는 복잡하게 연관되어 결코 제한되거나 고정되어 있지도 않고 완전한 것도 아니다. 스타의 의미는 상호 텍스트성에서 생겨나며 그로 인해 확장되므로[1] 결국 스타의 이미지는 하나가 아닌 여러 개라 할 수 있다. 그럼에도 불구하고 한 사람의 스타에게는 자신의 이름과 몸으로 인해 어느 정도의 고정된 이미지가 있기 마련이다. 김혜수[2]의 경우

---

[1] 조안 홀로우즈 · 마크 얀코비치 편, 문재철 역, 『왜 대중영화인가』, 한울, 1999, 128면.
[2] 김혜수는 1986년 영화 〈깜보〉를 통해 스크린에 정식 데뷔했다. 영화 대표작으로는 〈바람 피기 좋은 날〉, 〈타짜〉, 〈분홍신〉, 〈얼굴 없는 미녀〉, 〈신라의 달밤〉, 〈닥터 봉〉 등이 있다. TV 드라마 대표작으로는 〈장희빈〉, 〈국희〉, 〈사과꽃 향기〉 등이 있고 〈김혜수 플러스 유〉를 진행했다. 2007년 제1회 대한민국 영화연기대상 여우주연상(〈타짜〉), 2005년 제42회 대종상영화제 여우주연상(〈얼굴 없는 미녀〉), 2005년 제41회 백상예술대상 영화부문 여자 최우수연기상(〈얼굴 없는 미녀〉), 제12회 춘사대상영화제 올해의 여우주연상(〈얼굴 없는 미녀〉) 등 다수의 상을 수상했다.

그 주된 이미지는 밝고 명랑한 분위기의 건강한 여성상이다. 그 이미지로 대중에게 어필해온 김혜수가 기존의 이미지와는 다른 새로운 모습을 보여준 영화들이 있다. 〈얼굴 없는 미녀〉(Faceless Beauty, 김인식 감독, 2004)와 〈분홍신〉(The Red Shoes, 김용균 감독, 2005)은 김혜수의 필모그래피에서 색다른 경향의 영화에 속한다. 이 영화들은 2년간 연속해서 발표되었으며 마치 같은 감독에 의해 만들어진 듯 유사한 요소와 공통점들을 가지고 있어서 연속선상에 놓고 볼 수 있다.

이 두 편의 영화에서 김혜수는 자신의 내적 에너지를 충분히 끌어내어 독특하고 강렬한 이미지를 보여주면서 배우로서의 다양한 역할에 대한 욕구를 충족시켰다. 이는 배우/여성으로서 고정된 이미지 외에 또 다른 자아의 모습을 발현한 것으로 내면에 깊이 억압된 욕망의 재현이라는 측면에서 볼 수 있다. 김혜수의 이러한 변신이 시작된 것은 한국, 홍콩, 태국의 합작영화인 〈쓰리〉 중에서 한국 편인 〈메모리즈〉(김지운 감독, 2002)부터라 할 수도 있다. 그러나 이 영화는 세 감독이 각기 다른 이야기를 풀어내는 옴니버스 영화라는 점에서 본 논의에서는 제외하기로 한다.

본고에서는 이 두 편의 영화를 정신분석학의 입장에서 분석하고자 하며 그 과정에서 여성의 억압된 욕망을 표현하는 방식에 내재되어 있는 가부장제와 남근이성중심주의에 대한 부정과 역동적 도전의 의미를 추출하고 나아가 그러한 저항과 전복의 정치학에 내재된 가치를 규명하고자 한다.

Ⅱ. 본론

1. 분열된 자아의 환상과 억압된 것의 회귀,
〈얼굴 없는 미녀〉

대학교수가 되기를 원했으나 원하는 교수직을 얻을 수 없었던 프로이트는 할 수 없이 의사로 개업했고 동료들은 자기들이 치료하기 어려운 여성 환자들을 그에게 보내주었다. 프로이트는 이들을 치료하는 과정에서 자신의 이론을 임상에 적용할 수 있었고 더 진전된 이론들을 펼칠 수도 있었다. 정신분석학이란 처음부터 이렇게 남성 의사/분석자와 여성 환자/피분석자의 관계에서부터 시작되었다. 이 두 편의 영화에서는 남녀 주인공이 정신분석학에서 으레 설정되는 인물관계인 남성 의사/여성 환자와 그것의 변형된 관계인 남성 건축가/여성 의뢰인으로 설정되어 있다.

〈얼굴 없는 미녀〉의 지수(김혜수 분)는 정신과 의사 석원(김태우 분)을 만나 상담 치료를 받는다. 아내의 죽음으로 고통 받던 석원은 지수를 경계선 장애라고 진단하고 병원을 떠난다. 얼마 후 되돌아와 병원을 개업한 석원은 지수를 다시 만나 사랑하게 되지만 지수는 석원을 만나러 가다가 교통사고로 죽고 현실과 환상의 경계를 넘나들던 석원도 결국 죽게 된다.

1) 지수/여성의 글쓰기

영화의 첫 장면에서 지수는 글을 쓰고 있다. 한 달에 소설을 한 편씩 쓰겠다고 친구들에게 공표한 지수는 현실과 환상이 혼재되고 물건이 떠다니는 몽환적 분위기에서 글을 쓴다. 유능한 외환 딜러인 남편 민석(윤찬 분)이 동료 여성과 섹스하는 동안 혼자 글을 쓰던 지수는 탈고를 축하하자며 남편과 친구들을 부른다. 그러나 아무도 오지 않자 절망한 끝에 자살을 시도하고 남편이 귀가했을 때는 핏물이 가득한 욕조 속에 누워 있다. 매우 탐미적인 영상으로 표현된 이 장면은 지수의 외로움과 고통을 통해 불안정한 여성 무의식의 세계로 나아가게 한다.

지수는 밤새워 글을 쓰고 남편은 '되지도 않는 글을 들고 와 출판해달라고 괴롭힌다' 는 선배의 말을 전해 듣는다. 지수의 고통스런 노력의 결과물은 남성 편집장에게 수용되지 않는 것이다. 그녀의 심혈을 기울인 노력은 남성중심사회에서 인정받지 못하고 수준 이하의 글로 격하된다. 지수는 자신의 경험과 느낌을 자기만의 독특한 언어로 말하는/쓰는 히스테리 환자이기 때문이다. 지수의 고백적인 글에 의하면 그녀는 결혼전 한 남자를 사랑했다. 그는 요트와 스키를 타는 매우 활동적인 남성으로 기억되고 있으며 사랑에 빠진 그녀에게 글을 쓰라는 말만을 남기고 홀연히 떠나갔다. 그가 떠난 후 임신사실을 알았지만 무절제한 술, 담배로 아이들은 죽었다. 아이들을 화장한 재를 카나리아에게 먹이며 남자에 대한 그리움을 저주로 바꾸었고 홀로 남은 외로움을 견뎠다. 그러나 정작 그가 죽자 그에 대한 속죄를 하는 마음으로 지수의 글쓰기는 계속된다. 이렇게 지수의 사랑과 죄의식과 저주와 회한이 뒤얽힌 글쓰기는 매우 복잡하다. 지수는 "난 아주 할 말이 많은 여자예요"라고 말하는 것이다.

식수는 여성은 자신들의 섹슈얼리티의 무한함과 복잡성에 관해 써야 한다고 말한 바 있다. 여성의 글쓰기는 변화의 가능성을 의미하며 여성 역사의 변혁과 불가피한 파열을 실천할 수 있는 자리[3]인 것이다. 또한 여성의 글쓰기는 하나로 고정된 것이 아니라 어떠한 정의로도 이론화하거나 상징화할 수 없으며 남근 중심적 체계를 규정하는 담론을 능가한다. 억압된 것이 회귀할 때 그것은 매우 폭발적인 힘을 가질 수 있고 여성적 글쓰기의 실천의 장이 되는 텍스트에는 가히 화산과 같은 파괴력이 내재되어 있다. 순수한 나란 존재하지 않고 오직 다양한 목소리들과 변화의 가능성만이 펼쳐질 뿐이다. 이렇게 여성적 글쓰기는 여성적 정체성에 대한 진정한 발견을 가능하게 하며 여성으로 하여금 자기 육체로 되돌아가게 하는 것이다.

지수의 글이 현실과 환상을 넘나들며 기존의 일정한 틀에 얽매이지 않

---

3 여성문화이론연구소 정신분석세미나팀, 『페미니즘과 정신분석』, 여이연, 2003, 233면.

음으로써 남성 편집자의 눈에 수준 미달이라는 평가를 받는 것은 역설적으로 지수의 글쓰기가 갖고 있는 여성적 글쓰기의 특성을 잘 드러낸다. 남근이성중심주의의 사고방식으로는 해독 불가능한 언어이자 고정관념에 대한 파괴적 언어이다. 의사로서 지수를 정신분석/치료/정복하려던 석원은 엔딩신에서 오프닝신의 지수와 똑같이 현실과 환상이 혼재된 상황에 처한다. 최면으로 우월한 위치에서 지수/여성 환자를 치료하려던 석원/남성 의사는 도리어 그 히스테리 환자의 경험을 반복하면서 죽는다. 이것이 바로 히스테리 환자의 폭발적인 파괴력이며 여성적 글쓰기의 저항과 승리의 한 양상이다.

2) 분열된 자아와 거울이미지

오프닝신에서 호수 표면에 형체를 정확하게 알 수 없는 누군가의 그림자가 어른거린다. 그리고 그 그림자는 목소리의 주인공인 지수라고 짐작된다. 어린 시절 언니와 나, 둘 중 하나는 사라져야 한다면서 약을 탄 우유를 쌍둥이 언니에게 먹여 죽였다고 고백하는 지수에게 석원은 거짓말하는 것은 병이라며 그것이 환상임을 지적한다. 내면에서 언니와 나로 이원화되어 있는 지수는 거울/호수에 비친 모습으로 분열되기를 반복한다. 거울, 호수와 같은 시선 중심의 요소들은 환상과 연결되어 있다. 환상의 세계로 인도하는 이런 요소들을 통해 주체는 보는 자와 보여지는 자로 분열되고 자신이 처해있는 상황에서 벗어나고 싶은 욕망을 구현하게 된다. 주체는 근본적으로 분열되어 있는 것이다.

지수는 과거의 자아/현재의 자아, 떠나간 남자를 사랑하고 욕망하는 자아/그의 죽음을 바라는 자아, 아버지를 기다리는 자아/거부하는 자아, 최면 속의 자아/현실의 자아, 글 쓰는 자아/글의 대상인 자아, 거울 속의 자아/거울 밖의 자아, 언니/나 등 두 개의 자아로 분열되며 이러한 주체는 곧 더블이다. 더블이란 한 인물의 정신적 움직임이 다른 인물에게 전이되는 과정을 강조한 것으로 자아의 분열, 분할, 교체라고 부를 수 있는 것[4]이다. 주체의 거울이미지, 거울과 유사한 것에 비친 모습들, 그림자와 같은 더블의 모티브는 기괴한 효과를 자아낸다. 거울이미지로 무한히 증폭되는 더블은 영속성에 대한 욕망을 구체화한 것이며 일회적인 자아의 소멸을 저지하면서 영원성을 획득하려는 노력이라는 점에서 나르시시즘적인 자아와 관련을 맺고 있다. 늘 과장된 머리 모양과 화려한 의상으로 자신을 장식하는 지수는 현실과 환상을 넘나들며 이러한 나르시시즘에 빠진 자아를 표상한다. 석원을 만나러 가는 길에 에스컬레이터에 여러 개로 비친 지수의 모습은 분열된 자아의 더블을 의미한다. 시간적으로는 에스컬레이터에서 내린 바로 다음 순간 공항 외부에서 죽음을 당하지만 그 죽음을 넘어서는 영속성을 암시하는 강력한 거울이미지를 남긴 것이다.

3) 죽음과 억압된 것의 회귀

이 영화에는 죽음이 넘쳐난다. 주인공 지수 자신을 포함해서 지수가 사랑했던 사람들도 이미 죽었거나 죽는다. 이러한 죽음은 어머니/여성의

---

4 여성문화이론연구소 정신분석세미나팀, 앞의 책, 『페미니즘과 정신분석』, 여이연, 2003, 147면.

폭력성과 연결된다. 지수는 자기가 사랑했던 남자가 떠난 것을 못 견디고 그를 저주하며 마침내 그가 죽자 자신의 저주 탓이라 여겨 죄책감을 갖는다. 가질 수 없는 것보다는 죽어 사라지는 것이 더 낫다는 극단적인 사랑의 형태를 띠는 지수의 욕망은 소유에 대한 강인한 의지를 드러내며 이는 그동안 억제되어 온 양보하고 물러나며 순종하는 여성의 미덕과는 상치되는 것이다.

임신 중 지수는 술과 담배를 계속함으로써 임신사실과 태아를 부정한다. 그것은 떠난 남자에 대한 미움을 그대로 표현하는 적나라한 방식이며 여성 고유의 특성이라 여겨졌던 모성성과는 거리가 멀다. 이 경우 어머니의 몸은 생명의 공간인 동시에 낯선 죽음이 공존함으로써 기괴한 공간이 된다. 어머니의 몸은 그로테스크한 육체이며 축제의 공간이자 환상과 쾌락의 공간이다. 또한 임신은 여성 주체에게 가장 극단적인 형태의 이원화된 육체이자 이원화된 자아다. 태아는 모체에 연결되어 있다는 의미에서 어머니와 한 몸이자 삶과 죽음이 분리된 별개의 생명이라는 점에서 다른 주체이기도 하다. 생명의 근원이자 가장 안전한 장소인 모태는 그 생명을 죽음으로 이끌 수도 있는 죽음의 장소라는 점에서 매우 기괴하며 잔혹한 공간이다. 여기서 지수는 극단적인 방식으로 그러한 이원성을 잘 드러낸다. 마침내 아이를 잘 건사하지 못한 모성은 아이의 죽음이라는 징계를 당한다. 이 과정에서 결국 지수/어머니의 몸은 기괴한 전복의 공간이 된다.

가장 핵심적인 죽음은 물론 지수 자신의 경우다. 남편과의 여행을 위해 공항에 있던 지수는 석원의 전화를 받고 최면에 걸린 듯 그를 향해 가다가 교통사고로 즉사한다. 중요한 것은 지수의 시체가 산산조각 났

다는 것과 끝내 얼굴을 찾지 못했다는 사실이다. 그 결과 '얼굴 없는 미
녀'라는 타이틀이 나온 만큼 이 산산조각 난 육체를 통한 죽음은 중요
한 의미를 담고 있다. 사람을 인식하는 가장 명확하고 직접적인 요소가
얼굴이라면 그것이 사라진 육체야말로 가장 심각한 죽음일 수 있다. 지
수의 잘려나간 육체와 얼굴 없는 몸은 상징적 질서에 포섭되지 않는 실
재이자 가부장제가 규정하는 육체의 형상에 대한 부정으로, 정상의 육
체를 탈피하여 무로 만들기 위한 언어이다. 또 정신과 육체의 통일이라
는 자아의 기표를 거부하고자 하는 강렬한 저항의 형식[5]으로 볼 수도
있다.

자신의 정체성을 확인해줄 수 없는 파편화된 몸은 익숙한 것이 갑자기
낯설어짐으로써 강력한 기괴함의 효과를 준다. 죽음, 시체, 죽은 자의 생
환, 귀신 등은 억압에 의해 무의식으로 가라앉은 것들이다. 이 같은 억압
된 것의 회귀는 한때는 친숙했지만 비천한 것, 혹은 나라는 경계의 외부
이자 타자가 되어 되돌아오는 어떤 것들이 만들어내는 기괴함의 효과로
연결된다. 이러한 기괴함을 전복적 요소로 읽어내는 것은 오래된 욕망의
구조를 교란시킴으로써 제도화된 세계를 전복시키고 변화시키는 새로운
출발점으로 삼을 수 있다. 기괴함은 경직된 현실을 파괴하고 억압된 욕
망을 드러내는 예술의 세계[6]다. 이 영화 또한 기괴함의 효과로 인한 억
압된 것의 회귀를 재현불가능성이라는 여성의 영역에서 찾고자 하는 것
이다. 미녀에 대한 가부장제적 고정관념을 강력하게 비틀어 전복한 '얼

---

5 여성문화이론연구소 정신분석세미나팀, 『다락방에서 타자를 만나다』, 여이연, 2005, 225면.
6 권택영, 『감각의 제국』, 민음사, 2001, 25면.

굴 없는' 미녀는 불길하고 두려운 여성 고유의 시간과 장소에 강력한 도전장을 내밀고 서 있다.

반면 석원은 지수가 죽은 줄도 모르고 그녀의 핸드폰에 집착한다. 의사로서의 우월한 지위는 사라지고 그는 지수의 사랑에 의존해서만 살아갈 수 있는 사랑에 빠진 자의 수동적 역할만을 수행한다. 오지 않는 지수에게 '당신은 나에게 여덟 송이의 장미를 들고 옵니다' 라는 맥빠진 최면을 걸어대지만 절망에 빠질 뿐이다. 그리고 그가 치료하고자 했던 지수/여성 환자가 유령처럼 나타나는 순간 현실과 환상이 뒤섞인 기괴한 혼돈 속에 죽는다. 아내에게 진정한 치료자/남편으로서의 역할을 제대로 수행하지 못한 석원은 자신에게 온 다른 환자를 치료/사랑할 수 없다.

지수는 석원이 아내의 남자를 만날 때 그 사이에 서있던 죽은 아내를 본 적이 있다. 그 이후도로 그들이 자주 보인다고 말하는 지수는 그 자신이 이미 죽은 사람들과 같은 공간에 살고 있는 기괴한 존재이다. 이러한 남성중심적 세계에 속하지 못한 주변화된 세계와 사람들을 보고 느끼는 지수의 능력은 억압된 여성성의 세계에 대한 강력한 복귀 의지를 의미한다. 환상을 넘나드는 지수의 능력은 가부장제의 검열을 넘어서려는 욕망의 소산이며 억압된 분노와 저항의 의지적 표현이다. 끝내는 자신이 얼굴을 버림으로써 '미녀' 라는 고정관념을 벗어던지고 오히려 두려움을 불러일으키는 기괴한 존재로 기꺼이 서 있는 여성으로 변신한다. 그녀는 더 이상 히스테리 환자/경계선 장애 환자도 아니고 남성 의사/분석가의 치료/판단의 대상이 아니며 스스로 존재하는 저항적 존재가 된다. 자신의 억압된 욕망을 가장 강렬한 방식으로 온몸으로 드러내 보인 전위적인 여성상으로 얼굴조차 없이 용감하게 서 있는 것이다.

4) 몸언어로서의 히스테리

석원이 자신의 환자였던 지수를 다시 만나는 것은 슈퍼마켓 계산대 앞에서이다. 그는 남편이 카드를 정지시켜 놓았기 때문에 물건값을 치르지 못하고 곤경에 처한 지수를 도와준다. 여기서 화려한 의상과 머리모양을 하고 의외의 행패를 부리고 있는 지수는 히스테리 환자로 보인다. 가부장제하에서 남성에게 수용될 수 있는 목소리를 갖지 못한 여성이 자신을 재현할 수 있는 몸언어가 바로 히스테리고 이는 지배질서의 문법에 맞지 않는 여성을 뭉뚱그려 부르는 이름이기도 하다. 히스테리 환자는 자신을 주체와 대상으로 분리시킴으로써 자신과 여성적 욕망을 무대화하게 된다. 그런 점에서 히스테리 환자는 진정한 배우라고 할 수 있다. 슈퍼마켓에서 소리를 지르며 무례한 태도로 종업원에게 행패를 부리고 있는 지수의 모습은 가부장제 사회에서 교육받은 교양 있는 여성의 태도와는 거리가 멀다. 자신의 억압된 자아와 욕망을 마음껏 분출함으로써 자신을 무대화하는 이원화된 여성의 몸언어의 표현을 볼 수 있다. 문제가 해결된 후 주차장에서 자신의 차를 찾지 못하고 이리저리 헤매는 지수의 모습은 남편으로 대표되는 가부장의 억압에 대한 분노와 자유의지를 마음껏 드러낸 후의 탈진 상태를 표현한다.

은밀하고 억압된 욕망의 우회적 표현으로서의 히스테리는 상승과 하강의 급격한 변화를 연출할 수 있는 매우 복잡한 여성 영역이다. 길버트와 구바는 이러한 여성 특유의 광기와 분노와 히스테리를 여성적 시학으로 재평가하려 했고 이리가레이는 전복의 전략[7]으로 보았다. 가부장제의 안과 밖을 넘나드는 육체담론으로서의 히스테리는 여성의 시적인 언어가 창조될 수 있는 공간이다. 정신분석학에서 말하는 반복하면서 전복시킴으로써 가부장제 경계의 안과 밖을 넘나들 때 여성은 욕망하고 말하는 주체로서의 가능성의 공간을 열어가게 되는 것이다.

연약해 보이는 자아 뒤에는 의외의 무례함과 유머, 불굴의 저항과 궁극적인 승리가 숨어있다. 허약함이라는 것은 자신이 부과한 역할을 수행하기 위한 이상적 상황으로 상대를 유도하기 위한 전략이다. 석원에게 환자이면서 동시에 환자가 아닌 지수는 마침내 석원과의 관계를 역전시키고 그를 도리어 지수에게 의존적인 상태로 만들어버린다. 남편 또한 외도도 하고 지수를 못 견뎌하지만 정작 그녀에 대한 사랑 때문에 떠나지 못하고 집착한다. 진정한 승자는 연약한 가면을 쓰고 환자 노릇을 하던 지수인 것이다.

5) 역할의 분화와 중첩

의사인 석원에게는 지수를 제외하면 대표적인 두 명의 환자로 여학생과 남학생이 있다. 수연이라는 여학생은 양아버지가 밤마다 자기를 성폭행하며 그것이 몹시 싫으면서도 한편으로는 기다려진다는 고백을 한다. 그러나 실제로 그는 친아버지였고 성폭행 사실도 없음이 밝혀진다. 많은 히스테리 환자들은 이렇게 아버지가 자기를 유혹했다고 주장한다. 이 아

---

7 여성문화이론연구소 정신분석세미나팀, 『페미니즘과 정신분석』, 여이연, 2003, 106면.

버지의 유혹은 거짓말하는 딸에 의해 유혹당한 것으로 전이된다. 딸의 유혹이란 딸이 유혹당한 것이기도 하지만 딸이 유혹하는 주체가 되기도 한다. 여성이 수동적으로 희생물이 되는 것이 아니라 남성을 적극적으로 유혹함으로써 폐쇄된 가족 로망스의 악순환에서 일탈하는 공간[8]이 된다는 점에서 유혹은 의미를 갖는다. 유혹이란 남녀사이의 지배적 관계를 역전시키는 것이다.

석원이 지수에게 매혹당해 사랑에 빠지고 지수를 강렬하게 욕망하게 됨으로써 석원과 지수의 의사/환자 관계는 역전된다. 석원은 지수에게 최면을 걸어서라도 자신에게 불러들이려 하고 한동안은 그것이 가능해 보이기도 한다. 하지만 지수는 그에 수동적으로 따르는 듯 끌려가면서도 점차 석원을 좌지우지하는 우월한 위치에 놓이게 된다. 지수는 치료와 보호를 요하는 약자로서의 환자가 아니라 남자를 적극적으로 유혹하는 매혹적인 팜므파탈이 되는 것이다. 곧 아버지를 유혹하는 여학생은 지수의, 유혹당하는 아버지는 석원의 또 다른 인물로서 환치되어 있다고 할 수 있다.

두 번째 환자로 자기를 좋아하지 않는 여학생을 스토킹하는 남학생이 있다. 자신은 다만 여자가 자기를 봐주기를 바라고 있으며 자기라는 존재가 있다는 것을 알아주기를 바랄 뿐인데 자기를 멀리하는 시선을 견딜 수 없다고 고백한다. 그 고백을 듣는 순간 석원은 다시 남학생의 자리에, 지수는 여학생의 자리에 놓인다. 이미 지수를 사랑하고 욕망하게 된 석원은 좀처럼 거리가 좁혀지지 않는 베일 속의 지수에 대한 안타까움을

---

8 여성문화이론연구소 정신분석세미나팀, 『페미니즘과 정신분석』, 여이연, 2003, 123면.

남학생 환자를 통해 드러낸다. 이 두 명의 환자는 지수와 석원의 분신으로서 역할의 분화를 통한 중첩의 효과를 주는 인물들이다.

6) 반복되는 구조와 석원의 분열

영화는 일직선상의 플롯으로 끝나지 않고 원처럼 반복되는 구조를 가지고 있다. 지수는 주변의 물건들이 모두 둥둥 떠다니면서 현실과 환상이 혼재되어 있는 상태에서 글을 쓰고 있다. 그녀의 정신 상태를 시각적으로 보여주고 있는 이 오프닝신은 석원이 그와 동일한 현상을 경험하는 엔딩신에서 다시 반복된다. 석원의 아내가 만나던 남자는 그녀가 죽은 줄도 모르고 그녀의 핸드폰으로 끝없이 전화를 걸어 독백한다. 나중에 석원 또한 지수가 죽은 줄도 모르고 지수의 핸드폰으로 전화를 걸고 지수의 남편 민석은 석원이 했던 것과 똑같은 방법으로 대꾸 없이 그의 전화를 듣기만 한다. 그리고는 석원이 아내의 남자에게 핸드폰을 전해준 것처럼 민석 또한 석원에게 지수의 핸드폰을 전해준다. '이제 아무 의미 없는 물건입니다' 라는 멘트도 반복된다. 이러한 반복의 구성은 남자—석원아내—석원/석원—지수—민석의 두 겹의 삼각관계로 요약된다.

64 | 영화, 섹슈얼리티로 말하다

두 개의 삼각형은 석원에게서 겹쳐진다. 삼각형 ①에서 석원이 남자에게 했던 복수는 ②에서 민석에 의해 석원에게 반복된다. 아내를 돕지 못하고 외면했던 과거의 기억에 시달리던 석원의 죄책감은 지수를 도우려는 강한 의지로 변환된다. 남자와 민석이 단일한 자아를 형성하고 있는 반면 석원은 두 개의 분열된 자아를 경험하게 된다. 지수에게 경계선 장애라는 진단을 내리고 있는 석원 또한 자신이 경계선 장애를 경험하고 있는 것이다. 두 개의 삼각형 구조 안에서 각기 다른 역할을 수행해야 하는 석원에게 아내와 지수가 자주 겹쳐지는 것은 당연한 일이다. 아내를 구하지 못한 석원은 지수만이라도 반드시 구해야만 한다. 그러나 그것은 불가능한 일이다. 아내를 다른 남자에게 빼앗긴 석원은 또 다른 남자의 아내인 지수를 욕망하지만 빼앗긴 자와 빼앗으려는 자의 분열된 자아라는 흔들리는 위상은 빼앗은 자로서의 역할에 완전히 몰두할 수 없게 하기 때문이다. 결국 분열된 자아의 흔들림 속에서 두 여자를 다 놓쳐버린 석원에게 남은 것은 현실과 환상의 경계가 무너져버린 정신분열증의 상태 그것이다. 자신을 구원할 수 없는 자는 다른 누구도 구원할 수 없는 것이다.

2. 이원화된 주체와 욕망의 구현, 〈분홍신〉

주인공 선재(김혜수 분)는 여섯 살짜리 딸 태수(박연아 분)를 사이에 두고 남편 성준(이얼 분)과 건조한 관계를 형성하며 살고 있다. 음울한 분위기의 집에서 선재는 남편 앞에서 춤추는 어린 딸을 질투하고 남편은 급기야 다른 여자를 불러들여 정사를 벌인다. 그 이후 선재는 딸을 데리고 집을 나온다. 이사 간 집은 더욱 음습하며 분홍신의 비밀을 간직한 노파까지 들락거리는 기괴한 분위기의 집이다. 선재는 병원 개업을 위한 인테리어 작업을 하는 인철(김성수 분)과 로맨스를 시작하는 한편 지하철에서 주운 분홍신을 두고 딸과 갈등한다. 분홍신을 몰래 신고 나간 후배 의사(고수희 분)는 다리가 잘려 죽고 일제시대까지 거슬러 올라간 삼각관계에 얽힌 구두의 과거가 밝혀진다. 또한 자신의 구두를 신고 있던 여자와 정사를 벌인 남편에게 분노한 선재가 바로 그 구두로 남편의 눈을 찔러 살해했음이 암시되고 지하철 선로에서 딸과 구두를 놓고 위험한 실랑이를 벌이면서 영화는 끝이 난다.

〈분홍신〉은 안데르센의 동화에서 모티브를 가져왔다. 검은 신을 신고 가야 하는 교회에 빨간 구두를 신고 간 소녀가 벌을 받아 자기의사와 상관없이 계속 춤을 추게 되고 마침내 다리를 자르고서야 춤과 구두에서 벗어나게 된다는 잔혹한 내용의 동화로, 아름다운 것에 대한 여성의 강렬한 욕망과 그 욕망을 절제하지 못한 것에 대해서 대가를 치러야 함을 경계하고 있다.

1) 이원화된 자아와 환상

선재는 여러 가지 면에서 이원화되고 분열되는 자아를 보여준다. 남편을 사랑하지만 미워하고 딸을 사랑하면서도 질투하고 인철에게 끌리지만 돌아서고 분홍신을 열망하지만 두려워한다. 무엇보다 분홍신을 빼앗기고 징벌하는 자아와 징벌하는 자아를 모르는 혹은 모른 척하고 두려워하는 자아로 분열된다. 이러한 분열된 자아는 자신의 증오심을 덮고 살인의 책임으로부터 도피하려는 강한 욕망에서 기인한다. 자신이 한 행위를 모른 척함으로써 자기의 죄로부터 달아나고 책임감으로부터 회피할 수 있는 방법을 선택하는 셈이다. 현실의 자아는 이렇게 환상 속으로 도피함으로써 현실에서 이룰 수 없는 자신의 욕망을 은밀하게 실현할 수 있다. 자신도 인식하지 못하고 혹은 의도적으로 모르는 척하고 저지르는 이러한 행위는 자신을 둘러싼 억압에 대항하는 항거이며 자신을 망가뜨림으로써 행하는 복수이자 스스로의 충동에 대한 극단적 애도라 할 수 있다.

근대사회는 질병과 수치라는 관념을 통해 끊임없이 본능적 욕망을 주변부화 했다. 인간의 본능과 야생성을 질병처럼 취급하고 이것을 치료해야 한다는 강박증을 강조하는 한편 그것에 대해 끊임없이 부끄러움이라는 관념을 재생산[9]해 온 것이다. 그 결과로 기존 사회가 보호되고 안전하게 된다는 망상이 우리의 삶 속에 깊이 파고들고 있다. 그러므로 현실에서 발현될 수 없는 욕망은 환상 속으로 갈 수밖에 없다.

환상의 놀랄 만한 특색은 주체가 내러티브 상에서의 모든 역할을 이용할 수 있다는 것이다. 주체는 시나리오의 복잡한 다양성과 관련된 여러 위치들을 취하고 여성 자신이 변화하는 욕망의 패턴과 일치하는 위치를 취할 수 있다. 환상은 현실과는 반대되는 소망 충족으로 가득찬 세계, 상상의 세계[10]다. 복수(複數)의 주체가 가능하며 충족될 수 없는 욕망을 표현하고 전시하면서 쾌락을 얻는 욕망의 장면화라 할 수 있다. 선재의 분

---

9 수유연구실+연구공간 너머, 『철학극장 욕망하는 영화기계』, 소명출판, 2002, 125면.
10 서인숙, 『씨네페미니즘의 이론과 비평』, 책과길, 2003. 66면.

열된 자아는 현실과 환상을 넘나들면서 자기의 것을 빼앗아간 자들을 응징한다. 그러나 현실에서의 선재는 환상 속의 살인을 인식하지도 못하고 인정하지도 않는다.

분홍신을 몰래 신고 간 후배의사 미희가 다리가 잘려 잔인한 방법으로 죽음을 당하자 선재는 끔찍한 그 모습에 두려워한다. 그러나 그토록 잔인한 방법으로 후배를 죽인 것은 바로 선재 자신이었음이 암시된다. 또한 사라진 남편을 찾으러 온 남편의 정부에게 시달리는 순간 아무도 그녀의 남편 살해를 의심할 수 없다. 그녀는 자신을 멸시하고 다른 여자를 사랑하는 남편을 스스로의 힘으로 응징하였으며 현실을 인식하면서도 그 현실을 외면함으로써 또 다른 세상을 바라고 집착한다.

2) 모성성과 모녀 갈등

분홍신은 여성의 욕망을 상징한다. 매혹적인 분홍색은 화려한 여성성으로의 초대이며 다른 여자들보다 더 눈에 띄고 싶고 사랑받고 싶은 여성의 욕망을 상징한다. 이 영화의 모티브가 되는 안데르센의 동화 〈빨간 구두〉에서 소녀가 아름다운 빨간 구두에의 유혹을 억제하지 못한 벌로 끝내는 구두 신은 발을 잘라내야 했던 것처럼, 아름다움에 대한 여성의 욕망은 다리를 잘라낼 정도의 고통이라도 견딜 각오가 되어있는 강한 충동을 내포하기도 한다. 그러므로 그것을 빼앗긴다는 것은 참을 수 없는 것이며 용서할 수도 없는 것이다. 설사 그 상대가 자기가 낳은 딸이라 해도 그러하다는 점에서 어머니라는 지위에서 유래하는 모성성과 여성이라는 원초적인 자아로서의 미에 대한 욕망의 강한 갈등을 보여준다.

어머니로서의 선재는 딸에 대한 양가적 감정을 드러내고 있다. 남편 앞에서 춤추고 있는 어린 딸의 모습에서 질투심을 느끼던 선재는 분홍신을 주워온 날 딸과 심하게 다툰다. 태수가 구두를 신어보겠다고 하자 안된다고 하는 선재에게 태수는 '엄마 싫어, 엄마 못 생겼어'라고 말함으로써 여성성을 모욕한다. 엄마에 대한 미움보다도 선재에게 상처가 된 것은 자신의 미를 부정하는 말이었다. 이후 선재는 태수가 립스틱을 짙게 바르고 분홍신을 신고 높은 곳에 서 있다가 다리가 잘려 떨어지는 꿈을 꾼다. 이 꿈은 선재가 자신의 구두를 빼앗아가려는 태수에 대해 분노하고 복수하고 응징하려는 잠재적 욕망을 가지고 있음을 보여준다.

태수는 반복적으로 어른처럼 진하게 화장을 하고 자기 발에 맞지도 않는 분홍신을 욕망하며 이 구두가 있어야 '춤출 수 있다'고 한다. 아빠가 왔다고 말하기도 하고 아빠를 추운 곳에서 꺼내주어야 한다고 하며 선재의 새로운 에로스적 대상인 인철에게 노골적인 적의와 반감을 표시한다. 자신에게는 냉정하게 대하는 남편이 태수에게는 다정하게 대하는 것에 대해서 불만을 가지고 있던 선재의 무의식에서 태수는 어린 딸이 아니라 남편의 사랑을 차지하고 빼앗아가려는 경쟁자로 설정되어 있다. 그래서 여섯 살에 불과한 어린아이가 꿈에서 짙은 화장을 하고 나타나며 자신의 구두를 가져가려는 낯설고 두려운 적대자로 인식된다. 비록 딸임에도 불구하고 자신의 것을 빼앗으려는 자는 누구라도 죽일 수밖에 없다는 무의식에 사로잡혀 있는 잔혹한 모성성을 보여준다.

선재와 태수는 몇 차례 강하게 대립하는데 그때마다 선재는 히스테리컬한 모습을 빈번히 보여주고 피가 낭자한 상황에 무방비적으로 놓이곤 한다. 딸과 경쟁해야 하는 선재의 무의식은 정상적인 모녀관계로는 설명할 수 없고 깊은 무의식 안에 억압된 섹슈얼리티와 욕망의 측면에서 보아야만 한다. 남편의 사랑에 목마른 선재는 이후 인철에게서 분홍신이 잘 어울릴 거라는 말을 듣자 다음날 짙은 화장을 하고 분홍신을 신고 그의 앞에 나타남으로써 사랑에 대한 새로운 욕구를 표현한다. 기존의 언어 곧 가부장제도 하에서 이상화되고 정형화되어 있는 규격화된 모성성에 대한 도발적 반항이자 자기만의 방식으로 말하기라고 할 수 있다. 어머니로서가 아닌 한 여성으로서 분홍신을 놓고 한 치의 양보도 없이 태수와 격렬하게 싸우는 장면은 남편의 존재로 인하여 완전한 구도를 형성하고 있었던 가족구도가 해체됨으로써 기존의 역할에서 벗어나 본능적 욕망으로 말할 수 있게 된 선재의 억압된 여성성의 표현이다.

태초의 생명이 존재했던 어머니의 몸과 어머니의 몸으로서의 상징성을 가진 확장된 개념으로서의 집은 유사한 개념이다. 어머니는 집의 은유이며 한때는 친숙했지만 나라는 경계의 외부이자 타자가 되어 되돌아오는 어떤 것들이 만들어내는 기괴함의 효과와 연결된다. 아주 오래되고 친근한 것이지만 두렵고 낯설게 느껴지는 것이 집이자 가정이다. 특히 어머니가 폭력성을 드러내는 순간 집은 기괴한 공간으로 변하고 무덤이 된다. 선재는 남편을 죽이고 난 후 남편의 불륜과 죽음의 냄새로 뒤덮인 그 집을 견디지 못하고 탈출한다. 그러나 태수와 둘이 살기 위해 새로 구한 집은 더욱 기괴하다. 그 집에서 선재는 어머니로서가 아닌 한 여성으로서 존재하는 듯 보인다. 어머니 노릇에서도 벗어나고 가부장제의 순종적인 딸 노릇하기에 저항하며 그동안 억압되었던 욕망과 분노를 폭발시킨다. 새로운 공간에서 욕망의 주체인 남성과 대상인 여성이라는 공식화된 관계에서 벗어나 관계의 역전이 이루어질 가능성을 모색한다. 그러나 그러한 도전은 태수의 강한 저항에 부딪친다. 태수는 더 이상 여섯 살짜리 어린 딸이 아니라 가부장제의 대표자인 남편의 대리인이자 죽은 남편의 살아남은 분신이며 지수의 분열된 자아이기도 한 복잡한 인격체로서의 다중인격을 표상하는 인물이다. 그러므로 작은 아이를 넘어서서 선재와 대등한 힘겨루기를 할 수 있는 강력한 안타고니스트가 될 수 있는 것이다.

어머니는 생명과 죽음의 부여자이면서 숭배와 공포의 대상이라는 이중성을 갖는다. 매혹과 혐오의 혼합으로부터 생겨나는 신성함은 생명과 죽음, 밤과 낮, 남성과 여성, 활동적인 것과 수동적인 것 사이의 끊임없이 변화하는 경계선에 대한 공상과 환상을 자극[11]한다. 한편으로 여성/어머니는 넘치기 때문에 괴물 같다. 그녀는 기존의 규범을 초월하고 한계선을 넘는다. 동시에 그녀는 결핍되어 있기 때문에 괴물 같다. 여성/어머니는 남성주체와 같은 단일성을 가지고 있지 않으며 정해지지 않은 것, 모호한 것, 혼합된 것의 기호이다.

태수의 입장에서는 어머니 선재를 부정하고 분홍신에 대한 욕망을 드러내는 일이 어떤 의미를 갖는가. 이와 관련해서 억압의 역동성을 진단해주는 크리스테바의 비체 개념을 도입할 수 있다. 비체란 피, 정액, 침, 오줌, 토사물, 구멍과 같은 부적당한 것/불결한 것이다. 버려야 할 것인 비체는 근본적으로 모성적 기능과 관련된다. 왜냐하면 가부장적 사회구조 속에서 주체가 되기 위해서는 필연적으로 모성적 육체를 비체화해야 하는 모친살해가 수반[12]되어야 하기 때문이다. 비체는 주체로 구성되기

---

11 케티 콘보이 외 편, 고경하 외 역, 『여성의 몸 어떻게 읽을 것인가』, 한울, 2001, 87~89면.
12 여성문화이론연구소 정신분석세미나팀, 『페미니즘과 정신분석』, 여이연, 2003, 93면.

위해서 겪어야 하는 일종의 정신적 작용이며 아이는 어머니와의 융합에서 벗어나기 위해 어머니를 비체로 만들면서 주체로서의 형성이 가능해진다.

비체 개념은 주체가 타자와의 분리를 위해 배척해야 할 것이면서도 동시에 그 분리를 위해 필요하기도 하다는 점에서 양면성을 지닌다. 아이의 정신발달 과정에서 초기 단계에는 어머니와 아이가 밀착되어 있고 아버지의 역할이 미약하다. 그러나 아이에게 어머니라는 존재는 상징계의 아버지와의 동일화를 위해 분리되어야 할, 그래서 투쟁해야 할 세계이다. 그러므로 가부장적 세계에서 어머니는 공포의 대상이 되고 어머니와의 분리는 어머니를 더러움, 혐오 등의 비천한 대상으로 간주하여야만 성취될 수 있다. 아버지의 세상으로 진입하기 위해 어머니를 비천한 대상으로 상정한다는 정신적 현상은 그 자체로 남성중심의 가부장 사회로 편입하려는 목적을 위해 어머니를 열등화시키는 가부장적 현상이다. 시체, 피, 구토 등의 역겹고 더러운 이미지들이 나오고 모성적 신체를 갈등하는 욕망의 자리로 만들어 모성성을 비천한 것으로 구성[13]하는 것은 공포영화에서 흔히 사용하는 방법이다.

이것이 바로 태수와 선재가 비체로서의 피와 연결되는 이유다. 분홍신을 신고 아빠 앞에서 춤추는 딸은 피 흘리고 발작하며 핏물에 잠기고 선재는 그 와중에서 구두를 안고 있다. 또한 구두를 안고 있는 딸을 천정에서 내려온 손이 잡아 올려가고 대신 핏물이 쏟아져 내려 선재는 그 핏물을 뒤집어쓰기도 한다. 구두를 빼앗아가는 태수에 대한 미움과 죽음을

---

13 서인숙, 앞의 책, 187면.

암시하는 이 꿈들은 모성성을 넘어서는 여성으로서의 질투와 욕망을 강렬하게 보여준다. 선재의 자아는 여기서 분열되고 태수와 이원화된다. 선재는 사랑받지 못하는 자기를 죽이고 새로운 주체로 변모하고 싶다. 그 선망의 대상은 남편의 사랑을 받는/빼앗아간 또 다른 여성으로서의 딸 태수로 자신에게 가장 가까이에 있고 사랑해야 할 존재이면서도 경쟁적인 존재이다. 그러나 이러한 욕망은 현실에서는 다툼으로 나타나지만 꿈에서는 죽음으로 나타남으로써 강화된다. 그러나 이러한 꿈/환상은 자신 혼자만의 세계에서 일어나는 일이므로 외부 세계로부터 징계를 받거나 비난의 대상이 되지는 않는다. 그러므로 딸 살해의 욕망은 빼앗아가는 자 곧 악한 자의 자리에 태수를 놓음으로써 정당화되고 자신이 피를 뒤집어쓰고 비체화됨으로써 자신을 상징적으로 죽이는 동시에 징계를 받게 하는 전략을 취하여 관객을 혼란스럽게 한다. 결국 비체를 통한 태수의 모친 살해의 욕망이 선재의 환상 속에서 이루어짐으로써 모친 살해는 딸 살해로 역전이되고 이렇게 주체의 위치가 뒤섞임으로써 자신의 분열을 통한 욕망의 극대화가 이루어진다.

가족구조 안에 융합될 수 있는 모성성이라는 도덕률과 현실에서의 모성성이 일치하지 않을 수도 있고, 한 인격체 안에서도 분리를 체험하기 때문에 여성의 내부에는 심리적 갈등이 불가피하다. 그러나 가부장제는 여성과 아이들을 가부장권 하에서 관리 통제 유지하기 위해 모성 이데올로기를 부과한다. 선재는 이러한 역할에 대한 부정과 갈등을 적나라하게 보여줌으로써 모성의 역할이라는 틀 안에 억압되어 있던 제한적인 여성성에 저항하는 모습을 보여준다. 모성성은 엄마 이전에 한 개인의 삶의 의욕을 불러일으키는 다른 요소들이 충족되지 않는다면 흔들릴 수도 있는 상대적인 정체성[14] 인 것이다.

3) 시각적 쾌락과 욕망의 충돌

다른 여자에게 선재의 파란 구두를 신게 하고 '너한테 더 잘 어울려' 라고 말하던 남편은 바로 그 구두가 눈에 박힌 모습으로 죽어 있다. 선재 몰래 분홍 구두를 신고 간 후배의사는 다리가 잘리는 동시에 눈에도 상처를 입고 죽는다. 엔딩신에서 구두를 두고 선재와 마지막 실랑이를 벌이는 태수는 아예 눈이 없다. 선재는 새 집에서 형광등이 깨지면서 눈에 상처를 입고, 병원의 인테리어 작업을 하는 인철은 벽에 커다란 눈을 그린다. 또한 선재와 후배는 안과 의사다.

이렇게 눈을 중심으로 핵심 내러티브가 진행되는 것은 분홍신이 시각을 통해 촉발되는 욕망이라는 점과 관련된다. 인간의 오감 중에서 가장 강력하고 직접적인 욕망은 시각에서 비롯된다. 더욱이 분홍색이라는 신비로우면서도 자극적인 색과 하이힐의 결합체로서의 분홍신은 여성의 시각적 쾌락과 연결된 성적 욕망을 상징한다. 여성의 절제하지 못한 욕망과 비극적 운명의 결합을 다루고 있는 원작 동화에서 모티브를 가져온 이 영화에서도 그러한 측면이 근저에 깔려 있다. 시각에서 비롯된 소유에 대한 욕망과 갈등이 시각에 대한 단죄라는 결과로 연결된다.

남편 살해는 자기만 아는 일이지만 선재는 그에 대한 상징적 징계로서 눈에 상처를 입고 후배에게 가서 치료를 받는다. 가벼운 상처긴 하지만

---

14 심영희 외, 『모성의 담론과 현실』, 나남출판, 2000, 286면.

남편과 살던 집을 떠나 이사 간 집에서 처음 일어난 이 사건은 눈에 대한 경계와 눈을 통한 고통을 예고한다. 남편의 죽음은 아내가 아닌 다른 여자를 본 눈에 대한 징계이며 후배 의사의 죽음은 남의 것을 탐한 눈에 대한 징계다. 그러나 태수와의 갈등은 모성성을 기반으로 하고 있기에 매우 고통스럽다. 눈이 없는 모습으로 나타나는 태수는 차라리 태수가 그 신을 보지 못하고 신에 대한 욕망을 갖지 못하도록 눈이 없으면 좋겠다는 선재의 바람을 투영하고 있다. 인테리어 작업을 하는 인철은 선재에게 분홍신이 어울리겠다고 말해줌으로써 여성으로서의 선재의 잠재된 욕망을 시각을 통해 끌어낸 인물이다. 그는 병원 벽에는 눈을 그리고 자기 방에는 분홍신 신은 여자를 그리며 부재하는 남편을 대신하여 선재를 규정하려고 한다. 정신분석학에서 의사/환자의 관계는 건축가/의뢰인의 관계로 치환되며 건축가라는 직업은 의사와 마찬가지로 여자를 통제하고 재건축하려는 가부장의 욕망과 연결되어 있다. 자기 식의 미적 기준과 틀 안에서 선재를 재구조화하려는 욕망은 선재의 저항으로 무력화되고 그의 모든 시도는 중단되고 선재의 독무대가 펼쳐진다. 남편에게서 벗어난 선재가 또 다른 남편과 타협하거나 그에 의해 규정되는 일은 없을 것이다.

4) 춤, 부정적인 몸의 유혹

분홍신은 일제시대에 활동하던 정하섭 무용단과 관련되어 있다. 빼앗긴 구두와 사랑을 둘러싼 무용수의 원한과 저주가 현대에서 재현된다는 이야기 구조를 가지고 있다. 남편 앞에서 춤추는 딸은 선재에게 '이 신이 있어야 춤출 수 있다'고 말하면서 춤에 대한 특별한 욕망을 분홍신을 통해서 표현한다. 신을 몰래 신고 나간 후배는 '춤이 저절로 나올 것 같다'는 전화를 한다. 그러나 짙은 화장을 하고 춤추는 딸의 모습으로 끝나는 영화에서 선재는 정작 한 번도 춤추지 않는다. 춤이란 자신의 내적 감정을 육체를 통해 외부로 표출하는 것으로 본능적인 내적 충동과 에너지를 발산하는 행위다. 일제시대의 무용수들은 신과 남자를 사이에 두고 자신의 사랑과 본능적 욕구를 경쟁적으로 표출하였으며 그 과정에서 뺏는 자와 빼앗긴 자가 나왔고 그 원한과 저주가 긴 시간의 경과를 두고 신에 투영되어 남았다.

예술의 전 장르 중에서 유독 춤은 몸과 가장 깊은 관련이 있는 예술이고 특히 여성의 몸을 가장 미적으로 강조해서 표현하는 분야다. 전통적으로 남성은 자신을 순수 이데아, 하나이며 모든 것인 절대 정신 같은 불가피한 것으로 상정해 왔고 이와는 대조적으로 천하고 더러운 육체를 여성의 영역이라 규정해 왔다. 그 반대편에 육체를 벗어나서 육체를 조망하고자 하는 순수하고 위엄을 갖춘 남성이 존재하게 되는 것이다. 몸은 부정적인 용어이고 여성이 육체라면 여성은 바로 그 부정성을 의미[15]한다. 여성의 몸은 유혹적이며 도발적인 것으로 남성은 여성의 침묵에 의해서조차 유혹당하므로 남성의 타락은 전적으로 여성의 탓이었다. 곧 여성의 몸이란 남성의 정신과 대조되는 무가치하고 열등하며 죄악시되는 영역이었다. 그러나 이렇게 역사적으로 억압된 여성의 몸의 가치는 이제 전복된다. 진짜 저항하는 몸은 여성의 성적 대상화와 싸우는 몸이 아니

---

15 수전 보르도, 박오복 역, 『참을 수 없는 몸의 무거움』, 또 하나의 문화, 2003, 16면.

라, 성차의 구조물이라는 젠더의 고정된 관념에 도전하고 여성의 몸을 다양한 목소리의 다양한 정체성의 흐름 속에서 재구축할 수 있는 몸[16]이다. 이 영화에서 춤이 핵심적인 내러티브 안에서 구축되고 표현되는 것은 여성의 몸에 대한 본격적인 응시이며 여성의 욕망의 구현이다. 여성은 더럽고 열등한 것으로 규정되어 왔던 바로 그 몸으로 자신을 말하고 있는 것이다. 자신의 몸으로 직접 춤추지는 않지만 춤추고 싶은 후배의 몸과 춤을 잘 추고 싶은 태수의 욕망에 투사되어 있는 선재는 춤추지 않는 동시에 춤추고 있다고 할 수 있다. 겉으로 자신의 욕망을 표현하지 않으면서 환상을 통해 분열된 자아로서 춤추고 있는 것이다.

5) 분홍신, 억압과 욕망의 페티시

분홍신은 여성에게 부재하는 남근을 대체하는 물건인 페티시[17] 곧 연물이라 할 수 있다. 프로이트는 페티시즘을 무생물이거나 부분적인 물건, 신발, 점, 머리카락 등 맹목적인 숭배대상물과 여성의 성적 대상물을 연관시켜서 성적 만족을 얻어내려는 남성의 도착행위라 정의했다. 페티시의 구조는 공포를 이완하는 방식으로 혹은 드러내는 방식으로 사용될 수 있다. 아름답지만 내면에 비밀을 담고 있는 여성에 관한 이미지나 강박적인 욕망을 가진 여성이 등장하는 재현물은 페티시를 이용하여 공포를 추동시키는 예가 된다. 표면의 아름다움은 위험과 공포를 감추기 위

---

16 수전 보르도, 앞의 책, 325면.
17 김소영, 『근대성의 유령들』, 씨앗을 뿌리는 사람, 2000, 102면.

한 위장과 인공으로서의 베일이다. 남성도착의 한 형태라 명명된 페티시즘을 여성주체가 억압을 표현하는 방식으로 그리고 쾌락을 활용하는 방식으로 읽을 수 있다.

분홍신이라는 페티시는 선재의 억압을 표현하는 동시에 욕망을 상징하며 영화를 이끌어가는 핵심적인 소도구이다. 페티시는 주물, 물신, 연물 등으로 번역되어 다양한 의미로 사용되며 의미가 중첩된다. 분홍신은 정체를 확실히 알 수 없는 미묘한 분위기의 신비로운 주술적인 물건이며 동시에 현대 소비사회의 물신이며 남성들이 여성을 선망하고 욕망하는 연물이라는 다중적 의미를 내포한다. 여성의 몸을 표현하는 곡선과 직선으로 이루어진 형태와 매혹적이고 신비스러운 빛깔을 띠고 여성들을 유혹하는 분홍신은 아내로서의 숨겨진 상처와 여자로서의 욕망과 모성의 갈등을 담고 있다.

Ⅲ. 결론

　〈얼굴 없는 미녀〉와 〈분홍신〉은 현실과 환상에서 이원화된 자아를 통해 여성의 억압된 욕망을 강렬하게 표현함으로써 여성에 대한 기존의 관념들에 도전하고 이를 전복하려는 시도를 담고 있다.

　'할 말이 많은 여자'인 지수는 남성에게는 이해되거나 해독되지 않는 여성의 글쓰기로 여성 자신의 섹슈얼리티의 무한함과 복잡성을 표현함으로써 억압된 것으로부터 귀환한다. 춤이 핵심적인 내러티브 안에서 구축되고 표현되는 〈분홍신〉은 여성의 몸에 대한 본격적인 응시이며 여성 욕망의 구현이다. 여성은 더럽고 열등한 것으로 규정되어 왔던 바로 그 몸으로 자신을 말하고 있는 것이다. 이렇게 여성들은 그동안 억압되어 왔던 자아를 자신의 말과 몸으로 현실과 환상을 넘나들며 표현한다. 히스테리와 연결된 자기만의 표현 방식을 통해 자신을 해방시킨다. 은밀하고 억압된 욕망의 우회적 표현으로서의 히스테리는 급격한 변화를 연출할 수 있는 매우 복잡한 여성 영역이다. 이러한 여성 특유의 광기와 분노와 히스테리는 지수와 선재에게 있어 전복의 전략이다. 가부장제의 안과 밖을 넘나드는 육체담론으로서의 히스테리는 여성의 시적인 언어가 창조될 수 있는 공간이다. 히스테리를 통해 가부장제 경계의 안과 밖을 넘나들 때 여성은 욕망하고 말하는 주체로서의 가능성의 공간을 열어가게 되는 것이다.

그들은 또한 모성성과 관련하여 갈등에 빠진다. 임신은 여성 주체에게 가장 극단적인 형태의 이원화된 육체이자 이원화된 자아다. 태아는 모체와 연결된 한 몸이자 다른 생명이라는 점에서 다른 주체다. 임신을 거부한 지수의 몸은 생명과 죽음을 아우르는 기괴한 전복의 공간이 된다. 〈분홍신〉에서는 비체를 통한 태수의 모친 살해 욕망이 선재의 환상 속에서 이루어짐으로써 모친 살해는 딸 살해로 역전이 되고 이렇게 주체의 위치가 뒤섞임으로써 자신의 분열을 통한 욕망의 극대화가 이루어진다. 모성성은 혼란에 빠지고 모녀관계는 극심한 갈등을 겪으면서 기존의 여성에게 부과되고 수용되던 여성 역할에 대한 고정관념은 와해된다.

지수의 잘려나간 육체와 '얼굴 없는' 몸은 정상의 육체를 탈피한 몸으로 가부장제가 규정하는 육체의 형상에 대한 부정이며 저항이다. 선재의 분홍신에의 욕망과 그것을 빼앗아간 자에 대한 응징은 어머니 노릇과 가부장제의 순종적인 딸 노릇하기에 대한 저항을 의미하며 그동안 억압되었던 욕망과 분노의 표현이다. 욕망의 주체인 남성과 대상인 여성이라는 공식화된 관계에서 벗어나 관계의 역전이 이루어질 가능성을 모색한다.

정신분석학에서 의사/환자의 관계는 건축가/의뢰인의 관계로 치환되며 건축가라는 직업은 의사와 마찬가지로 여자를 통제하고 재건축하려는 가부장의 욕망과 연결되어 있다. 자기 식의 미적 기준과 틀 안에서 여성을 구조화하려는 석원, 인철의 욕망은 지수, 선재의 저항으로 무력화되고 석원/지수, 인철/선재의 관계는 전통적인 남성 주체/여성 대상이라는 관계에서 벗어나 전복된다.

제3장
자본주의 시대의 욕망과 진실의 길항
— 전도연의 〈밀양〉과 〈하녀〉

자본주의라는 시대적 특성 안에서 욕망과 진실의 경계에서 갈등하고 혼란을 겪으며 나름의 길찾기를 모색하는 두 명의 여성인물 캐릭터 중심으로 전도연의 〈밀양〉과 〈하녀〉를 분석하는 장이다. 〈밀양〉에서 신애는 현실과 종교, 위선과 진실 사이의 경계선상에서 진정한 화해와 용서는 가능한가에 대한 심각한 고민을 보여주었다. 〈하녀〉에서 은이는 자본주의의 견고한 계급간의 갈등을 겪으며 삶의 진실을 찾으려 애썼다. 가진 자의 멸시에 죽음으로 저항하고 억눌린 욕망의 귀환을 보여주었다. 은이는 억압된 것의 폭발적인 힘과 폭력성의 미학을 집중적으로 보여주는 여성으로 매우 강렬하게 형상화되었다.

　〈밀양〉의 신애와 〈하녀〉의 은이가 혼란에 빠져 방황하다가 어떤 선택을 내리는 과정은 관객들에게 질문을 던지는 일이다. 사랑과 열정을 가졌으되 그런 순수함이 그 자체로 받아들여지지 않는 타락하고 물화된 사회에서 삶에 대한 안간힘의 노력을 경주하는 인물들을 통해 궁극적으로 어떤 가치를 지향해야 하는가에 대한 도전을 추동 받는다. 관객은 동일화 과정을 통해서 자본주의로 인해 철저하게 물화되고 더 공고한 계급사회가 된 한국 사회와 지배체계에 대한 반감과 그에 대한 투쟁에의 욕망을 생산하게 된다.

I. 서론

특정 연기자들이 스타가 되는 이유는 그들의 이미지가 기존의 사회적 위기 속에서 중추적이지만 위협받는 가치들을 체현하기 때문[1]이다. 스타가 연기한 인물들은 단지 허구적인 세계에 존재하는 가상의 인물이 아니다. 그들은 현재 우리가 살고 있는 세상의 한 면을 재현한 세트 안에서 우리가 가진 삶의 욕망과 진실의 혼돈을 함께 겪으며 진정한 가치를 찾아간다는 점에서 문제적 인물의 재현이라는 의미를 갖는다. 배우는 단순히 대중의 인기에 영합하거나 대중의 코드에 맞는 작품에 출연함으로써 관객의 지지를 받는 것은 아니다. 이 시대의 많은 사람들이 공감할 수 있는 가치의 혼란을 먼저 겪으며 삶의 방향을 제시하는 대표성을 띠게 될 때 그리고 기꺼이 그러한 문제적 작품에 출연하여 고유의 해석을 통한 인물 창

---

1 크리스틴 글래드힐 편, 조혜정 · 박현미 공역, 『스타덤, 욕망의 산업1』, 시각과 언어, 1999, 20면.

조에 성공할 때 진정한 스타의 의미를 구현하게 된다. 따라서 스타가 선택한 영화는 대중들에게는 이 시대에 함께 고민해야 할 문제를 제시하는 것이며 개인으로서의 그 배우의 사회적 관심사와 사회적 역할을 알게 한다. 이는 특정한 배우가 출연하는 일련의 영화들은 어떤 식으로든 공통점이 있다는 전제가 되며 그 영화들을 함께 묶어 분석할 수 있는 근거가 된다.

현재 한국영화계를 대표하는 배우 전도연은 2007년 칸영화제에서 이창동 감독의 〈밀양〉으로 여우주연상을 받은 이후 2010년에도 임상수 감독의 〈하녀〉로 다시 칸영화제에서 주목을 받으면서 국제적 스타로서 명성을 얻게 되었다. 전도연이 유수한 국제 영화제에서 상을 받아서 더 유명해진 것은 사실이나 그보다는 그간의 출연 영화 목록이 이미 한 여배우의 치열한 영화 탐구 과정을 보여준다는 점에서 정상의 여배우라는 칭호에 값한다. 전도연은 1997년 〈접속〉으로 배우로서 성공적인 출발을 한 이후 〈약속〉, 〈해피엔드〉, 〈인어공주〉, 〈피도 눈물도 없이〉, 〈너는 내 운명〉 등에서 다양한 캐릭터를 소화하여 창조함으로써 매번 새로운 변신을 하다가 〈밀양〉에서 마침내 연기의 한 정점에 달했음을 보여주었다. 김기영 감독의 〈하녀〉를 리메이크한 2010년판 〈하녀〉에서도 순진한 듯하지만 요염하고 여린 듯하지만 강인하며 두려움에 가득 차 있으면서도 열정을 가진 복잡한 캐릭터를 표현하였다. 본고에서는 자본주의 시대를 살면서 욕망과 진실의 경계에서 혼란을 겪으며 갈등하고 나름의 길찾기를 모색하는 두 명의 여성인물 캐릭터를 중심으로 전도연의 최근작 〈밀양〉과 〈하녀〉를 분석하고자 한다.

Ⅱ. 본론

1. 탈영토화된 분열자와 유토피아에의 욕망, 〈밀양〉

〈밀양〉은 이청준의 소설 「벌레이야기」를 각색한 작품이지만 인물의 설정, 서사구조, 주제에 이르기까지 여러 가지 면에서 달라진 요소들[2]이 있다. 특히 결말 부분에서 소설의 여주인공은 끝내 고통을 이겨내지 못하고 자살하는데 반해 영화에서는 주인공 신애(전도연 분)가 극심한 갈등을 극복하는 것으로 그려진다. 그녀가 다시 삶에 대한 희망과 가능성을 갖게 되었음을 엔딩 장면의 한 조각 햇빛을 통해 비밀스럽게 보여준다. 원작의 비극적 세계관과 화해의 불가능성을 넘어서서 인간으로서는

---

2 이에 관해서는 허만욱, 「소설 「벌레이야기」와 영화 〈밀양〉의 모티프 변환 연구」, 『한국문예비평연구』, 2008과 이만식, 「이창동 영화의 문학적 의미」, 『비교문학』 44집, 2008 참조.

도달하기 어려운 진실한 용서와 화해의 지평에 도달하였음을 조심스럽게 제시함으로써 낙관적 세계관을 드러내는 것이다. 그러한 선택을 통해 신애는 탈영토화된 분열자[3]라는 위치에서 강인한 인물로 옮아가 거듭나게 된다. 나아가 비극적 시대를 이겨낼 새로운 메시지를 온몸으로 드러내는 조용한 영웅의 면모를 보여주기에 이른다.

1) 행동 이미지를 통해서 본 서사구조

〈밀양〉의 서사구조를 몇 개의 시퀀스로 나누어 보면 다음과 같다.

> 발단—신애는 어린 아들과 함께 남편의 고향인 밀양(密陽, Secret Sunshine)으로 내려온다. 호구지책으로 피아노학원을 차리면서 낯선 고장에서 가난한 젊은 과부라는 신분으로 인해 무시당할 것이 두려워 돈이 있는 척하며 땅을 보러 다닌다.
>
> 전개—이웃의 웅변학원 원장은 신애가 정말 경제적 여유가 있는 줄 알고 신애의 아들을 유괴 살해한다.
>
> 위기—신애는 큰 충격을 받지만 기독교를 믿으면서 점차 마음의 안정을 찾아간다.
>
> 절정—신애는 살인범을 용서하겠다는 큰 결심을 하고 교도소로 그를 찾아가지만 그는 이미 하나님으로부터 죄사함을 받았다고 당당하게 말한

---

3 신애는 자신을 얽어매고 있던 남편과 가정의 구속으로부터 해방되어 자유를 얻은 동시에 어디로 가서 무엇을 하면서 살아야 할지 알 수 없는 무산자의 자리로 밀려났다는 점에서 탈영토화된 것이라 볼 수 있다. 또한 그녀의 욕망은 하나의 통일된 중심을 가졌던 과거의 욕망에서 중심이 해체되어 분산된 욕망으로 이동했다고 볼 수 있고 그런 점에서 신애는 분열적 욕망을 가진 자라는 의미의 분열자라고 명명할 수 있다. 이진경, 『필로시네마 혹은 영화의 친구들』, 소명출판, 2002, 148~149면 참조.

다. 신애는 다른 누가 자기보다 먼저 그를 용서할 수 있는가에 대한 질문을 던지고 괴로워 하다가 마침내 정신병원에 가게 된다.

결말―얼마간 시간이 흐른 뒤 퇴원한 신애는 미장원에 갔다가 살인범의 딸을 만나게 되고 거기서 뛰쳐나와 자신의 집 마당에 앉아 스스로 머리를 자른다. 처음부터 줄곧 신애의 곁을 지킨 종찬(송강호 분)은 그녀를 위해 거울을 들어준다.

들뢰즈에 의하면 영화를 구성하는 운동 이미지들 중에서 '행동 이미지'가 서사와 가장 큰 근친성을 갖는다.[4] 행동 이미지는 한정된 환경과 현실태적 행위들(거동, 태도, 행위 등)과 관계가 있다. 이렇게 구체적이고 특정한 공간과 시간으로 이루어진 환경과 그 안에서 구체화되는 행동들은 곧 리얼리즘의 영역을 구성하게 된다. 여기서 행동이란 환경이나 다른 것들 그리고 자기 자신과의 싸움과 같은 일련의 힘들 사이에서 이루어지는 싸움들의 계열을 의미한다. 들뢰즈는 초기 상황(S)을 구성하는 힘들의 환경, 행동(A)을 구성하는 힘들의 싸움, 그리고 그 결과로 일어나는 그 상황의 수정(S')을 S-A-S'라 공식화하고 '큰 형식'의 행동 이미지라고 부른다. 또한 S-A-S'가 행동 이미지의 하나의 형식이라면 A-S-A' 배열도 가능하다고 보고 이를 '작은 형식'이라고 부른다. 여기서 운동은 애매한 행동(A)으로부터 수정된 상황 혹은 변화된 상황(S)을 거쳐 새로운 행동들(A')을 가능케 하는 흐름을 갖는다.

이러한 들뢰즈의 견해에 의하면 〈밀양〉의 서사구조는 큰 형식으로는 '밀양이라는 낯선 공간의 상황(S)-신애의 용서와 화해의 행동(A)-신애

---

4 로널드 보그, 정형철 역, 『들뢰즈와 시네마』, 동문선, 2006, 131~135면.

가 안주하고 살 수 있는 공간으로 변모된 밀양의 상황(S)' 으로 요약할 수가 있다. 이렇게 보면 이 영화는 한없이 낯선 도시였던 밀양이 미약하나마 햇빛을 품은 곳으로 변모되어 신애를 감싸안을 수 있는 가능성의 공간으로 변화하는 과정을 그린 영화라 할 수 있다. 밀양이라는 비밀스러운 빛의 도시는 처음에는 이방인 신애를 탈영토화시키는 힘의 공간으로 작용했으며 유목민으로서의 신애는 그 마을을 지배하는 강력하고도 불온한 빛을 이겨내고 재영토화[5]함으로써 밀양에 거주하게 되는 것이다. 그렇다면 밀양이라는 공간은 신애가 그토록 큰 희생을 치르면서까지 거주할 만한 가치가 있는 곳인가 하는 의문이 생기고 그 도시의 상징적 의미와 그러한 정착에 담긴 의미를 천착할 필요에 도달하게 된다.

종찬	밀양이 어떤 곳이냐고예? 밀양이 어떤 곳이냐? (그 질문이 그를 약간 당황하게 한 것 같다. 마치 밀양이 어떤 곳인지 한번도 생각해보지 않은 듯이.) 뭐라카겠노…… 경기는 엉망이고예, 그 다음에…… 한나라당 도시고, 그 다음에… 부산하고 가깝고, 말씨도 부산말씨고. 좀 급하고, 말씨가. 인구는 15만 정도였다가 요새는 한 10만으로 줄었고…….
신애	(말없이 창밖을 보다가) 아저씨, 밀양이란 이름이 무슨 뜻인지 아세요?
종찬	뜻요? (모른다) 우리가 뭐 뜻 보고 삽니꺼? 그냥 사는 거지.
신애	한자로 비밀 밀(密), 볕 양(陽). 비밀의 햇볕. 뜻 좋죠?
종찬	비밀의 햇볕…… 좋네예. (괜히 킬킬거리며 웃는다.) (#4)

---

5 들뢰즈에 의하면 연속해 있는 어떤 힘들은 어떤 생명을 무엇이 되도록(영토화) 할 수도 있고 무엇이 되지 않도록(탈영토화) 할 수도 있으며 탈영토화된 항을 되돌려줄(재영토화) 수도 있다. 클레어 콜브룩, 한정현 역, 『들뢰즈 이해하기』, 그린비, 2008, 45면 참조.

종찬의 설명에 의하면 밀양은 그다지 별스런 곳이 아니다. 발전 가능성이 있는 곳도 아니고 그 도시만의 고유한 특성이나 장점도 없는 그저 평범한 소도시에 불과하다. 그러면 왜 이창동 감독은 굳이 이러한 별다른 특성도 없어 보이는 밀양을 영화의 제목이자 공간으로 삼아 이야기를 펼치는 것일까 하는 의구심을 갖게 된다. 원작의 제목인 〈벌레 이야기〉를 〈밀양〉으로 바꾼 이유는 몇 가지로 생각할 수 있다. 우선 원제가 작품의 추상적인 주제를 충분히 이해한 후에야 비로소 그 의미를 알게 되기에 영화의 제목으로는 너무 난해하다. 영화는 포스터로 제작되어 시각적으로 기호화되는 특성이 있어서 제목은 간결하고 강한 인상을 주며 기억하기도 쉽고 말하기도 쉬운 것이 좋다. 둘째, 밀양이라는 지명이 가진 의미를 작품의 주제와 연결시킬 수 있다는 유용성이 있다. 위의 인용부분에서 종찬에게 이 도시명의 깊은 의미를 굳이 설명하는 장면은 엔딩의 햇빛을 통해 비로소 의미를 완성한다. 밀양은 구체적인 도시명을 넘어서서 용서와 구원과 화해라는 절대적이고 숭고한 가치를 표현하기 위한 아주 적절하고도 비밀스러운 기호로 놀랍게 변화하고 있다. 비밀과 햇빛은 인간을 사이에 둔 종교와 신과 구원이라는 깊은 의미를 담고 있는 비의적인 단어이자 구체적인 재현물이자 암시적이고 상징적인 이미지이기도 하다. 결국 밀양은 그저 이 땅에 현존하는 일개 도시가 아닌 종교적이고 철학적인 함의를 담은 구원의 장소로 보편화될 가능성을 담은 유토피아로서의 기호로 상정된다. 이름 보고 사느냐는 종찬의 말처럼 '그냥 사는' 사람들과 의미를 굳이 찾아보고 생각도 해보고 '뜻 좋죠' 하고 말하는 신애는 유토피아에 대한 지향의지를 가진 자와 못 가진 자의 대조를 보여주고 있으며 삶의 진정성이 누구를 통해서 구현될 것인지 암시한다.

평범한 도시를 하나의 구원의 유토피아로 변화시키는 것은 주인공 신애의 행동인 것이다.

그러나 이 영화가 큰 형식만으로 이루어져 있는 것은 아니다. 수없이 많은 작은 형식들의 집적에 의해 서사는 진행되고 나아가 큰 형식의 성취로 이어진다. 신애를 중심으로 일어나는 중요한 작은 형식의 행동 이미지들은 다음과 같다.

애매한 행동 A	상황 S	새로운 행동 A'
(외도한 남편에 대한 실망과 미움)	남편의 죽음	밀양으로 귀향하는 신애
의기소침한 신애	경제적으로 어려움	돈이 있는 척 호기를 부리는 신애
일상적 삶에 몰두	아들이 유괴 살해됨	종교를 받아들임
온유해진 신애	살인범의 평온한 모습에 충격을 받음	광기를 부리는 신애
극심한 갈등	정신병원에서 퇴원	갈등의 극복

남편은 교통사고로 죽고 아들은 살해당하고 자신은 정신병원에 수용됨으로써 가정은 파괴되고 가족은 와해되는 것이 주된 상황이 된다. 부부와 자녀로 이루어진 완벽한 근대 가족의 형태는 사라지고 신애는 홀로 남겨진다. 이 가족이 파괴되는 이유는 외적으로는 교통사고와 살인이라는 외부로부터의 폭력성에 기인하고 있으므로 거기에 대해서 신애는 아무런 책임이 없고 완전한 피해자로 보인다. 자동차와 유괴범이라는 폭력의 주체는 신애가 맞서 싸울 수 없는 기계적이고 물리적인 힘이거나 볼

수도 없고 알 수도 없는 숨겨진 존재이다. 개인의 힘으로 방어할 수 없는 강력한 외적인 힘이기에 철저한 피해자로서의 신애는 동정받아야 마땅하다.

그러나 내적으로 들어가 보면 좀 다른 측면에서 이 상황의 진실을 볼 수 있다. 신애의 남편은 외도를 하고 있었으나 신애는 그 사실을 외면하고 있었다. 문제적인 부부관계의 책임이 어느 한쪽에만 있다고는 볼 수 없고 결혼을 유지하기 위해서는 상호 간의 노력과 관심이 중요하다는 입장에서 보면 남편의 외도에 대해서 신애가 완전히 무관하다고 할 수는 없다. 남편의 사후에 오히려 남편의 고향을 찾아와 살기를 결심한다는 것은 속사정을 모르는 사람들에게는 남편에 대한 상당한 애정과 그리움을 가진 것으로 보인다는 점에서 신애의 선택은 출발지점에서 이미 위선적인 측면이 있다. 또한 아들의 유괴는 자신이 어느 정도의 부를 축적한 것처럼 과장한 것에 기인하고 있으므로 비록 가난한 과부라는 자신의 처지에 대한 보호막으로 설정한 것이라 해도 신애는 아들의 죽음에 상당 부분 책임이 있다. 신애를 고통으로 밀어 넣은 이 두 가지 문제적 상황은 냉정하게 보면 신애의 욕망이 진실을 외면하고 억압한 결과물이라 할 수 있다. 그러나 신애에게나 관객에게나 이러한 진실을 대면하는 것은 힘겨운 일이다. 신애는 남편으로부터 외면당하고 과부가 된 것이나 아들을 잃은 자신의 처지를 받아들이기도 버거운 탓에 이성적으로 자신의 진실을 직시할 겨를이 없다. 모든 고통은 외부로부터 온 것이라 믿는 것이 살 길이다. 관객 또한 딱한 처지의 신애를 동정하는 것에 급급해 진실을 탐구할 겨를이 없다. 그러는 동안 신애의 진실은 가려지고 타인에 대한 용서의 문제로 초점이 옮아간다.

신애가 가장 큰 행동의 변화를 보이는 것은 살인범을 면회하는 장면 전후이다. 세상에 던져진 자로서의 의무는 아무리 생이 극한으로 치닫는다 할지라도 산 사람은 살아가야 하는 것이어서 신애는 기독교에 귀의하고 생의 의지를 다잡는다. 그리고 마침내 살인범을 용서해야겠다는 큰 결심을 하기에 이른다. 그러나 그들의 만남은 의외의 국면으로 전개된다. 그는 이미 하나님으로부터 죄사함을 받았다며 살인범에 어울리지 않는 매우 평온한 얼굴로 신애를 맞는다. 그 앞에서 신애의 크나큰 결심과 용기는 덧없이 무너지고 자신보다 먼저 그를 용서할 수 있는 자가 누구인가 하고 의문을 던지게 된다. 아무리 신이라 할지라도 그것은 예의가 아니다. 그럴 권리는 누구에게도 없다. 거기서 신애는 다잡았던 자신을 다시 잃어버리며 기행을 하게 되고 끝내는 정신병원으로 가야 할 정도의 광기를 보인다.

신애에게 있어 아들의 죽음보다도 더 참을 수 없었던 것은 그 소중한 아들을 죽인 자에 대한 용서의 주체가 과연 누구인가에 대한 강렬한 의문이었다. 그 의문은 신애를 '소수자-되기'로 이끈다. 들뢰즈와 가타리는 소수자와 다수자라는 용어를 수적인 측면에서가 아니라 구성의 양태적인 측면에서 기술하기 위해 사용한다.[6] 다수성은 이미 고정된 이미지 혹은 이상을 갖고 그 표준에 비추어 누가 수용될 수 있는지 없는지를 결정하고 지배한다. 반면 '소수자'는 그러한 표준을 갖고 있지 않으며 새로운 개념을 창조하고 기존의 것을 변형시킨다. 또한 우리가 세계 내에 고정되지 않고 더 높은 어떤 지향점을 가져야 하고 그에 따라

---

6 클레어 콜브룩, 한정헌 역, 『들뢰즈 이해하기』, 그린비, 2008, 36면.

사유하는 행위 자체도 이동적이어야 한다는 점을 고려할 때 '되기'라는 개념의 중요성에도 주목할 필요가 있다. 결국 신애는 기독교의 고정된 진리관에 승복함으로써 기독교도라는 다수자에 속하지 않고 자기가 중시하는 가치에 대해 새로운 표준을 찾기 원하는 강렬한 의지를 가지고 있다는 점에서 소수자-되기의 정치학을 보여준다. 오늘날 기독교는 변화된 세계를 수용하고 그에 따른 변모를 보여줄 수 있는 열린 자세와 겸손한 의식이 필요하다. 단지 그들만의 교리 안에서 이루어지는 단합이 아니라 삶과 현실과 진리의 통합을 지향하는 동시에 진리를 구체적으로 실천하는 열정이 기독교에 요구되고 있는 것이다. 결국 신애의 일련의 행동은 기독교에 대한 소수자의 반항이자 도전이며 변화에 대한 요구이다.

데리다에 의하면 용서는 불가능한 것이다.[7] 진정한 용서란 용서할 수 없는 것을 용서하는 것이기에 용서가 너무 쉽게 주어진다면 진정한 용서라 할 수 없다는 것이다. 누군가를 용서하는 것이 쉬우면 쉬울수록 용서의 가치는 적어진다. 아무런 대가도 치르지 않고 결과적으로 아무런 의미도 갖지 못하게 되는 용서는 거의 가치가 없다. 그러므로 용서한다는 것은 용서할 수 있는 능력의 부재를 넘어서 있는 극히 높은 수준의 행위인 것이다. 이러한 입장을 고려하여 신애의 행동을 볼 때 이창동 감독은 종교적 의무 혹은 신의 명령을 사람의 윤리보다 앞세우고 강조하는 근대기독교를 넘어서 무조건적으로 신을 섬기기보다는 스스로 자기의 영성

---

7 페넬로페 도이처, 변성찬 역, 『하우 투 리드 데리다』, 웅진지식하우스, 2007, 142면. 이만식, 「이창동 영화의 문화적 의미」, 『비교문학』 44집, 2008, 106면에서 재인용.

을 가꾸려고 하는 포스트모던 기독교[8]에 근접해 있다.

이창동 감독은 전작 〈오아시스〉를 나와 남과의 경계, 우리와 우리가 배척하는 것과의 경계, 정상인과 비정상인의 경계, 사랑이라는 판타지와 일상과의 경계, 영화라는 판타지와 현실과의 경계에 관한 영화라고 말한 바 있으며 〈밀양〉 또한 그런 생각의 연장선상에 있다. 경계선에 서서 그 충돌을 경험하는 것은 불편하고 고통스런 일이지만 진정한 소통을 원한다면 피할 수 없는 자리이다. 상반된 것들이 만나 충돌하는 접점으로서의 경계선, 그 위에서의 위험하고 불안한 줄타기는 진실에의 욕망을 가진 자, 더 나은 장소 곧 유토피아로 나아가기 원하는 자가 설 수밖에 없는 그런 자리일 것이다.

2) 분열자가 창조하는 현세적 유토피아

유토피아는 니체의 관점에 의하면 두 가지로 구별할 수 있다.[9] 하나는 욕망과 현실의 거리로 인해 만들어지는 이상적인 세계의 환상을 통해 현실을 벗어나려는 것이다. 그러나 그것은 어디에도 없는 내세적인 것으로 현실의 추함을 더 부각시키고 고통스런 현실을 부정하는 의지를 보일 뿐이다. 이는 결과적으로는 부정적인 유토피아요 내세적인 유토피아다. 다른 하나는 의지가 욕망과 현실과의 거리를 메움으로써 만들어지는 환상으로서의 유토피아가 있다. 이 경우에 욕망은 환상으로 도피하지 않으며

---

8 이정석, 「포스트모던 시대의 기독교」, www.jsrhee.com.
9 이진경, 『필로시네마 혹은 영화의 친구들』, 소명출판, 2002, 166~167면.

현실로 되돌아가려한다. 여기서는 이상적 사회에 대한 그림에 몰두하기보다는 비참한 현실을 비판하는 양상을 취한다. 유토피아는 현실을 직시하고 비판하게 하는 준거가 되며 비참한 현실을 바꿈으로써만 욕망이 충족된다는 의미에서 현세적이다. 이러한 유토피아는 현존하는 것을 넘어서서 새로운 가치와 현실을 창조하려는 의지의 산물이므로 긍정적 유토피아요 현세적 유토피아이다.

〈밀양〉은 현실과 종교, 현세와 내세, 폭력과 용서, 기독교와 구원 등 몇몇의 대립항들이 혼재하는 작품이기에 자연스럽게 유토피아와 연결하여 생각해볼 수 있다. 신애는 복잡한 외적 현실과 내적 갈등의 충돌 속에서 방황을 거치고 궁극적인 하나의 지향점을 깨닫게 된다. 격동적이고 신산한 날들을 거친 후 스스로 머리를 자르기 위해 거울 앞에 앉는 엔딩 장면은 신애의 과거와 현재와 미래를 모두 담아내는 자아 성찰의 의미를 담고 있다. 신애가 지향하는 유토피아는 부정적인 유토피아에서 긍정적인 유토피아로 변모한다. 내세적이고 환상적인 유토피아를 부정하고 깨뜨림으로써 새롭게 완성되는 유토피아는 현세적인 유토피아이고 이를 건설하는 과정에서 신애는 능동적인 주체자로서의 의미를 구현한다.

또한 유토피아는 일반적으로 노스탤지어[10]와 연결된다. '여기/현재'에 '존재하지 않는/잃어버린' '낙원/유토피아'에 대한 '그리움/상실감'은 과거적이든 미래적이든 노스탤지어라 할 수 있다. 흔히 과거적인 노스탤

---

10 노스탤지어는 17세기에 고향에서 멀리 떨어진 곳에서 전투하던 스위스 용병들에게서 나타나던 증상으로 멜랑콜리, 식욕부진, 흐느낌, 절망, 자살기도 등의 구체적 증상을 보여주었다. 고향으로 돌아가고자 하는 공간적 의미의 욕망은 과거의 특정한 지점으로 되돌아가고자 하는 시간적 욕망과 일치된다. 연세대 미디어아트연구소 편, 『박하사탕』, 삼인, 2008, 165면.

지어의 지향점은 순수의 세계로 요약되고 이는 〈초록 물고기〉나 〈박하사탕〉과 같은 이창동 감독의 전작들에서도 반복되는 주제이다. 그러나 〈밀양〉은 유토피아와 노스탤지어라는 기본 주제를 반복하면서도 이들과는 다른 점이 있다. 전작들에서는 노스탤지어의 지향점에는 순수를 상징하는 여성이 있고 그 여성은 궁극적인 구원이 되지는 못하고 나약한 남성의 이상화된 자아의 다른 측면에 불과한 것으로 밝혀진다. 그러나 〈밀양〉에서 여성은 더 이상 노스탤지어의 텅 빈 대상으로 그려지지 않는다. 근대화가 진행되면서 노스탤지어는 병리학적 측면보다는 근대성의 경험 자체로 자리잡게 되었고 이는 근대라는 것이 단순한 진보를 의미하는 것이 아니라 잃어버린 낙원에 대한 상실감을 유발하게 되었음을 의미한다. 곧 근대화를 진보의 서사인 동시에 타락의 서사로 인식하게 될 때 노스탤지어 서사가 두드러지게 되었던 것이다.

신애의 유토피아는 남편과 아들과 함께 단란한 가족을 이루고 살던 과거의 시절 혹은 남편의 사후에 사랑하는 아들과 새로운 삶을 시작한 밀양 초기 시절을 의미한다. 그러나 자본주의 시대의 금전만능주의는 사람들을 인륜도덕보다 물질을 중시하게 만들었고 얼마간의 돈을 위해서 이웃의 어린 아이를 살해하는 잔인한 폭력을 저지르게 하였다. 그 시점부터 신애의 낙원은 상실되었고 실락원에서의 혼란과 고통의 삶이 이어지게 된다. 종교를 통한 회복에의 희망을 가져보기도 했지만 더 큰 절망과 좌절을 경험하고 광기를 드러내게 되고 마침내 정신병원으로 격리되는 경험을 거친 후에야 겨우 제 자리로 돌아온다. 이 과정에서 신애는 철저하게 분열자의 자리에 서 있다. 정상과 비정상, 이성과 감정, 받아들여지는 행동과 배척되는 행동 등의 경계로부터의 탈주를 일삼고 두 개의 대립되어 있다고 상정되는 세계를 넘나든다. 이러한 신애의 행동은 표준화된 사고에 익숙하고 코드화된 질서에 길들여진 사람들에게는 낯설고 당황스럽고 수용하기 어려운 것들이다. 신애는 그들의 고정되고 획일화되고 표준적인 가치와 사회를 유지하기 위해 완전하게 격리되어야 한다. 그렇게 신애를 탈영토화시킨 연후 다수자들은 안도하게 되고 다시 찾은 평온함을 바탕으로 신애를 위해 코드화된 기도문을 욀 수 있다.

병원에서 나온 신애가 가장 먼저 하는 일은 미장원에 가는 것이다. 커다란 거울 앞에 자신을 앉혀놓고 머리를 잘라내는 일은 과거로부터의 단절과 미래를 향한 새로운 의욕과 의지를 담은 상징적인 행위이다. 그러나 이러한 신애의 새로운 시작을 위한 시도는 다시 한 번 좌절된다. 병원에서 나온 첫날 채 마음의 준비가 되어 있지 않은 상황에서 미용사가 되어 있는 살인범의 딸과 마주치게 되고 신애는 그 상황을 견디지 못하고 뛰쳐나온다. 아직 완전한 용서를 할 단계에 도달하지는 못했던 것이다. 결국 집에서 작은 거울을 앞에 두고 스스로 머리를 자르면서 신애는 새로운 출발을 위한 의식의 참된 주례자가 될 수 있다. 그리고 비밀스러운 햇빛 한 조각이 비치면서 신애가 극심한 투쟁 끝에 얻게 된 유토피아의 실체가 밝혀진다. 그것은 종교를 통한 미래적이고 내세적이고 환상적이고 이상화된 유토피아가 아니라 현세적이고 일상적이며 현실의 구체적인 삶을 통해 구현되는 긍정적인 유토피아이다. 타인을 용서하기 이전에 먼저 자신의 욕망을 반성하고 외면해왔던 모든 진실과 직면한 다음에 도달하는 현실적 유토피아에 대한 인식을 통해 관객은 복잡한 현상의 본질을 꿰뚫고 진실로 나아가는 일의 중요성을 인식하게 된다.

입에 발린 형식적 기도나 허울 좋은 용서와 화해로 진정한 구원에 이를 수는 없다. 긍정적 유토피아는 위험한 경계선상에서 끝없이 탈주하며 몸과 마음을 다한 투쟁과 고통을 통해서 스스로 새로운 표준을 찾아낸 자만이 도달할 수 있다. 욕망과 진실의 치열한 갈등을 겪고 마침내 유토피아 앞에 선 신애를 비밀스러운 햇빛 한 조각이 비추고 있다.

2. 자본주의 시대 무산계급/여성의 탈주 욕망, 〈하녀〉

임상수 감독의 〈하녀〉는 김기영 감독의 〈하녀〉(1960)를 리메이크한 작품이라는 점에서 주목을 받았다. 김기영 감독은 힘있고 유혹적이며 어머니처럼 다정하게 양육하기도 하지만 한편으로는 잔인하고 파괴적이며 치명적이기도 한 전복적인 여성인물을 창조했고[11] 이는 당대 영화에서는 거의 볼 수 없는 예외적인 인물이다. 〈하녀〉는 60년대 근대화와 함께 새롭게 부상하는 중산층 가정에서 억압받는 계층에 속한 하녀를 위협적인 여성인물로 등장시킨다. 평소에 억압되고 그래서 더욱 강력하기도 한 여성적 본능을 하녀를 통해 그로테스크하게 그려낸 것이다. 이 영화는 중산층 가족의 부상과 붕괴라는 사회적 현상을 배경으로 여성 성애와 위기에 처한 남성 정체성의 측면을 강조하였다.

이를 리메이크한 임상수 감독의 〈하녀〉는 기본적인 줄거리는 차용하지만 달라진 점들이 있다. 외적 변화로는 경제수준의 상승을 반영하기 위해 훨씬 화려한 집을 세트로 마련했고 부수적 인물들을 더 배치했다는 점을 들 수 있다. 자본주의 태동기였던 60년대를 지나 고도의 자본주의

---

11 김소영, 『근대성의 유령들』, 씨앗을 뿌리는 사람, 2000, 208면.

사회가 된 2010년의 사회적 특성도 깔려 있는데 예컨대 계급이 더욱 강화되어 도저히 그 간극을 뒤집을 수 없다는 절망 같은 것이다. 하녀는 견고한 상류계층에 대항하기가 더 어려워졌고 그들에게 복수하는 것도 더 어려워졌다. 중산층은 붕괴되고 빈부격차는 점점 커지고 천민자본주의가 활개치는 오늘날의 사회를 배경으로 한 〈하녀〉에는 이따금 블랙유머가 엿보인다. 〈하녀〉는 극도로 계층화된 집에서 하층계급에 속한 여성의 삶에 대한 도전과 절망, 전복적 욕망과 진실의 추구를 보여준다.

1) 억압하는/억압당하는 욕망의 변주

〈하녀〉의 간략한 줄거리는 다음과 같다.

> 발단—은이(전도연 분)는 부유하고 품위 있는 집에서 하녀로 일하게 된다.
> 전개—어느날 은이는 주인 남자 훈(이정재 분)과 정사를 벌인다.
> 위기—은이가 임신하게 되자 훈의 부인 해라(서우 분)와 어머니가 유산을 종용하다가 강제로 유산시킨다.
> 절정—은이는 복수를 결심하고 훈의 가족들이 보는 앞에서 거대한 샹들리에에 매달려 자살한다.
> 결말—어린 딸의 생일날 훈의 가족은 삭막하고 피폐한 분위기의 생일파티를 한다.

하녀 은이에게 주어진 의상은 흰 블라우스와 검은색의 짧은 치마와 하이힐이다. 제복처럼 깔끔한 이 외적 기호는 은이의 여성적 욕망을 그 단정함 속에 억압하면서 여성이 아닌 하녀라는 직업으로만 존재하도록 명한다. 그러나 은이의 성적 이미지는 충만하게 차올라 있고 그 발산을 기다리듯 팽팽한 긴장감을 내보인다. 젊고 친절하고 예의바른 훈은 집에서 항상 상류계층의 상징인 듯한 와인을 마신다. 포도주를 마시는 행위는 식욕을 드러내는 동시에 성욕과 연결되며 은이에게도 마침내 그와 함께 문제의 와인을 마실 기회가 온다. 어느 날 훈은 은이의 방에 찾아오고 흰 색의 속옷으로 자신의 순결과 순수를 표현하는 은이는 잠재되어 있던 욕망을 발산한다. 은이의 억압하던 욕망은 억압당하려는 욕망으로 변하여 두 사람의 욕망은 사도매저키즘의 에너지를 드러내며 상호작용을 일으킨다.

일반적으로 식욕과 성욕은 흔히 서로 연결되어 있는 것으로 인식된다. 먹는다는 것은 욕망의 환유이고 성적인 행위 또한 빈번하게 먹다와 연관되어 표현되곤 한다. 은이가 식당에서 음식을 준비하고 훈이 음식을 먹는 장면이 여러 번 나오는 것은 이와 관련된다. 하녀인 은이와 병식(윤여정 분)은 주인 가족이 먹을 시각적으로 화려한 음식을 장만하고 그들이 남긴 음식을 먹으며 때로는 주인을 모방하여 몰래 와인을 마신다. 남긴 음식을 먹는 이들의 행위는 이중적인데 먹는다는 점에서 주인의 욕망을 그대로 답습하는 욕망의 구현 행위이자 남긴 음식을 먹는다는 의미에서 계층적으로 분화된 하층계급의 욕망 구현 방식을 보여준다. 그들은 먼저 먹을 수 없으며 오직 남겨진 것 곧 버려질 것들만을 먹도록 허용된다. 그들은 자신의 욕망을 먼저 구현할 수 없고 주인의 욕망의 찌꺼기만을 통해 이차적인 욕망을 구현할 수 있다.

욕망은 본능에 의한 것이며 자발적으로 원하는 것을 하고자 하는 강렬함을 기본 속성으로 한다. 그러나 이들의 욕망은 철저하게 억압되어 있으며 억제되어야만 한다는 점에서 더욱 폭발적인 위력을 가지고 있다.

반복적으로 억압당하고 제어당해야 하는 상황에서 그것은 언젠가는 강력하게 폭발할 수 있는 위험한 욕망으로 내재화되고 있다. 어떤 사회도 착취와 예속, 위계의 구조 없이는 욕망의 정립을 견뎌낼 수 없다는 점에서 들뢰즈는 욕망이 본질적으로 혁명적[12]이라고 말한다. 따라서 욕망은 제멋대로 하려는 의지를 통제하는 코드화의 과정을 거쳐야 하며 그렇지 않으면 기존의 질서를 뒤엎고 혁명을 일으킬 수도 있다는 의미이다.

음식을 만들고 먹은 다음에는 배설하는 행위가 이어진다. 은이는 영화에서 두 번 배설한다. 한번은 화장실에서 안주인 해라처럼 욕조에 몸을 담그고 목욕하는 병식과 대화하면서이고 다른 한번은 여행을 가서 눈밭에서이다. 아무도 배설하지 않는데 유독 은이만 두 번 배설한다. 그것도 통상적인 사적인 공간에서 혼자 하는 행위가 아닌 남과 함께 있는 자리에서 이루어지는 이 배설 행위는 음식을 '만들고–먹고–배설하는' 삼단계의 마지막 행위라는 점에 주목하게 된다. 자신을 위해 음식을 만들지 못했으며 그들처럼 제대로 앉아서 먹지 못했던 은이는 세 번째의 배설 행위를 통해 그 누구의 통제도 받지 않는 오직 자신만의 욕망을 구현한다. 이 배설은 '음식을 먹다'와 관련된 욕망 나아가 성적인 행위에 대한 은이의 강렬한 욕망을 상징하며 두 번이나 시위하듯 전시된다.

〈하녀〉는 이 상류층 저택에 단 두 명의 하녀를 배치한다. 하녀들은 깔끔한 옷을 입고 하이힐을 신고 그 거대한 저택의 모든 집안일을 해내고 있는데 특히 은이는 요리, 청소, 안주인의 마사지와 손톱 발톱 정리, 아이 돌보기에 이르기까지 일인 다역을 담당한다. 이러한 상황의 제시는

---

12 이진경, 앞의 책, 85면.

이 영화가 불필요한 인물들을 제거함으로써 은이-훈-해라라는 단 세 사람의 욕망과 권력의 파워게임에 집중하게 한 알레고리적인 작품임을 의미한다. 한 남자를 둘러싼 두 여자의 삼각관계는 흔히 돈과 집안, 학벌과 미모, 임신과 아이, 사랑과 계산 등의 많은 요소들의 유무에 따라 두 여자를 경쟁관계에 놓는다. 여기서 은이는 아내에 비해 완전한 열세에 있다. 은이에게 비록 주인남자와의 사이에서 욕망을 불사른 사적인 사건이 있다고는 하지만 그것은 통상 멜로드라마의 삼각관계 같은 순수한 사랑이 아니다. 그것은 다만 건장한 주인의 하룻밤 여흥이자 다음날 바로 돈으로 상환되는 매우 경제적인 교환행위일 뿐이다.

그러나 문제는 그 정사가 임신으로 연결되었다는 사실이다. 아내에게 있어 하녀의 임신은 사랑보다도 훨씬 더 위협적인 일이므로 은이의 아이는 반드시 제거해야 하는 위험한 아이로 인식된다. 그러나 주인은 '누가 감히 내 아이를'이라고 말한다. 하녀와의 외도에 관하여 아내에게 전혀 죄책감을 갖지 않는 그는 자신과 관계있는 아이는 비록 그것이 하녀의 아이건 사랑 없는 정사의 소산이건 무조건 자신의 아이로서 존중받아야 한다고 당당하게 말한다. 그의 물질만을 숭배하는 장모는 그의 말을 무기력하게 수용하고 그의 물질을 완전히 자신의 아이에게 물려주기를 욕망하는 아내 해라는 은이의 아이를 죽이기 위한 독약을 준비한다. 은이는 살기 위해 또 아기를 지키기 위해 보약을 마시고 그 보약/독약은 아이를 유산시킨다.

이 과정에서 은이는 계속 빨대를 사용해서 한약을 마신다. 성교시에 훈이 말한 '빨대로 빨듯'이라는 대사와 '빨대'로 한약을 빨아먹는 행위는 명백하게 연결된다. 몸을 보호하기 위한 한약을 빨대로 빨아먹지만 그 한약 속에는 은이의 아이를 유산시키려는 목적으로 해라가 숨겨놓은 독약이 들어있다. 그것도 모르고 한약을 먹는 행위는 훈과의 성행위에 담긴 행복의 가능성과 불행의 결말을 동시에 암시하며 '빨대/빨다' 안에서 뒤엉켜 있다. 이는 사랑과 성교, 임신과 모성의 생명 보호, 살해와 죽음을 둘러싸고 상호 적대적인 가치와 행위와 의미들이 뒤섞인 혼란스러움을 드러낸다. 은이는 남들이 보는 데서 배설하고 도덕적으로 문제가 되는 남자와 정사를 벌이고 임신하고 유산하는 비체로서의 여성의 몸을 반복해서 드러내면서 여성의 문제적 몸에 대한 사고를 표면화시키고 토론의 장으로 제시한다.

여기서 훈의 성행위의 특이성과 그 의미에 주목할 필요가 있다. 훈은 사랑을 나눌 때 아내/은이와 마주보지 않는다. 그의 성행위는 남녀 상호 간의 사랑과 쾌락을 위한 행위가 아니라 오직 남자 한 사람을 권력자 또는 지배자로 만들고 여성은 그의 쾌락을 위해 종사하는 피지배자로 만들면서 두 사람 간에 존재하는 수직적 신분관계와 상하관계를 시각화하는 특성을 보여준다. 이 지점에서는 해라와 은이가 동일한 자리에 있게 된다. 아내 해라는 권력자를 마주보지 않는 자세를 취하고 은이는 꿇어앉거나 올려다보는 자세를 취하며 남자는 급기야 슈퍼맨과 같은 포즈를 취하기도 한다. 남자의 절대 권력은 은이의 임신과 장모가 그 아이를 유산시키려 했던 사건 앞에서 '당신 딸이 낳은 아이만 내 아인 줄 아십니까?'라고 말하는 오만함과 부도덕함으로 이어진다. "아버지가 남들에게 친절하라고 하셨어요. 그게 남을 높여주는 것 같지만 사실은 나를 높이는 거랬어요."라는 딸아이의 말에서도 알 수 있듯이 남자의 세련되어 보이는 친절의 의미는 위선과 오만의 다른 얼굴에 불과하다. 저마다 진실을 외면하고 욕망만을 향해 치닫는 〈하녀〉의 인물들은 폭발지점을 향해 달려간다. 욕망이 억압해온 진실의 힘이 그 억압을 이겨내는 순간, 욕망의 에너지로 맹렬하게 질주하던 이들은 진실과의 대면을 견디지 못하고 파멸할 수밖에 없는 종착점에 도달하게 되는 것이다.

2) 복종/저항하는 하녀의 복수와 억압된 것들의 귀환

훈·해라, 은이·병식은 한 사람의 개인이라는 측면에서는 각기 욕망의 주체들이다. 그러나 전자들은 부르주아 계층에 속한 욕망의 능동적 주체자들이고 후자들은 프롤레타리아 계층의 인물들로서 자신의 욕망을 억압하고 숨겨야 하는 욕망의 원조자들이다. 후자는 전자들이 자신의 욕망을 완전하게 구현할 수 있도록 돕는 역할을 해야 하며 이는 언젠가는 이들이 자신의 욕망을 주체적으로 분출하는 혁명적 순간을 준비하고 있음을 의미한다.

훈에게 있어서 욕망이란 결핍을 메우기 위해 대상을 소비하는 것이다. 훈은 임신 중인 아내에게서 욕망을 충족시키기 어려워지자 은이를 찾아간다. 그들은 성교를 하지만 거기에는 사랑이라는 정서적 기반이라곤 전혀 없으며 은이는 다만 훈의 욕망의 대상으로서 소비되었을 뿐이다. 성매매를 하고 돈을 내듯이 훈은 은이에게 놀랄 만큼 큰 액수의 수표를 지불한다. 그의 마음은 아무런 정서적 반응도 일말의 갈등도 죄책감도 없으므로 완전무결하게 깨끗하다. 그는 자신의 구매에 대해서 정당하게 혹은 그 이상으로 지불을 했기 때문이다. 수표를 받고 은이는 당황하고 실망한다. 은이는 그의 방문과 성행위에 훈과는 다른 특별한 의미를 부여하고 있었고 훈의 입장에서 본다면 이는 부적절한 반응이다. 은이는 적어도 남자와 여자가 성행위를 하는 순간 거기에는 어떠한 진실이 내재되어 있다는 믿음이 있고 그것을 바탕으로 자기를 적극적으로 드러낼 수도 있다. 그러나 훈에게는 진실이라곤 전혀 없다. 그는 물질만 중시하는 타락한 사회에서 아무 생각 없이 살아가는 부도덕하고 이기적인 인간이며 진실의 가치라곤 전혀 모르는 욕망덩어리에 불과하다.

훈은 집안에서 모든 욕망의 대상을 독점하고 있다. 그는 아내는 물론 하녀도 욕망의 대상으로 삼을 수 있고 먹고 마시는 행위는 그를 중심으로 이루어진다. 또한 자신의 부도덕한 행위의 결과로 은이가 임신하자 아내와 장모에게 자신의 아이를 함부로 할 수 없음을 주장하는 권력을 가지고 있으며 자신을 독차지하려는 그들의 욕망이 터무니없는 것임을 알려줌으로써 자신의 존재 가치를 각인시킨다. 장모는 심지어 자신의 딸 해라에게 비록 남편이 외도를 하더라도 '너와 네 아이들이 가지고 누릴 것들을 생각하면 그 정도는 용납할 수도 있지 않느냐'는 타협안을 제시하기도 한다. 해라와 장모는 훈과 마찬가지로 진실과는 거리가 먼 물질 중심적 인물들이다.

아내 해라는 훈과의 관계 안에서 보면 욕망의 객체이다. 비록 그와의 결혼을 통해 안주인으로서 물질의 풍요를 누리고 있지만 언제라도 훈의 의사와 결정에 의해 대체될 수 있다. 그래서 자기 자리를 확고하게 다지기 위해 임신 중이고 앞으로도 더 많은 아이를 낳아서 그와의 관계를 강화하려는 욕망을 가지고 있다. 이는 해라에게는 주체로서의 욕망을 구현하는 의지보다는 남성과 물질에 끌려 다니는 객체로서의 특성이 더 강함을 의미한다. 부르주아 계급에 속해 있으나 남편과는 남성/여성의 수직적 계층관계를 보여준다.

반면 은이는 아내와는 수직적 계층을 이룬다는 점에서 열등한 자리에 위치하고 있으나 남성/부르주아의 지배에 쉽게 굴복하지는 않는다는 점에서 오히려 주체의 자리에 선다. 우선 남자와의 관계에서 정사를 물질적 교환의 행위로 생각하기보다는 사랑이라는 감정의 소산이기를 기대한다. 그래야 두 사람의 정사가 대등한 행위로서 의미를 갖게 되기 때문이다. 물질로 교환되는 순간 그 행위는 성을 둘러싼 구매자/판매자의 자리에서 일어난 일종의 교환행위로 바뀌며 자본주의 사회의 성노동이라는 측면으로 이행한다. 그러나 은이가 자신을 성의 판매자의 자리가 아닌 사랑의 행위자로 보려는 것은 자신의 행위가 비록 남자의 요구에 응하여 이루어진 것이기는 하나 내적으로는 자신의 은밀한 욕망을 구현하는 주체적 행위로 의미화하고 있었기 때문이다. 따라서 은이에게 그것은 물질로 보상할 수 없는 진실이 담긴 중요한 행위이므로 예기치 못한 수표를 받는 순간 모욕감을 느끼게 된다.

또한 임신을 알게 된 후 아이를 지키고 출산하려는 의지는 이를 금지하려는 권력과 맞서는 강한 욕망의 구현 행위로 이어진다. 권력의 욕망에 순종하지 않고 자신의 진실에 충실하려는 은이의 자세는 탈주의 욕망을 드러낸다. 생명을 둘러싸고 벌어지는 계층간 대립의 부당함에 대해서 자신의 새로운 삶을 창조하고 나아가려는 진실을 향한 의지의 표출이고 불온한 혁명을 꿈꾸는 욕망이다. 욕망은 위반을 낳고 위반은 탈주로 이어진다. 아이를 강제로 잃고도 항변할 길이 없는 나약하고 억압받는 프롤레타리아 계층의 하녀 은이는 거대하고 폭력적이며 강압적인 부르주아의 집안을 떠났다가 혁명적 탈주자가 되어 돌아온다.

자기의 목숨을 걸고 온전히 저항하는 은이는 비로소 전사로 거듭난다. 부르주아가 가진 것들에 주눅 들고 억압당한 과거의 자신에서 탈주한 은이는 지배계급의 권력을 완전히 해체하고 파괴한다. 진실을 중시하고 욕망과의 조화를 꿈꾸던 은이의 죽음 이후 이들에게는 가정도 가족도 모두 사라지고 허울 좋은 껍데기만 남아 비틀거리는 형국이 된다. 어린 딸의 생일날 남자는 아이의 마음과는 동떨어진 비싼 그림을 선물하고 아이는 예의바르게 그것을 받아들이며 세 사람은 일체의 진실로부터 철저하게 격리되고 괴리되어 의례적으로 생일 축하 노래를 부른다. 이 괴기스러운 가족은 은이가 있던 시절 은이와 아이를 중심으로 오가던 약간의 인간적인 면모마저 완전히 사라진 섬뜩한 풍경 안에 놓여 있다. 이미 가족이라 부를 수 없는 비인간적이고 물화된 이들의 불행한 모습은 진실의 가치를 모르는 이들을 향한 은이의 복수가 완성되었음을 보여준다.

그러나 이것은 단순한 복수가 아니라 기존의 질서와 권력을 전복하는 혁명[13]으로 나아간다. 욕망과 혁명은 불가피하게 만나는데 첫째, 혁명이 기존 질서의 전복인 한 그것은 기존 질서에 길들지 않은 힘에 의해 추동되어야 한다는 점, 둘째, 욕망이 기존의 질서를 거부하고 저항하려는 한 그것은 혁명이라는 정치적 실천으로 나아가야 한다는 점에서 그러하다. 욕망과 계급의 접속은 탈주하려는 욕망이 통과해야 할 지점이며 이는 일종의 욕망의 정치학이라 부를 수 있다.

복수로서의 은이의 죽음 장면은 일면 과도하게 폭력적으로 보이기도 한다. 그러나 영화는 여러 종류의 폭력성을 제공하며 어쩌면 영화는 폭

---

13 이진경, 앞의 책, 115~117면.

력성에 가장 잘 맞는 예술[14]일 수 있다. 폭력성은 미학의 중요한 주제이며 그것은 모든 창조적 행위의 중심에 있다. 폭력은 일종의 억압의 해소이며 그것은 개인과 세계와의 긴장에서 생겨나서 그 긴장이 정점에 달했을 때 폭발한다. 이는 어떤 평정상태에 도달하기 위해서는 반드시 거쳐야 하는 것이다. 그런 점에서 모든 예술작품은 어느 정도의 폭력성을 포함하고 있거나 적어도 그것을 상정하고 있다고 말할 수 있다. 예술은 갈등관계를 인식함으로써 폭력성을 완화시키는 한 방법이며 그러한 인식을 통해 폭력성을 해결할 수 있는 힘을 지닌다. 폭력성의 진정한 아름다움은 영웅이 가는 길을 보여주며 힘과 고귀함을 표현하고 도전의 순간을 제공한다. 이러한 순수하고 직선적인 폭력성은 패배가 아닌 승리로 가는 길을 보여준다. 그것은 삶에 대한 용기, 인간과 자연간의 투쟁 및 인간에 대한 인간의 투쟁에 대한 인식, 승리하고자 하는 의지의 해방을 표현한다. 이것은 평화로 가는 문을 열고 넘쳐나는 행복을 알리는 폭력성이다. 이런 관점에서 보면 은이의 폭력적인 죽음 장면은 진실의 가치를 드러내는 중요한 행위로 의미화 할 수 있다.

프로이트는 무의식 속에 깊이 묻혀 있던 과거의 기억이 의식으로 잔혹하게 침투하는 것을 억압된 것의 귀환[15]이라고 불렀다. 이 개념으로 보면 김기영의 〈하녀〉는 자신의 육체를 계급 상승을 위해 이용하지만 결국 실패하는 괴물같은 여성을 창조해냄으로써 60년대 한국 사회의 불안함을 그려냈다. 그리고 임상수의 〈하녀〉는 진실을 억압하는 부당함에

---

14 크리스틴 글래드힐 저, 앞의 책, 118~120면.
15 김소영, 앞의 책, 216면.

대항하여 자신을 온전히 던져 부조리한 현대사회에 도전한 은이를 통해 억압된 것의 귀환을 보여준다. 은이는 억압된 것의 폭발적인 힘과 폭력성의 미학을 집약적으로 보여주는 여성으로 매우 강렬하게 형상화되고 있다.

Ⅲ. 결론

　전도연은 첫 영화 〈접속〉에서 사랑의 가능성과 소망을 가진 순수한 여성상으로 그려졌다. 〈해피엔드〉에서는 남편과 옛 애인 사이에서 사랑의 열정을 택하는 팜므파탈을 연기했고 남편으로 대표되는 한국 사회와 가부장제의 응징을 받아 살해되는 역할을 맡았다. 〈너는 내 운명〉에서 에이즈로 죽어가면서 순애보의 대상이 되었고 〈밀양〉에서는 현실과 종교, 위선과 진실 사이의 경계선상에서 진정한 화해와 용서는 가능한가에 대한 심각한 고민을 붙들고 씨름했다. 〈하녀〉에서는 자본주의의 견고한 계급 간의 갈등을 겪으며 삶의 진실을 찾으려 애썼다. 가진 자의 멸시에 죽음으로 저항하면서 억눌린 욕망의 귀환과 폭력의 미학을 보여주었다.

　예술은 단순한 재현이 아니다. 예술을 통해 우리는 재현들이 작품 안에서 어떻게 작동하여 사유와 접속하고 스타일을 생산하는지 알 수 있다. 예술은 우리의 사고를 정향하는 언어와 양식을 진단하는 방식이며 우리에게 가치의 힘 또는 생산력을 보여줄 수 있다.[16] 전도연이 그동안 영화에서 보여준 여성인물들은 당대의 보편성을 가진 인물이면서도 문제적 쟁점을 사회에 던질 만한 중요한 경계선상에 있는 인물들이었다. 관객들은 그 인물들을 보면서 언제나 격동기 아니었던 적이 없었던 한국 사회의 극심한 갈등을 함께 고민할 수 있었다. 스타는 대중문화의 산물이며 영화 속에서 의미 작용을 하는 한 요소지만 동시에 산업의 마케팅 장치이며, 문화적 의미와 이데올로기적 가치를 전달하는 동시에 개인적 퍼스낼리티의 친밀감을 표현하고 욕망과 동일화를 끌어내는 사회적 기호[17]이다. 전도연이 영화 안의 한 역할을 맡고 관객과 동일시 작용을 거치며 공감과 감동을 이끌어내는 과정에는 오늘의 한국 사회에서 작동하는 이데올로기에 대한 도전과 새로운 가치 구축의 시도가 들어 있는 것이다. 그래서 스타가 어떤 영화를 선택하느냐 하는 것은 단지 개인적인 기호와 취향의 문제를 넘어서는 사회적 의미와 가치를 창조하는 과정에 참여하고 영향을 미치는 중요한 문제가 되는 것이다.

〈밀양〉의 신애와 〈하녀〉의 은이가 혼란에 빠져 방황하다가 어떤 선택을 내리는 과정은 관객들에게 질문을 던지는 일이다. 사랑과 열정을 가졌으되 그런 순수함이 그 자체로 받아들여지지 않는 타락하고 물화된 사회에서 삶에 대한 안간힘의 노력을 경주하는 인물들을 통해 궁극적으로 어떤 가치를 지향해야 하는가에 대한 도전을 추동 받는다. 관객은 동일화 과정을 통해서 자본주의로 인해 철저하게 물화되고 더 공고한 계급사

---

16 클레어 콜브룩, 앞의 책, 49면.
17 크리스틴 글래드힐 편, 앞의 책, 16면.

회가 된 한국 사회와 지배체계에 대한 반감과 그에 대한 투쟁에의 욕망을 생산한다. 스타와의 동일화는 잠재적인 저항으로 관객을 인도하고 그 저항에 힘을 부여한다. 전도연의 최근 영화 두 편을 통해 보여준 여성인물들은 한 여배우의 뛰어난 연기를 전시하는 것에 그치지 않는다. 이 혼란의 시대에 욕망의 갈등을 유발하는 문제들과 직면하여 진실을 선택하기 위해 투쟁하며 나아가는 문제적 인간을 제시함으로써 새로운 가치의 창출에 이르게 하는 것이다.

제4장

섹슈얼리티와 주체의 구현

— 문소리의 〈오아시스〉, 〈바람난 가족〉, 〈여교수의 은밀한 매력〉

문소리의 〈오아시스〉, 〈바람난 가족〉, 〈여교수의 은밀한 매력〉은 여성의 섹슈얼리티에 대한 독특한 관점을 보여준다. 이 영화들은 그간의 여성의 몸과 섹슈얼리티에 대한 고정관념을 넘어서서 새로운 표현을 추구하는 동시에 페미니즘 영화의 경계를 넘어서는 한 지점을 보여준다. 여성간의 차이에 주목한 이 영화들은 한국 사회에서 성과는 거리가 먼 여성, 곧 성의 표현에 적합하지 않은 세 가지 층위의 여성의 성을 다룬다는 점에서 일련의 연속성을 가진다. 장애인 여성, 기혼여성, 지식인 여성의 섹슈얼리티 문제를 정면으로 다루는 이러한 영화가 나오게 된 것은 문소리의 의지적 선택의 결과이고, 자기를 보다 적극적으로 표현할 수 있는 여성 주체의 변화이며, 영화가 변화하는 시대를 담아내려 노력한 결과이기도 하다. 세 편의 영화는 쾌락보다는 위험으로 간주되는 장애 여성의 섹슈얼리티, 억압적인 결혼 제도에 굴복하지 않고 스스로 주체의 자리를 선택하는 기혼여성의 섹슈얼리티, 현대사회의 비리와 부조화를 그로테스크한 매력을 통해 드러낸 지식인 여성의 섹슈얼리티를 표현했다. 이 도전적인 영화들은 정신/남성에 비해 평가절하되어 온 몸/여성의 복권으로 나아가는 전복의 한 출발점에 서 있다. 그리고 배우 문소리가 이러한 문제적 시선의 담지자로서 그 영화들을 이끌어가고 있다.

Ⅰ. 서론

　인류의 문화 창조 과정에는 늘 여성의 몸을 표현하고자 하는 욕구가 있어 왔고 그 결과물 중에는 지금까지도 예술적 성취를 평가받는 수많은 작품들이 있다. 그러나 영화에서 여성의 몸에 대한 표현은 여타의 예술적 표현이나 성취와는 다른 요소가 있다. 영화가 가장 대표적인 대중문화이며 대규모의 인원과 자본의 협동 작업으로만 창작 가능한 종합예술이라는 점은 영화 생산에서 중요한 요소이다. 한 편의 영화는 자본의 유입과 산출이라는 경제논리에 연루되어 있으며 이는 소위 영화의 상업적 요소에 대한 고려로 이어진다. 곧 영화는 투입한 자본을 바탕으로 수익을 창출하고자 하는 속성을 기반으로 하는 장르이고 그 상업적 요소는 영화에서의 성적인 표현 특히 여성의 몸에 대한 재현 방식과 연결되어 있다.

　이러한 영화의 상업성과 여성의 재현이라는 문제는 페미니즘의 입장에서 보면 심각한 갈등을 빚는 부분이다. 가부장제하에서 남성은 성적인 주체이자 여성은 성적인 대상으로 간주되는데 가부장제의 산물인 영화 또한 그 이데올로기를 반복하게 된다. 가부장제하의 섹슈얼리티 관점에서는 남성이 보는 주체가 되고 여성은 보여지는 대상이 된다. 그러므로 영화는 남성에게는 능동적 쾌락으로 여성에게는 수동적 쾌락으로 이분화되어 수용된다. 제작부터 감상에 이르는 전과정에서 남성의 시선을 중심으로 이루어지는 영화는 여성의 섹슈얼리티에 대한 이데올로기를 잘 드러내는 영역이 된다.

80년대 이후 한국영화가 페미니즘을 반영하면서 이를 기치로 내세운 영화들도 있었으나 궁극적으로 페미니즘을 구현했다기보다는 오히려 상업적으로 이용하거나 적당한 수준에서 암묵적으로 타협한 결과를 보여주기도 했다. 결국 영화에서 여성의 재현 문제는 진정한 페미니즘 영화는 무엇인가 혹은 페미니즘의 시각에서 긍정적인 여성의 재현이란 무엇인가 하는 문제로 이어진다. 재현은 성차를 둘러싼 담론과 그 담론을 위한 주체들을 계속 생산하는 특정 권력관계를 작동하게 하며 우리를 둘러싸고 있는 다양한 권력관계에 참여하는 일종의 규제형태[1]인 셈이다. 그러므로 재현은 사회의 작동원리 내에서 이루어지고 사회의 전반적인 의식의 흐름과 사고의 수준과 감정의 특성을 복합적으로 반영하게 된다.

문소리[2]가 주연으로 등장한 〈오아시스〉, 〈바람난 가족〉, 〈여교수의 은

---

1 케티 콘보이 편, 고경하 외 역, 『여성의 몸 어떻게 읽을 것인가』, 한울, 2001, 301면.
2 문소리는 〈박하사탕〉(1999)으로 데뷔했고 대표작으로 〈오아시스〉(2002), 〈바람난 가족〉(2003), 〈효자동 이발사〉(2004), 〈여교수의 은밀한 매력〉(2006), 〈가족의 탄생〉(2006), 〈우리 생애 최고

밀한 매력〉을 여성의 몸과 섹슈얼리티의 재현을 여성의 주체형성 문제와 연결하여 고찰[3]하고자 한다. 여성은 단일하고 통일된 존재가 아니라 유동적인 존재이며 정치와 문화, 사회 등의 여러 단위의 교차점에 의해 형성되는 복수주체이다. 이 세 편의 영화에서 문소리가 맡은 주인공은 여성이라는 생물학적 특성을 넘어서서 '장애인/유부녀/여교수'라는 사회적 특성을 지니고 있다. 이 영화들은 우리 사회에서 여성을 보는 관점을 다양한 방식으로 드러낸다. 여성 간의 차이에 주목한 이 영화들은 한국 사회에서 성과는 거리가 먼 여성, 곧 성의 표현에 적합하지 않은 세 가지 층위의 여성의 성을 다룬다는 점에서 일련의 연속성을 가진다. 문소리와 그의 영화를 다루고자 하는 이유는 영화를 선택하는 문소리의 이러한 시각에 의미를 두기 때문이다. 이 영화들은 각기 다른 감독의 작품임에도 불구하고 여성의 섹슈얼리티 문제를 본격적으로 다루는 영화를 지속적으로 선택하는 문소리를 통해서 어느 정도 일관성을 갖게 된 것이다.

가부장제 사회에서 오랫동안 소외되고 억압되었던 여성의 성에 관한 페미니즘적 재현과 연구는 그 자체로 문제적 저항이자 정치적인 행위이다.

의 순간〉(2008), 〈하하하〉(2010) 등이 있다. 〈오아시스〉로 2002년 제59회 베니스영화제 신인배우상, 제23회 청룡영화상 신인여우상, 2003년 제29회 시애틀 국제영화제 여우주연상, 제13회 스톡홀름국제영화제 여우주연상을 수상했다. 〈바람난 가족〉으로 2003년 제4회 부산영평상 여우주연상, 제2회 대한민국영화대상 여우주연상, 2004년 제41회 대종상 영화제 여우주연상을 수상했다.

3 정신분석학에서는 인간의 주체성은 성적인 욕망과 성의 정체성과 동시에 형성된다고 본다. 성적인 욕망과 성적 경향은 인간의 의식과 무의식을 결정하는 근본적인 요소이다. 또한 섹슈얼리티는 쾌락을 창출하는 다양한 행위를 포함하는 복잡하고 포괄적인 의미를 담고 있다.

여성에게 있어서 비밀스럽거나 심지어는 수치스러운 영역으로 여겨지는 성의 문제는 페미니즘의 중요한 안건이며 이를 드러내어 논하는 일은 여성이 침묵을 벗어나 주체로 서는 일로 연결되기 때문이다.

Ⅱ. 본론

1. 장애 여성과 섹슈얼리티, 〈오아시스〉[4]

장애인의 삶은 한국영화에서 거의 다루어지지 않는 소재이며 특히 '장애인/여성의/성문제'[5]는 전혀 표현된 적이 없다. 장애인은 정상과 비정상으로 편가르기가 일상화되어 있는 한국 사회에서 가족으로부터도 외면되고 멸시받으며 인권이 무시되는 존재이다. 일반적으로는 이들에게 비장애인과 똑같은 성적 욕망이 있고 그것을 실현하려는 나름대로의 노력이 있다는 것을 거의 인식하지 못한다. 〈오아시스〉는 아무도 관심을 갖지 않는 소외된 이들의 삶에 초점을 맞춘 영화이다. 장애 여성의 몸은

---

4 〈오아시스〉는 558,046명의 관객을 동원했다. 이창동 감독과 주연배우 문소리, 설경구가 국내외 각종 상을 수상했고 특히 베니스영화제에서 특별감독상과 신인여우상을 수상했다.

5 장애인 남성의 성문제 또한 중요하게 다루어진 경우가 거의 없다. 가장 주목할 만한 작품으로는 독립영화이자 다큐멘터리 영화인 〈핑크 팰리스〉(2005)가 있다.

가부장제 사회에서 남성에게 사랑받을 수 없는 아름답지 못한 몸, 생산에 기여하지 못하는 결핍으로서의 몸, 결과적으로 이 사회에서 여성의 주변성을 드러내는 열악한 몸이다. 이러한 통상적인 의미를 담은 몸에 대한 진지한 관심은 현실을 읽어내려는 감독의 문제적 시선과 지향점을 시사하는 것이다.

1) 억압되는 섹슈얼리티, '저는 여자가 아닙니까?'

여성은 남성과 대립적인 존재로 규정되고 특성화된다. 그러나 모든 여성이 여성이라는 범주 안에서 동등한 것은 아니다. 거대한 몸을 갖고 남자보다 더 많은 일을 해왔으며 여성으로서 대우를 받지 못하고 억압당해온 트루스라는 흑인 여성은 "저는 여자가 아닙니까?"[6]라는 유명한 질문을 던졌다. 이것은 여성 중에도 남성에게 호의적인 여성으로 받아들여지고 대우받는 여성과 그렇지 않은 여성을 구분하는 명확한 기준이 있다는 여성 내부의 불평등에 대한 지적이다. 창백하고 나약하고 아름다운 여성과 강인하고 거대하고 추한 여성은 전혀 다른 존재인 것이다. 전자에게는 남성의 보호와 사랑이 베풀어지는 반면 후자에게는 남자보다 더 많은 노동이나 경멸이 주어진다. 그런 점에서 강인한 흑인 노예 여성은 비틀린 외모를 가진 장애 여성과 공통분모로 묶여지고 〈오아시스〉의 주인공 공주(문소리 분)는 아마도 세상을 향해 트루스와 같은 질문을 던지고 있을 것이다.

---

6 해방 노예이자 농장 노동자였던 소저너 트루스는 1851년 이 질문을 통해 남성이 구성한 단일한 여성성이 어떻게 여성을 분열시키는지 살펴볼 것을 촉구한 바 있다. 케티 콘보이 편, 앞의 책, 14면.

공주는 장애인 복지 정책의 일환으로 아파트를 하나 분양받았으나 오빠부부에게 그 집을 빼앗긴다. 대신 그들은 공주에게 낡고 작은 아파트를 구해주고 앞집 여자에게 공주의 식사를 부탁한다. 공주는 온몸이 뒤틀린 혐오스러운 육체로 표현되고 가족과 이웃에게서 경멸의 대상이 된다. 심지어 앞집부부는 공주가 보는 앞에서 정사를 벌이는데, 공주가 본다고 하며 여자가 주저하자 남자는 '괜찮다'고 말한다. 이 장면에서 공주는 추한 몸을 가졌다는 이유로 마치 어린아이나 동물처럼 간주되며 인격이나 감정도 없는 존재로 격하된다.

이는 비교적 순수한 내면을 가진 종두(설경구 분)의 경우조차 마찬가지인데 처음에는 좋은 마음으로 공주를 방문하지만 순간의 욕정을 이기지 못하고 공주를 강간해버리는 것이다. 공주를 강제로 겁탈하는 이 장면은 장애여성이 자신의 몸의 자유가 없을 뿐만 아니라 성적인 위험에도 무방비로 방치되어 있음을 보여준다. 이렇게 주체성을 박탈당한 채 희생자로 설정됨으로써 여성의 섹슈얼리티는 쾌락보다는 위험과 연계된다. 그러나 본고에서는 여성의 섹슈얼리티를 남성의 폭력, 야만성, 위험이 가하는 억압의 장으로 바라보는 것이 아니라 여성에게 쾌락과 권력부여를 가능하게 하는 협상과 저항의 영역으로 인식[7]하고자 한다. 공주는 한편으로는 자신을 보호하기 위해 칼을 준비하면서 다른 한편으로는 종두를 생각하며 화장을 하고 은연중 그를 기다리는 듯한 포즈를 보여준다. 이는 여자로서의 삶에 대한 기본적 욕구이자 사랑에 대한 욕망과 쾌락에 대한 동경을 의미하기도 한다. 강간을 당한 공주가 강간자인 종두를 증

---

7 주유신, 「포르노그래피와 여성의 성적 주체성」, 『영화연구』 26호, 420면.

오하는 한편으로 그리워하는 것은 성에 대한 이중적 관점과 내적 갈등을 드러낸다.

교통사고를 낸 형을 대신해서 감옥에 갔다가 출소한 종두는 위험한 범죄자로 간주되고 심지어는 가족으로부터도 경멸의 대상이 된다. 위기에 처한 가족을 위해 기꺼이 자신을 희생하고 양보하였으며 그에 대한 정당한 보상을 받지 못하면서도 참아내는 선한 인물임에도 오히려 세상으로부터 무시당하고 배척당하는 그는 우리 사회의 부조리한 단면을 잘 보여준다. 자기의 잘못이 아닌 외적인 이유로 부당하게 대우받는다는 면에서 그는 공주와 같은 위치에 있다. 서로를 공주마마와 장군님이라고 부르는 이들은 종종 현실을 뛰어넘는 판타지의 세계로 이동하곤 한다. 공주와 장군이라는 호칭은 장애인 여성과 범죄자 출신인 이들을 억압적이고 불안한 현실적 제약으로부터 자유롭게 해주는 하나의 기제로서 기능한다. 이름의 전유가 그/그녀를 어떠한 담론 내에 위치시키는 것[8]임을 고려하면 공주마마와 장군이라는 이들의 호명은 그들이 허구적 담론 내에 자리 잡고 있음을 명확하게 해주는 것이다.

두 사람은 힘겨운 외출, 종두 어머니 생신자리에서의 수모, 청계천 고가 사건 등을 함께 겪으면서 정신적 일체감을 느끼게 되고 마침내 공주의 요구로 섹스를 하게 된다. 그러나 이들의 감정의 요구와 성적인 욕구에도 불구하고 정작 섹스는 쉬운 일이 아니다. 종두의 세심한 배려에도 불구하고 공주의 표정은 고통스러워 보이고 때마침 들이닥친 오빠 부부에 의해 종두는 강간범으로 오인 받고 경찰에 끌려간다. 이 장면에서도

---

8 쥬디스 버틀러, 김윤상 역, 『의미를 체현하는 육체』, 인간사랑, 2003, 230면.

공주는 성교장면을 가족과 이웃에게 고스란히 보여주게 되며 수치심이라곤 없는 존재인 것처럼 모욕당한다. 심지어 경찰은 종두에게 '성욕이 땡기대?' 하며 노골적으로 비아냥거린다. 공주에게 주체적이고 능동적인 성적 의사나 행위가 있으리라는 가능성은 철저하게 외면당한다. 장애 여성의 성은 어린아이의 그것처럼 무성적인 것으로 간주되며 장애인의 성에 대한 무관심과 냉소는 공주의 인권을 억압한다. 성적 주체가 장애인이라는 이유로 사랑은 폭력과 폭행으로 오해받고 검열과 억압의 기제로서의 타인의 시선은 그들의 진실한 사랑을 왜곡한다.

공주를 사랑하게 된 종두는 여성을 존중하는 남성으로 변화한다. 한국영화에서 장애인의 성의 의미는 탐구된 적이 없었기에 이들의 섹스는 전혀 새로운 섹슈얼리티의 구현이다. 공주의 일그러진 표정은 기존의 미추에 대한 표현방식의 차이 곧 추 안의 미에 대한 탐구를 보여주는 것이다. 진실의 추구를 통해 결핍의 몸은 충만한 몸으로 아름답게 변화한다. 외적인 추한 몸과 내적인 아름다운 영혼의 길항을 통해 보여지는 긍정적인 몸으로의 가능성은 여성으로 거듭나는 공주의 섹슈얼리티의 구현으로 나아간다.

2) 섹슈얼리티의 구현과 판타지

몸은 정체성의 물리적 토대이자 일차적 근거이다. 내가 누구인가를 구성하는 요소들은 무수히 많지만 일차적 출발점은 '지금/여기/있는/몸'[9]

---

9 한국여성연구소, 『새 여성학강의』, 동녘, 2002, 156~157면.

이다. 플라톤 이래 그리고 데카르트에서 정점을 이루면서 그토록 오랫동안 인간을 규정해왔던 정신과 내면의 중요성은 공주에게는 전혀 무의미하고 인간은 정신이나 내면의 고유성이 아닌 외모로만 파악되고 인식되고 평가되는 몸적인 존재임을 여실히 드러낸다. 그것은 공주가 여성이기에 더욱 그러한데 아름답지 않은 여성은 인간으로서 가치가 없으며 무시당해도 되는 존재인 것이다. 공주를 형성하는 정체성의 여러 가지 요소를 모두 덮을 만큼 강력한 특성인 뒤틀린 몸은 모든 사람으로부터 공주를 소외시킨다. 이런 공주와 소통할 수 있는 유일한 사람인 종두는 배운 것도 없고 직장도 없고 사회적으로 무능한 하층계급의 남자이다. 영화의 주인공 두 사람 중 여성은 몸으로 남자는 계급으로 규정된다. 이토록 열등한 몸을 가진 여자와 하층계급의 남자가 소통하는 방식은 현실의 한계를 넘어서는 환상을 통해서이다. 그들은 공주마마와 장군님이라는 반어적 호명을 통해 열악하고 부정적인 현실을 넘어서고자 하는 내적 욕망을 드러낸다.

벽에 걸린 오아시스 카펫은 조악한 싸구려 장식물에 불과하지만 그들에게는 이상세계로 향하는 문의 역할을 한다. 그들은 오아시스라는 상징적인 이상 세계를 상정하고 수시로 그곳을 향하는데 환상이 절정에 도달하는 순간 카펫 속의 인물들이 모두 나와 함께 춤을 추며 즐거운 시간을 보낸다. 그래서 오아시스에 어른거리는 창밖의 나무 그림자는 공주에게 두려운 예감을 주는 불길한 것이다. 자기에게 허락된 유일한 동경의 세계이자 꿈으로의 행복한 통로인 이상향을 빼앗길 수도 있다는 공주의 두려움을 종두는 잘 이해한다. 그래서 마지막 장면에서 종두는 경찰서를 탈출해서 공주를 위해 나무를 베어주고 한바탕 춤을 추고는 다시 경찰서에 끌려간다. 공주를 위해 무언가를 하고 있다는 종두의 마음은 기쁨으로 넘치고 공주는 라디오를 틀어 자기의 마음을 전함으로써 종두와의 완전한 소통을 이룬다. 아무도 모르는 둘만의 대화를 나누면서 그들은 판타지를 완성한다. 추한 몸과 진실한 사랑이 만나는 순간 허구적인 오아시스는 판타지를 넘어 현실이 되고 환상을 넘나드는 현실의 사랑 또한 완성된다. 종두는 감옥에 갇히게 되지만 유치한 편지를 보낼 연인이 생겼고 공주는 착한 남자를 연인으로 두게 된 것이다.

결국 〈오아시스〉는 남루한 현실에서 시작했지만 일단 행복한 결말을 보여주는 것으로 끝난다. 그러나 이들이 문제를 해결해가는 것은 현실과 환상이 뒤섞인 방식이다. 종두가 공주와 행복할 수 있는 길은 오히려 현실을 떠난 곳, 밥과 잠자리가 제공되는 감방에서나 가능하다. 거기서 그는 먹고 입고 자는 문제를 모두 해결한 채 오아시스를 꿈꾸며 공주마마에게 편지를 쓰는 장군으로 남아 있을 수 있다. 그것은 극히 낭만주의적인 결말이고 벽에 걸린 오아시스 장식물처럼 허구적인 결말이다.

종두가 출옥하는 순간 그들은 공주와 장군에서 벗어나 현실과 맞닥뜨려야 한다. 꿈은 사라지고 비루한 몸을 가진 여자와 무능한 실업자인 남자가 대면하게 될 것이다. 그는 환상에서 눈을 뜨는 순간 공주의 비틀린 몸에서 추함을 느끼고 경찰의 말처럼 사랑도 성욕도 잃을지도 모른다. 그래서 그들은 다시 초라하고 남루해질 것이다. 그들의 미래에 그러한 현실이 놓여 있기에 영화는 궁여지책으로 종두를 다시 감방으로 보내 결론을 유예한다. 이런 면에서 영화는 환상적인 동경을 간직한 낭만적인 영화로 남는다. 치열한 현실에서 시작했으나 결국 현실을 유보한 판타지의 세계로 마감한다. 그러나 비록 어렵사리 시도한 섹스가 두 사람을 모욕적 상황으로 몰아넣고 종두를 감옥으로 보내는 비참한 현실로 밀어붙였다 할지라도 그것이 공주에게는 주체를 실현하는 도전의 기회였다는 점에서 중요한 출발점이 된다. 성적 주체로서의 공주는 자신의 몸을 기꺼이 받아들이고 사랑의 가능성을 통해 오아시스를 현실화할 가능성에 희망을 갖게 되는 것이다.

2. 기혼 여성과 섹슈얼리티, 〈바람난 가족〉[10]

결혼 이후에도 가정 외부에서 성욕을 해소할 수 있는 기회가 열려 있는 남성에 비해 기혼여성에게는 결혼 이후의 순결이 상대적으로 강조된다. 기혼여성의 혼외정사는 대개의 남편으로부터, 심지어는 매우 부도덕한 생활을 하고 있는 남편으로부터도 이혼당할 수 있는 사유가 된다. 물론 불륜을 저지른 아내를 살해하는 남편의 이야기를 다룬 〈해피엔드〉(1999)를 지나면, 남편의 외도로 혼란을 경험하면서도 유사한 상황에 빠지는 아내의 갈등을 그린 〈외출〉(2005)에 이르게 되고, 약간의 죄의식이나 가책조차 없이 가볍고 쿨한 방식으로 즐거운 연애를 하는 유부녀가 등장하는 〈바람 피기 좋은 날〉(2007)에 이르기까지 한국영화에서 기혼여성의 혼외정사를 다루는 시각과 재현 방식은 점진적인 변화를 보여주고 있다. 그 중에서도 특히 기혼여성의 성문제를 공정한 시각에서 본격적으로 다룬 〈바람난 가족〉은 페미니즘적 의의가 있는 것은 물론 이 영화를 한낱 포르노적 에로티시즘의 영화로 받아들이는 관객에게도 시사하

---

10 임상수 감독의 〈바람난 가족〉은 1,748,258명의 관객을 동원했다.

는 바가 크다. 저마다 몸의 쾌락을 찾아다니는 구성원들에 의해 전통적 가족관계가 와해되고 그에 따라 재편되는 인간관계를 보여주는 〈바람난 가족〉은 여성이 자기 몸의 주인이 되고 섹슈얼리티의 주체가 될 수 있는 가에 관한 문제를 적극적으로 제기한다.

1) 쾌락으로서의 섹슈얼리티

작품에 등장하는 모든 인물은 현재 바람난 상태이다. 호정(문소리 분)은 옆집 고교생과, 남편 영작(황정민 분)은 연이와, 시어머니 병한(윤여정 분)은 초등학교 동창생과 각기 바람이 났다. 굳이 한국 특유의 통속적 뉘앙스를 풍기는 '바람'이라는 단어를 제목에부터 노골적으로 내세운 이 영화는 행여 '연애'나 '사랑'이라는 단어가 내포하는 일말의 달콤함이나 낭만의 가능성을 철저하게 깨뜨리고 적나라한 방식으로 혼외정사 문제를 해부하겠다는 의지를 드러낸다.

특히 여성의 몸은 남성에 비해 연약하고 결핍된 몸이라는 인식을 바탕으로 해서 생산하는 몸이라는 의미가 강조되어 왔다. 생산하는 몸은 다시 성교와 임신과 출산과 연결되어 불결한 몸이라는 인식으로 이어졌으며 생산하지 못하는 몸은 더욱 열등한 몸으로 간주되어 왔다. 여성의 몸은 결혼이라는 합법적인 제도 안에 들어가서 남성의 보호를 받고 섹스를 제공하며 자녀를 생산하는 기능적인 것으로 인식됨으로써 생산과 연결되지 않는 성행위를 하는 몸은 부도덕한 몸이 되는 셈이다.

자기의 성에 대해 솔직한 욕구를 드러내는 여성이면서 임신하지 못하는 호정은 매우 개성적인 인물이다. 불임을 뛰어넘어 입양아와 잘 살고 있는 호정을 보여줌으로써 기존의 임신하지 못하는 몸에 대한 부정적인 요소는 말끔히 사라져 있다. 그러나 임신하지 못하는 몸을 가진 호정이 오히려 섹스에 적극적이라는 사실은 여성의 성과 관련하여 중요한 시사점을 준다. 여성의 섹스에서 임신과 출산과 같은 생산적인 측면을 제거함으로써 섹스가 남성에게서와 똑같이 온전히 쾌락을 위해서만 기능할 수 있음을 보여주는 것이다. 남성에게는 쾌락을 위한 성의 기능이 강조되면서도 여성에게는 상대적으로 생산을 위한 성의 기능이 강조됨으로써 남녀에게 이원화되고 차별적인 성의 기능이 강조되어 온 것에 대한 도전적 설정이다.

> 호정　처녀 때야, 인제 결혼하면 섹스는 좀 맘껏 하겠구나, 하고 기대하잖아…… 근데 결혼하고 좀 지나면 어디 그러니? 여자두 아니구, 무슨 중성적인 취급을 받잖어, 아예…… 야, 솔직히 얘기해서 난 결혼하구 나서 오히려 섹스를 더 안하는 것 같애… 처녀땐 그래두 유부남에 총각에 숫총각에…… 응? 약혼녀 있는 놈에 다양했잖아? (#46)

　결혼이라는 제도 안으로 들어가는 것은 여성에게 합법적으로 섹스할 수 있다는 사회적인 허가인 동시에 남편 이외의 다른 남자와의 섹스를 금지한다는 한계 설정이기도 하다. 기혼여성이 섹스를 해도 좋다는 사회적 인증 안에 있다는 것은 상대적으로 결혼제도 밖에 있는 미혼 여성이나 이혼 여성의 섹스는 합법적인 것이 아니라는 의미를 담고 있기도 하다. 남성의 성이 결혼 제도 안팎에서 매우 자유로운 반면 여성의 성이 제도 안에서만 인정된다는 것은 여성의 몸과 성에 대한 주도권이 여전히 남성에게 속해 있음을 의미한다. 그러한 상황이기에 기혼여성의 성문제를 다룬 이 영화가 중요한 의미를 갖는 것이다. 이제 성에 대한 의식은 다만 육체의 문제가 아니라 남성중심적인 사회에서 여성이 어떤 정체성과 주체성을 가지고 살아가느냐 하는 문제인 것이다.

호정의 성에 대한 인식은 주변의 여성들과 관련되어 표출된다. 남편 영작의 애인인 연이와 시어머니 병한이다. 세 여자는 나이순으로나 결혼이라는 제도와 관련해서나 다음과 같은 관계를 보여준다. 연이는 결혼이라는 제도에 들어오기 전 과거 호정의 모습이고 병한은 호정이 기존의 결혼제도 안에서 수십 년을 살고나면 도달하게 될 미래의 어느 지점을 보여준다. 세 여자는 관객에게 나란히 제시되면서 결과적으로 그들도 모르는 사이에 일종의 자매애를 형성한다. 마치 성과 관련하여 여성의 몸의 계보를 보여주는 듯하다.

연이————호정————병한

미혼   기혼   사별

연이는 자유분방한 성생활을 한다. 성적 욕구에 솔직하고 동시에 여러 명의 남자를 사귀며 그 사실에 대해서 아무런 죄책감이나 갈등이 없다. 그녀는 성적 자결권과 주체성을 가진 여자이다. 영작이 연이의 방에 와 있을 때 다른 남자는 들어올 수 없고 연이가 다른 남자와 있을 때 영작 또한 그녀의 방에 들어갈 수 없다. 방은 작고 남루하지만 연이는 온전한 방의 주인이고 연이가 남자를 선택하는 것이지 남자가 연이를 선택할 수 없다는 것에서 그 방은 일종의 여성 우월적 권위를 갖는다. 연이는 누구에게도 속하지 않은 여자이며 그래서 아무도 독점할 수 없다.

이러한 연이의 특성은 그녀를 매우 독립적이고 매력적이며 쿨한 여자라는 인상을 주게 하는데 그 성적 주체성과 자결권은 의무를 동반한다. 그녀는 성적 주체로서 쾌락을 누린 만큼의 대가를 치러야만 한다. 그녀는 생산하는 몸으로서의 특성을 가진 여자이기 때문에 성행위의 결과로 임신한다. 연이는 남자에게 성행위의 책임을 묻지도 않고 부담도 주지 않고 조용히 낙태한다. 이것은 선택적 성행위에 대한 연이의 책임의 자세를 보여주는 것이지만 반면 영작에게는 너무 쉽게 면죄부를 허락한다는 점에서 공평하지 않다. 남성의 관점에서 볼 때 연이는 남자에게 구차한 대가를 요구하지 않는 멋지고 깔끔한 여자로서의 매력을 상승시킨다.

낙태하고 나온 그녀는 '괜찮으냐'고 묻는 영작에게 '괜찮을 거까진 없지 않겠어요'라고 되묻는다. 괜찮지 않음은 미혼여성의 일견 자유로워 보이는 섹스가 임신과 낙태라는 매우 치명적인 위험과 연결되어 있음을 의미한다. 스스로 섹스의 상대방을 능동적으로 택했기에 결과적으로 임신과 낙태까지 혼자 책임진다는 발상은 그녀를 쿨한 여자로 보이도록 만든다. 그러나 쿨하다는 칭찬은 여자가 섹스를 택한 이후 자기 몸의 모든 문제는 스스로 알아서 해결해야 한다는 남성중심적인 무책임의 다른 말이다. 쿨한 여자라는 세련되고 모던한 느낌을 주는 칭찬을 받으려면 여자는 자기 몸의 위험한 문제도 온전히 책임져야 한다.

섹스를 매개로 하여 남성들과 일정한 관계를 맺고 있는 연이는 여성과는 아무런 관계도 보여주지 않는 고립된 존재로 남성과 쾌락을 공유하고 문제가 생기면 알아서 해결하는 여자로 그려져 있다. 그러나 그녀는 남성과의 관계 속에서만 존재하고 다른 이들과의 관계로부터 소외되어 있어서 오히려 남성의 욕망의 대상으로만 존재하는 허구적 여성으로 보인다. 반면 호정은 병한에 대한 자매애적인 격려를 보내고 입양아 수인에 대한 따뜻한 모성애를 보여주며 남편에게는 유부남의 바람피울 자유도 인정하는 아량이 있다. 이런 다양한 요소들로 인해 호정은 인간미가 풍성하고 여유 있는 여성의 모습을 구축한다. 더욱이 자기의 혼외정사의 결과로 임신한 아이를 기꺼이 낳기로 결정하면서 또 다른 방식으로 쿨한 여자의 모습을 보여준다.

시어머니 병한은 남편이 병원에서 사경을 헤매고 있을 때도 아랑곳하지 않고 옛 동창과 만나고 남편이 죽자마자 아들 며느리에게 자기의 새로운 성경험에 대해 밝힌다.

> 병한   (개의치 않고) ……듣기 싫어도 난 해야겠다…… 나, 요새 생전 처음 오르가즘이란 걸 느껴…… 내가 이 나이에 이럴 수 있다는 거, 너들은 이해가 안 되지? 얘야, 인생 솔직하게 살아야 되는 거더라. 솔직하게, 자기 느낌대로…… 그렇진 않음 그게 사는 게 아냐……. 하루를 살아도 사는 듯 싶이 살아야지, 응? (#71)

아들 영작은 기막혀 하지만 호정은 시어머니를 이해하고 격려한다. 나이든 여성의 성문제 또한 그동안 드러내어 이야기되지 않았던 금기의 영역이었기에 이 장면은 매우 중요하다. 병한은 남편이 죽어가는 순간에도 전혀 마음의 동요가 없는 것으로 보아 애정 없는 결혼생활을 해온 듯하다. 병한은 결혼이라는 제도 안에서 육체적인 성행위도 정신적인 사랑도 없이 다만 일부일처제를 고수하면서 살아온 결과가 어떤 것인지를 보여준다. 합법적인 제도 안에 머물면서 정조를 지킨 결과는 결혼에 대한 깊은 회의와 탄식뿐이다. 병한은 새롭게 알게 된 쾌락의 기쁨에 대해 스스럼없이 말한다. 쾌락은 병한에게 비로소 어른이 되었다는 느낌을 심어주었기에 부끄러움이 아니라 자랑스러움이다. 병한은 억압되어 살아온 15년을 떨쳐버리고 성의 주체가 되는 순간 사는 것처럼 살게 되고 나비처럼 자유로워졌다. 남편이 죽자마자 새 남자와 떠나는 그녀는 혁명적인 전복의 주체이다. 바람의 주체가 자아의 주체로 변화하는 순간이다.

이렇게 결혼제도와 맞서는 여성들이 등장하기 시작해서 자신의 성에 대한 솔직한 주장과 주체적 실천 양상을 보여준다. 병한은 몸과 성과 쾌락을 인정하고 수용하는 것이 여성에게 있어서 얼마나 중요한지를 솔직하게 말하고 새로운 삶으로 나아가는 당당한 여성상을 보여준다. 이 영화는 몸과 정신으로 인간을 이분화해온 오래된 관념을 와해시키고 있으며 몸의 중요성에 대한 관심이 점점 커지고 있는 현대사회를 반영한다. 몸은 더 이상 정신의 하부구조가 아닌 진정한 주체형성의 기반이 된다는 인식을 보여주는 것이다.

2) 섹슈얼리티의 도전과 주체의 구현

영작은 이주노동자 문제나 전쟁유족회 문제 등 사회문제에 관심이 있는 변호사로 설정되어 있다. 이것은 바람을 피우는 일이 그 사람의 직업이나 사회적 관심사나 지식, 소양 등과는 별 상관성이 없다는 것을 암시하기 위한 설정으로 읽힌다. 남편이 바람피우는 것을 눈치채고도 "유부남도 연애할 자유는 있는 거 아냐?"라고 말하는 호정의 태도에는 기혼자에게도 배우자 외의 사람과의 섹스가 가능하다는 것 곧 결혼과 섹스는 별개의 문제라는 인식이 바탕이 되어 있다. 이는 긴 세월 동안 유지되어 온 일부일처제도라는 공고한 결혼제도와 혼외정사의 부도덕성이라는 기본 원칙에 대한 공개적이고 도발적인 항의담론이다. 아버지가 죽은 후 연이에게 만나줄 것을 간절하게 호소하는 영작의 전화를 우연히 듣게 된 호정은 "당신이 속마음을 그렇게 털어놓을 수 있는 사람이 있다니 다행이야"라고 하면서 이를 반박하려는 영작에게 "가서 많이 만나. 만나서 풀고 살아"라고 여유 있게 말해준다.

이들에게 있어 섹스는 더 이상 부부 관계나 결혼생활을 유지하기 위한 필요충분조건이 아니다. 오히려 이들이 최소한의 결혼생활을 유지하기 위해서 외도나 불륜이 필요해진 전도된 상황에 처해 있음을 보여준다. 영작은 연이를 만나지만 호정과 이혼하고 연이와 결혼할 마음이 전혀 없고 연애 따로 결혼 따로를 유지하는 이중적 생활의 편리함을 누리고 있다. 호정에게는 아내의 자리를 연이에게는 애인의 자리를 부여하고 둘 사이를 편의에 따라 오간다. 그럭저럭 며느리 노릇을 해내는 호정에게 고마움을 표시하기도 하며 낙태한 애인에게는 백화점에 가서 실컷 쇼핑을 하게 해주는 등 남편 노릇과 애인 노릇을 잘 꾸려나간다. 사회생활과 가족관계로 피곤해진 남편은 호정의 표현대로 스트레스를 풀고 위안을 받을 애인 하나쯤 있어야 버틸 수 있다는 식이다.

그러나 고등학생과 연애하고 섹스하고 임신하기에 이른 호정과, 연이와 연애하고 섹스하고 임신하고 낙태하게 한 영작 중에서 징계를 받는 사람이 영작이라는 사실은 주목할 만하다. 그간의 영화나 소설 등에서는 이러한 상황에서 당연히 여성이 징계의 대상이 되어 자살하거나 살해되거나 주홍글씨라는 불명예를 짊어지고 살아야 했다. 그러나 여기서 징계를 받는 이는 자동차 사고를 내고 자기 잘못을 남에게 떠넘김으로써 아들을 죽음으로 몰아넣은 영작이다. 아들을 죽게 한 죄책감이 바로 영작이 감당해야 하는 죄값이었다. 또한 남의 아이를 임신한 호정으로부터 "아웃"당하는 것도 영작이다. 영작이 호정을 밀어내는 것이 아니라 호정이 영작을 밀어낸다는 것은 과거의 남녀 관계의 전복이라는 점에서 의미가 있다. 이는 남성중심적 쾌락에 경종을 울리는 일이다. 혈연관계를 통해서 자신의 아이를 갖지 못한 영작은 입양아마저도 잃게 되고 결과적으로 자신의 가계를 지속하려는 남성의 오래된 욕망은 완전히 좌절된다. 나아가 그것은 성적 자유와 방종, 거짓과 위선으로 사회를 유지해온 남성에 대한 징계이자 여성의 몸에 대한 남성의 억압과 지배의 종식을 의미한다.

호정은 영작과의 성관계에서 적극적인 의사 표현을 하고 고등학생에게는 한 수 가르쳐주는 선배 역할을 함으로써 섹스에 관한 한 남성보다 우월한 위치에 자리한다. 연이 또한 영작에게 성적인 주도권을 행사함으로써 여성들은 더 이상 수동적인 존재가 아니라 능동적이고 적극적인 성적 주체로 변화한다. 남자들은 정신적으로나 육체적으로나 여성의 우월함을 인정하고 수용한다. 여성이 성적 관계의 주도권을 갖게 되면서 성관계에서 남성을 만족시키는 것보다 여성을 만족시키는 것이 중요해졌고 성적 쾌락의 중심이 남성에서 여성으로 이동했음을 보여준다. 호정은 독립적인 미혼모가 되는 것을 선택하고 연이는 영작이 아닌 다른 남자를 택하며, 영작은 두 여자에게서 아웃되고 고등학생은 공부하러 떠나야 한다. 이 영화는 성을 통해 여성이 주체적으로 자기의 존재를 찾아가는 과정을 보여준다. 바람난 가족들의 서사에서 궁극적으로 도달해야 하는 목표 지점은 바로 여성이 섹슈얼리티를 통해 완전한 주체를 형성해가는 과정 그 자체인 것이다.

호정은 스스로 섹스하고 스스로 임신하고 스스로 이혼하고 스스로 싱글맘이 되기를 선택하는 여자다. 영작이 누구의 아이든 상관없다며 그녀의 아이까지 받아들이겠다는 화해의 조건을 제시하지만 호정은 '당신은 아웃이야'를 경쾌하게 외치고 결판을 낸다. 그녀는 자기의 내면과 몸의 욕구를 포함한 모든 것을 자발적이고 주체적으로 선택한다. 이렇게 남편은 부정되고 아예 호정의 임신 사실을 모르는 고등학생은 멀리 떠나간다. 그는 단지 호정의 임신에 정자를 제공한 자에 불과할 뿐 부권을 인정받지 못한다. 그러므로 호정은 현실적 부권과 상징적 부권을 모두 부정하고 아이를 온전히 자기의 것으로 규정한다. 더 이상 아버지[11]는 필요 없고 남편도 필요 없고 독립한 여성이자 어머니로서의 호정이 있을 뿐이다. 호정이 완전한 성적 주체가 되는 순간 진정한 자아의 주체가 되며 임신 중인 아이에게도 유일한 권리와 의무를 가진 존재가 되는 것이다. 그녀의 육체는 성적 자율성과 자결권을 가졌으며 임신 중인 생명 또한 온전한 모체에 속한 존재이다.

여성의 성에서 쾌락의 기능은 억압되고 생식 기능만이 강조되어 온 반면 아이를 낳지 못하므로 생식기능이 없는 호정의 몸은 오직 쾌락의 기능만을 위한 몸이 된다. 그리고 아이를 낳지 못하는 열등한 몸이라는 의식이 전혀 없이 입양을 선택하고 쾌락을 위한 몸으로의 기능에만 충실한 것은 호정/여성의 몸을 영작/남자와 똑같은 쾌락 중심의 몸으로 놓기 위

---

11 미국의 사회학자들은 아버지자격(fatherhood)과 생물학적 부모자격(parenthood)을 구분한다. 앙드레 미셸, 변화순 역, 『가족과 결혼의 사회학』, 한울, 2007, 156면.

한 설정이다. 그러나 결혼 생활 안에서의 성행위가 불임으로 판정을 받아왔는데 혼외정사 그것도 부도덕하기 짝이 없는 고등학생과의 성교를 통해 기적처럼 임신이 된다. 여성은 생산을 위해서 섹스하는 것이 아니라 쾌락을 위해 섹스해야 하며 임신은 그 과정에서의 자연스러운 결과임을 보여주는 설정이다.

또한 합법적인 결혼 제도 안의 호정은 임신이 되지 않아서 입양을 해야 하는 반면 제도 밖의 연이는 임신이 되어 두 여자는 상반되는 처지에 놓인다. 이것은 성과 쾌락과 임신을 둘러싼 여성의 몸에 대한 문제적 인식을 낳는다. 섹스와 임신은 우연적 관계이며 여성의 성은 도구적 성이 아니라 성적 쾌락을 위한 성이며 임신은 그 결과임을 다시금 뒷받침한다. 그간 생산을 위한 여성의 성이 욕구를 위한 몸으로 변화되면 사회적 매장과 처벌을 받아왔지만 이 영화는 거기서 벗어난 새로움을 보여준다. 또한 결혼제도 내에서 공식적인 남편인 영작에게 아이를 낳아주지 않는 호정의 불임은 여성의 몸을 통해 자신의 자손을 끝없이 지속시키고 그것을 통해 여성을 지배하려는 남성 지배의 욕망을 종식시켰다는 상징적 의미를 가진다.

모든 인류 사회에서 도덕적 전통과 법은 여성 및 그 자녀들로 이루어진 가족을 온전한 사회학적 단위로 인정하지 않으며 법, 도덕, 관습은 남자가 없는 가족은 완전하지 않다는 것을 선언[12]해왔다. 그러나 호정은 그 완고하면서도 허구적인 법, 도덕, 관습을 넘어서서 진정한 가족관계를 모색하고자 한다. 혈연관계를 넘어선 가족, 아버지 없는 가족, 독립적

---

12 앙드레 미셀, 앞의 책, 123면.

인 엄마가 혼자 키우는 싱글맘의 가족 등 섹스, 혈연, 남녀관계를 넘어서는 새로운 인간관계에 대한 모색을 하는 중이다. 결혼이 저마다의 바람피우기로 서로를 속이고 속는 기만적인 가족관계라면 굳이 그것을 고수할 이유는 없는 것이 아닐까, 영화는 이렇게 의문을 제기하고 대안을 제시하는 것이다. 호정은 새로운 가족 모형을 탐색하고 인간/여성의 삶을 찾으려는 진지한 탐색의 과정을 보여준다. 남성, 혈연, 가부장 대신 여성, 유대, 연대감, 사랑의 관계를 선택하는 여성상을 구현하고 있다. 〈바람난 가족〉은 스스로 성욕을 구현하는 여자들, 죄의식이 없는 여자들, 제도와 관습과 법이라는 규율에 시달리지 않는 쿨한 여자들을 통해 새로운 주체를 구현하는 여성상을 제시하는 용감한 영화다.

3. 지식인 여성과 섹슈얼리티, 〈여교수의 은밀한 매력〉[13]

그동안 여성의 성을 다루는 영화에서 여주인공의 직업은 매춘 여성처럼 대체로 자유로운 성생활이 크게 문제가 되지 않는 여성인 경우가 많았다. 그 외의 경우에 여성의 직업과 성생활이 특별히 유의미하게 연결된 영화는 거의 없었다. 더욱이 성문제를 외적으로 드러내어 강조하고 문제시하는 영화에서 지식인 계층에 속한 여성이 주인공으로 등장한 경우는 전혀 없다. 그런 측면에서 보면 여교수라는 직업이 특별히 제목으로 강조되어 내세워질 때는 어떤 의도가 있음직한데 이 영화에서도 여교수라는 특정 직업을 가진 여성을 성과 관련하여 문제제기한 것이 특별히

---

13 이하 감독의 〈여교수의 은밀한 매력〉은 691,735명의 관객을 동원했다.

주의를 끌지는 않았다. 여주인공이 교수라고는 해도 학문에 전념하는 지적인 여성으로 강조되지 않고 다만 직업을 이용하여 소도시에서 연애나 일삼는 여성으로 그려짐으로써 교수라는 직업의 특성과 성이 그다지 연결되는 것으로 보이지 않았기 때문이기도 하다.

그러나 일단 '여/교수'는 여성/남성이라는 구별 외에도 여성 안에서도 고학력, 전문직 직업군 여성으로 규정된다. 일반적으로 고학력의 전문직 여성이란 한 사회 안에서 소수의 엘리트 집단에 소속되어 있음을 전제로 하며 보다 깊이 있는 사고와 남다른 교양을 요구받는다. 더욱이 학생을 가르친다는 것은 여타의 전문직 여성과는 또 다른 일정한 윤리의식을 갖도록 기대된다. 그러나 이러한 사회적 특성을 가진 여교수를 주인공으로 한 이 영화는 '은밀한/매력'이라는 제목으로 인해 저속한 포르노적 호기심으로 연결되기도 하며 궁금증을 유발한다.

1) 그로테스크한 육체와 전복적 주체

심천대학 염색과 교수 조은숙(문소리 분)은 주변의 많은 남자들의 관심의 대상이다. 어느 날 그녀 앞에 박석규(지진희 분)가 나타나고 이후 여교수의 은밀한 사생활과 추종자들의 애정 생활에는 파문이 인다. 유쾌한 스릴러와 블랙 코미디를 넘나들고 교수, 방송국 PD, 환경운동가, 교사 등 소수의 개성적 인물과 조촐한 공간을 배경으로 구성된 이 영화는 기묘한 분위기를 띤다. 조은숙과 박석규는 현재는 교수라는 직함을 가지고 있지만 중학교 시절 불량청소년이었다. 석규의 등장으로 자신의 실체가 드러날 위기에 봉착한 은숙은 그를 멀리하려 애쓰지만 상황은 여의치 않다. 20년 전 한 친구의 죽음은 은숙과 석규가 공유한 끔찍한 기억이다. 학창시절에도 남자들에게 둘러싸여 지냈던 은숙의 매력이 바로 사고의 동기를 제공한 원인이었다. 석규의 등장으로 숨겨두었던 과거는 다시 현재가 되고 친구의 죽음으로 종말을 고했던 그들의 인연은 불길한 그림자를 드리우며 과거를 재현한다.

지식인을 대표하는 여교수가 말귀를 못 알아듣고 동문서답하거나 초점이 빗나간 대사를 내뱉을 때 그것은 오히려 기묘한 매력으로 받아들여진다. 여교수의 빈틈은 그 자체로 미덕이 되고 그녀의 우스꽝스러운 욕망 역시 매력이 된다. 그녀의 이런 이중성, 완벽과 결핍을 넘나드는 아이러니한 매력은 지식인 사회를 풍자하고 조소하는 영화의 주제와 연결되어 있다. 영화의 제목은 겉과 속이 다른 여교수의 실체가 바로 겉과 속이 다른 우리 사회의 천박한 모습이라는 의미를 담고 있다. 한 걸음을 걸을 때마다 어쩔 수 없는 결핍으로 절뚝거리며 걷는 은숙의 기형적인 모습은 가리고 싶지만 가릴 수 없는 개인/사회의 상처를 드러내는 표상이다.

문소리는 이미 〈오아시스〉에서 심한 장애를 가진 여성을 연기한 바 있다. 그러나 여기서의 장애는 〈오아시스〉의 장애와는 전혀 다르다. 〈오아시스〉의 공주가 주체로서의 존엄성을 유지하지 못하고 주위의 모든 사람으로부터 경멸당하는 존재로 전락하게 되는 가장 큰 요인이 바로 장애인데 반해 〈여교수〉에서 문소리는 약간의 장애가 오히려 독특한 매력으로 작용하는 특별한 분위기의 여성을 창조해내고 있다. 〈오아시스〉의 장애가 매우 현실적이고 리얼한 것이었다면 〈여교수〉의 장애는 그로테스크한 매력을 발산하여 그녀만의 아우라를 창조하는 일종의 장식[14]처럼 사용되고 있다.

그로테스크한 은숙의 육체는 조용하고 무료한 소도시에 갇혀 사는 군상들에게 하나의 강렬한 자극이 되고 저마다의 욕망은 경쟁적으로 대립을 형성하면서 얽혀든다. 그녀는 남자들에게 자신을 기꺼이 욕망의 대상으로 내주면서 그 욕망에 휘둘리는 그들의 뒤얽힌 상태를 즐기는 것처럼 표현된다. 더욱이 과거가 베일에 싸여 있음으로 해서 그녀는 내면과 외면, 정신과 육체, 과거와 현재가 온통 신비스러운 욕망의 근원이 될 자질을 두루 갖추고 있다.

그녀의 특징은 한쪽 다리가 짧은 일종의 결핍된 몸이다. 그 결핍은 과거의 상흔을 주홍글씨처럼 안고 다니는 징벌을 받은 여성의 몸이다. 그녀는 씻을 수 없는 과거 잊혀질 수도 없는 과거를 온몸으로 드러내고 다니는 것이다. 그러나 그 결핍은 추함이 아니라 에로틱한 몸으로 보이게 하는 요소가 되며 비밀을 담고 있는 유혹적인 몸이 되게 한다. 남자들 간에 경쟁을 부추기는 독특한 분위기의 은숙은 성적 주체가 되어 남자들을 선택할 수 있는 권력자의 자리에 위치하게 된다. 그녀는 모성적 여성, 결혼이라는 제도 안에 갇혀 남성의 보호를 대가로 성을 제공하는 여성, 남성중심적인 성행위에 언제나 순종해야 하는 여성, 남성의 욕구를 위해

---

14 부정적으로 보자면 이 영화는 여성을 성적 관음증의 대상으로 그려낼 뿐만 아니라 장애마저 그러한 의도를 극대화하기 위하여 사용하고 있다는 의심을 하게 만든다. 심지어는 여교수라는 주인공의 직업 자체도, 여교수를 제목에 넣은 것도 여성에 대한 호기심을 고조시킴으로써 성적으로 대상화하기 위한 것이라 비판할 수도 있다. 그러나 본고에서는 여성의 섹슈얼리티를 긍정의 측면에서 보려는 시각을 견지하고 있으므로 이에 대한 논의는 다른 기회로 미룬다.

헌신하지 않을 경우 폭력과 강간의 위험에 속수무책으로 당하는 수동적이고 무력한 여성으로부터 벗어나 있다.

그러나 은숙은 남자들에게 매력적이고 신비한 여자로서 욕망의 대상으로 부상하지만 진실한 사랑의 대상이 되지는 못한다. 그래서 그녀의 몸은 도구화되고 대상화되는 몸으로 전락할 위기에 처하게 된다. 바로 그 순간 그녀는 남자들을 물리치고 자기의 그로테스크 안에 묻혀 스스로를 감상하고 표현함으로써 자신을 욕망의 대상화하려던 남자들을 소외시키고 자기의 주인이 된다. 그녀는 비밀스럽고 기괴한 몸을 통해 섹슈얼리티의 온전한 주체가 되는 것이다. 여성에게 주어지고 허락되어온 성역할과 섹슈얼리티를 넘어서는 순간 그녀는 진정으로 자유로워지고 주변의 남자들은 조롱의 대상이 될 뿐 그녀의 동반자가 될 수도 경쟁자가 될 수도 없다. 그저 그녀의 섹슈얼리티를 숭배하며 모여든 군상에 불과한 그들은 그녀의 생에 유의미하게 개입하지 못하는 무능한 자로서 사라져갈 뿐이다. 그렇게 남자들을 지워나가면서 그녀는 자신을 둘러싼 가부장제의 울타리를 가볍게 넘어선다.

이 작품은 〈오아시스〉와는 전혀 다른 방식으로 여성의 장애를 다룬다. 장애인의 결핍을 도리어 강렬한 성적 매력으로 전도시키는 영화로 여성에 대한 성적 인식의 토대를 전복하려는 새로운 정치적 표현방식을 보여준다. 여성의 몸은 정형화되어 있지 않으며 고정된 틀 안에 넣을 수 없는 무한한 가능성과 다양성을 담고 있는 역동적 실체이다. 또한 남성의 소유나 대상이 아닌 여성 자신의 존재 기반이다. 은숙이라는 인물이 드러내는 기괴하고 새로운 스타일은 정형화되어 있는 여성의 미적 이미지에 대한 창조적 도전이자 완고하고 고루한 성적 주체성에 대한 전복의 기도

이다. 장애라는 비틀린 몸은 남성중심적 가부장제 사회에서 수동적 욕망의 대상에 불과하던 여성의 몸을 재발견하게 한다. 이러한 전복적 기도를 통해 여성의 몸에 대한 새로운 읽기와 표현을 모색하고 나아가 탈주를 감행하는 자로서의 여성을 구현하고 있다. 몸은 이제 정신을 담는 그릇이 아니며 장애를 가진 몸도 더 이상 결핍되고 열등한 몸이 아니다. 이렇게 여러 층위의 고정관념을 뒤엎으며 문소리는 몸에 대한 도전적 탐구를 지속한다.

2) 탈주하는 욕망의 구현

이 영화는 허위의식과 비리로 얼룩지고 방향성을 상실한 지식인 집단을 통해 한국 사회의 부정적인 면을 비판적으로 드러내고 있다. 그러나 본고에서의 관심은 문소리가 연기하는 은숙의 섹슈얼리티에 대한 것으로 남성지배의 질서 체계 내에서 여성이 자신의 독자적인 섹슈얼리티를 구현할 수 있는가라는 질문이 주가 된다. 남성중심적 질서가 포함하고 있는 성에 대한 모든 위계적, 차별적, 억압적 관념들을 한데 모아 대립시키고 해체시켜 버리는 과정 그 자체가 바로 여성의 섹슈얼리티를 규정하고 구성하는 것[15]이다. 특히 새로운 사회 구성을 위해 근본적으로 필요한 것은 새로운 주체의 구성이며 대안적 여성 주체성을 정교화하기 위해서는 특히 욕망이 긴급한 문제로 강조된다. 여기서 욕망은 단지 리비도적 욕망이 아니라 존재론적 욕망, 존재하려는 욕망, 존재하려는 주체의

---

16 손자희, 「한국 페미니즘 문화형세와 여성주체 구성의 문제」, 『문화과학』 49호, 134면.

경향, 존재를 향한 주체의 경향[16]이다. 은숙은 과거라는 수치를 단절하고 새로운 자아를 실현하려는 욕망을 가지고 있으며 과거로부터 멀리 떨어진 곳에서 새로운 정체성을 구현하기 시작했다. 그러한 과정에서 갑자기 등장한 석규는 미래로 나아가려는 은숙의 발목을 잡고 현재를 넘어 과거로 밀어내려는 위험한 인물이다. 그래서 새로운 존재로 살아가려는 정체성의 구현에 있어 석규는 은숙이 우선적으로 극복해야 할 적대인물이다.

은숙은 장애를 징벌처럼 끌고 다니지만 그 상흔과 결핍을 오히려 새로운 정체성을 구현할 비밀스러운 매력으로 만들면서 여러 남자들 사이를 바쁘게 오간다. 은숙의 관계망 속에서 남자들은 기꺼이 그녀의 욕망의 대상이 되고자 하며 수동적 존재로서 복종하고자 하며 그녀의 치명적인 매력에 굴복하고자 한다. 그녀는 새로운 주체 형성의 욕망을 드러내며 다양한 욕망을 사방으로 펼쳐나가면서 리좀적 욕망을 구현하는 실천을 보여준다. 리좀은 뿌리이면서 줄기지만 탈주선상의 되기, 곧 과정 중의 주체의 운동을 형상화한 것[17]이다. 이런 개념화에서는 몸의 역동성과 욕망의 내재성, 탈주의 운동성이 강조된다. 주체와 대상이라는 이분법 자체가 사라지며 다만 옆으로 뻗어나가는 수적인 증가가 있을 뿐이다. 수직적인 위계질서에서 벗어나니 남성과 여성의 이분법도 상하관계도 사라지고 탈중심화가 일어난다. 의미화라는 이성적 체계화에서 벗어나고 위계화와 종속화에서 벗어난 가능성의 길들이 펼쳐진다. 강력한 주체에게 종속되고 동화되는 고정된 관계가 아니라 자연스러운 만남과 헤어짐

---

16 손자희, 「한국 페미니즘 문화형세와 여성주체 구성의 문제」, 『문화과학』 49호, 134면.

을 통해 정해진 계보를 따르지 않고 접촉의 순간마다 일종의 제휴가 이루어지는 관계인 것이다.

이러한 탈주선상에서 그녀의 욕망은 끝없이 변주되고 몸은 그러한 욕망의 운동성을 충실하게 반영한다. 이렇게 리좀적 욕망의 주체가 된 은숙은 어느 한 남자에게 고정되어 장기적이고 종속적인 관계를 형성할 수 없다. 어느 남자도 그녀에게 과거 남자들과 같은 수직적인 권력을 행사할 수 없고 그녀를 대상화하거나 소유할 수도 없다. 장르의 실험, 몸을 둘러싼 여주인공의 욕망과 의식의 변화, 엉뚱한 스타일의 연기 등 〈여교수의 은밀한 매력〉은 여러 가지 측면에서 도전적인 의식을 담아낸 매우 독특한 영화이다.

---

17 한국여성연구소, 『여성의 몸』, 창비, 2005, 150면.

Ⅲ. 결론

영화와 섹슈얼리티의 관계를 논할 때 가장 먼저 문제되는 것은 영화가 여성의 섹슈얼리티를 어떻게 표현했는가 하는 것이다. 자본주의의 산물인 영화가 남성우월주의를 포함한 지배적 이데올로기를 표현하는 것은 당연한 일이기 때문이다. 또한 대중예술로서의 영화는 피지배계층으로서의 여성의 의식과 무의식을 반영하기도 하고 여성의 삶과 현실에 영향을 미치기도 한다. 따라서 영화에 나타나는 여성의 섹슈얼리티 재현은 다분히 이데올로기적인 조작과 관련되어 있다고 할 수 있다. 결국 여성의 섹슈얼리티와의 관계에서 영화를 논하는 것은 페미니즘의 실천적 영역에서 중요한 부분이 된다.

그동안 할리우드 영화의 영향을 받으며 성장한 한국영화 역시 할리우드식 여성의 재현을 그대로 답습해왔다고 할 때 여성 섹슈얼리티의 재현 또한 그 흐름을 따르고 있다고 할 수 있다. 그러나 본고에서 연구한 문소리가 주연으로 등장한 세 편의 영화는, 한편으로는 이념적이면서도 다른 한편으로는 환상적인 경향이 있는 독자적 사실주의를 추구하는 이창동 감독, 성에 대한 특별한 관점과 시각을 가지고 과감하고 도발적인 영상을 추구하는 임상수 감독, 기존의 영화관습에 침몰되지 않은 신예 이하 감독 등 개성이 뚜렷하고 독창적인 방향성을 가지고 있는 세 사람의 감독과 만나 한국영화에서 보기 드문 스타일로 여성의 섹슈얼리티를 표현하고 있다. 이 세 편의 영화는 그간의 여성의 몸과 섹슈얼리티에 대한 고정관념을 넘어서서 새롭고 독특한 관점과 표현을 보여주는 동시에 결과적으로 페미니즘 영화의 생산에 하나의 이정표가 될 만한 작품들이 되었다.

세 편의 영화는 독자적이면서도 다양한 발전적 전개 양상을 보이는데 이는 문소리의 의지적 선택의 결과이고 자기를 보다 적극적으로 표현할 수 있는 여성 주체의 변화이기도 하고 영화가 변화하는 시대를 담아낸 결과이기도 하다. 의사표현을 제대로 할 수 없어서 오해를 불러일으키는 장애 여성의 섹슈얼리티에 대한 관심에서 시작해서 억압적인 결혼 제도에 굴복하지 않고 스스로 주체의 자리를 선택하는 용감한 기혼여성의 섹슈얼리티를 거쳐 현대사회의 비리와 부조화를 장애라는 결핍의 몸을 넘어서는 독특한 매력을 통해 표현한 지식인 여성의 섹슈얼리티로 변화하는 양상을 보여준 것이다. 이것을 굳이 여성의 성적 주체성을 표현하는 점진적 발전 방향이라고 파악하기보다는 여성의 섹슈얼리티에 접근하는 다양한 시각의 전개 자체에 의미를 두어야 할 것이다. 이 영화들은 몸이 정신을 담아내는 도구적 기능을 하는 그릇에 불과하다는 고정관념에 대한 전복을 지향하며 진정한 주체로서의 기반이자 정신/남성에 비해 평가절하되어 온 몸/여성의 복권으로 나아가는 전복의 한 출발점에 서 있는 매우 도전적인 영화들이다. 그리고 문제적 시선의 담지자로서의 배우 문소리가 그 영화들을 이끌고 있다.

제5장

젠더 이데올로기의 재생산

― 신은경의 〈조폭마누라〉

〈조폭마누라〉는 매우 예외적인 한 여성을 낯설게 보여주는 방식으로 새로움을 전달하고자 한 영화이다. 그러나 그 새로움은 긍정적이고 창조적인 새로움이 아니라 낯설다는 의미에 국한된 새로움이다. 더욱이 영화의 외면에 드러나 있는 새로운 캐릭터 신은경이 영화를 이끌어가는 것처럼 보이지만 그 강한 여성을 움직이고 있는 것이 언니라는 점에 유의해야 한다. 강력한 가부장제를 구현하려는 언니가 비난할 수도 없을 만큼 연약한 모습을 하고 죽음이라는 거부할 수 없는 장치를 동원해서 은밀하게 실질적인 내러티브를 이끌어간다는 점에 주목해야 한다. 영화의 유형화된 여성들은 결국 여성을 독립적이고 전인적인 존재로 보는 것을 거부함으로써 가부장적인 성차별 이데올로기를 확산시키고 강화하는데 공헌해왔다. 이것은 결국 진정한 여성 이미지의 부재를 의미한다. 남성이 주류를 이루고 있는 영화계의 현실에서 진정한 여성의 재현은 얼마나 어려운가. 〈조폭마누라〉의 낯선 여성상이 보여준 젠더의 갈등은 그녀가 이

사회에 실존하는 여성이 아니라 영화의 흥행을 위해 인위적으로 조작된 인물이기 때문에 진지한 고민으로 연결되지 못한다.

　여성을 타자로 만드는 기존 영화에 대항하고 주류 영화에 대한 전복과 탈주를 시도하는 영화, 여성관객에게 문제적 시선을 제시하고 경계를 뛰어넘는 자극와 반성의 계기를 마련하는 영화를 여전히 더 기다려야 한다는 것을 일깨워준다.

I. 서론

영화는 이성과 논리와 합리성의 결정체인 '과학'의 산물이다. 남성에 의해 만들어진 과학적인 기계로 남성의 시각을 가진 남성 감독들이 남성을 위한 영화를 만들면서 바야흐로 문화의 강력하고도 새로운 한 영역을 창조하기 시작했다. 역사의 모든 영역이 남성에 의해 주도되어 왔고 그것이 당연시되었으며 그들의 세계관이 세상을 보는 유일한 방법론으로 수용되어 왔듯이, 영화 또한 백여 년의 역사를 이어오는 동안 거의 그러한 특성을 보여주었다. 여성감독은 손꼽을 정도로 극소수였고 여배우들은 영화의 중요한 인물이면서도 남성의 시각과 시선을 만족시키기 위한 대상으로만 존재해왔다. 영화의 다양한 장르 중에서 이러한 영화의 특성이 가장 잘 드러나는 것은 단연 액션영화일 것이다.

그 저변에 잔인한 폭력성을 깔고 있는 액션영화는 표면적으로는 화려한 볼거리를 제공하고 정의나 의리 혹은 질서 등의 그럴 듯한 의미들을 강조하면서 대중영화의 핵심에 자리잡아왔다. 액션영화 속의 남성은 남성다움을 가장 잘 드러내는 유형의 남성상으로서 남성관객에게는 동일시하고 싶은 대상이자 여성에게는 사랑과 보호를 기대할 만한 강한 남성으로서 매력적으로 부각되었다. 그들은 거의 불법적이며 지나치게 잔인하고 폭력적인데도 소위 그것이 표방하는 외적인 강인함과 내적인 의리 등의 요소는 불법과 폭력을 가리고 그 위험성을 무마시킨다. 강한 남성상의 강조는 여성을 주변인으로 몰아붙이고 부수적인 존재로 격하시켰다. 여성은 폭력적인 일로 지친 위대하고도 강인한 남성을 위무해 주는 존재에 불과한 것이다. 여성 자신의 정체성은 일체 불필요하고 오직 아름다운 육체를 가진 성적 존재로 족할 뿐이다.

이러한 액션영화의 흐름 속에서 한국영화에 희대의 관객동원 기록을 세운 〈친구〉의 성공은 폭력영화를 양산하게 하였다. 그것들은 액션영화라기보다는 깡패, 양아치 혹은 조폭들이 노골적으로 스크린을 활주하는, 글자 그대로의 폭력영화들이었다. 그들은 아무 이유 없이 주유소를 습격하고 절로 들어가 스님들과 세력다툼을 하고 수학여행을 가서 터무니없는 패싸움을 벌이는가 하면 끝내는 학교까지 들어가 버렸다. 그러나 장동건을 비롯하여 매력적인 외모를 가진 주인공들은 폭력을 미화시키는 데 일조했다. 또한 그 반사회적 인물들의 성장배경으로 내세워지는 불우한 청소년기는 현재의 불법성을 이해와 동정으로 이끌고 여성의 모성보호본능을 불러일으켰으며 나아가 학생들에게는 조폭 내지 깡패에 대한 무한한 동경심을 자극하였다.

그런 와중에 신은경[1] 주연의 새로운 스타일의 폭력영화 〈조폭마누라〉[2]가 탄생하기에 이르렀다. 〈조폭마누라〉는 그동안 적어도 폭력의 주체까지는 되지 않았던 여성에게 폭력을 강요함으로써 그것이 남녀평등이라도 되는 양 페미니즘이라는 단어를 붙인 영화다. 그러나 그 영화의 장르는 정통 액션영화가 아닌 '코믹액션'으로 분류되어 있다. 물론 앞에 열거한 영화들 예컨대 〈주유소 습격 사건〉, 〈달마야 놀자〉, 〈신라의 달밤〉, 〈두사부일체〉 등이 모두 코믹액션이었다고 하면 달리 이의를 제기할 수는 없다. 그러나 이 영화의 정말 코믹한 요소는 어쩌면 현실에서는 불가능한 일 곧 여성이 폭력의 전설적 존재로 서 있다는 사실 그 자체가 아니었을까 하는 것이다. 이러한 관점에서 본고는 여성을 낯선 영역에 주인공으로 내세운 〈조폭마누라〉에 나타나는 젠더 이데올로기를 중점적으로 분석함으로써 영화의 이면을 읽고자 한다.

---

1 신은경은 〈조폭마누라 1, 2〉, 〈노는 계집 창〉, 〈미스터 주부퀴즈왕〉 등의 영화와 다수의 드라마에 출연하였다.

2 〈조폭마누라〉는 2001년 9월 개봉해서 전국 관객 570만 명을 동원했고 2001년에는 할리우드 미라맥스사와 리메이크 판권계약을 했다. 2002년 신은경은 〈조폭마누라 2〉의 주연으로 4억 원의 개런티와 2억원의 인센티브 개런티를 받기로 계약하여 당시 여배우 최고의 출연료 기록을 갱신했고 〈조폭마누라 2〉는 2003년 개봉했다.

Ⅱ. 본론

1. 여성의 재현과 역담론

푸코는 담론을 지식과 진리를 구체화하는 역사적으로 다양한 방식이라고 본다.[3] 담론은 일련의 규칙과 이러한 규칙의 적용과 관련될 뿐 아니라 권력과도 긴밀한 관계가 있다. 권력은 담론 내부에 자리잡고 있으며 담론을 전달하고 생산하기 때문이다. 곧 담론을 생산하고 전개하는 사람들이 담론의 장 일부를 형성하며 이는 곧 권력의 주체라 할 수 있다. 그러나 권력은 고정된 것이 아니라 유동적인데 권력에 대한 저항이 새로운 진리를 만들어내고 이는 다시 새로운 담론을 통해서 나타나게 되는 까닭이다. 때때로 이 새로운 담론들은 지배적 질서에 대항하거나 기존의

---

3 라마자노글루 외, 최영 외 역, 『푸코와 페미니즘』, 동문선, 1998, 32면.

진리들을 뒤집는 역담론일 수 있다. 예컨대 페미니즘은 남성중심적 담론에 대한 하나의 역담론이 된다.

이러한 관점에서 〈조폭마누라〉는 하나의 역담론 형성 '과정'을 보여준다. 다분히 상업적 의도를 담고 있음을 고려한다고 해도 이 영화는 변화하는 시대의 풍조를 반영하는 하나의 담론을 보여주고 있으며 영화의 예술성과 가치를 별도로 하더라도 그 새로움의 정체에 주목하고 분석해 볼 필요가 있다. 다만 그 역담론 형성의 성공 여부와 진정한 역담론으로서의 기능 수행 등은 본고의 결말까지 가서야 명확해질 것이다.

일반적으로 가부장 문화에서 여성을 소재로 한 대부분의 재현은 타자 혹은 차이를 암시하는 것으로 읽을 수 있다.[4] 재현은 본래 그 성격이 생산적이며 특히 영화는 기존의 세계를 재생산할 뿐 아니라 이미지 속에 있는 것은 무엇이든지 소비의 대상으로 구축하는 고도로 코드화된 담론을 형성한다. 그러므로 사회적으로 가시적이면서도 돈벌이가 되는 영화에서 여성의 이미지는 어떤 식으로든 의미가 있다. 영화가 여성을 주제로 선택하는 곳에서 여성은 언제나 일련의 의미로 구축되고 그것은 이어서 문화적 경제적 유통 과정에 뛰어들게 된다. 따라서 영화 속에서 매우 강력한 이미지를 담고 있는 여성의 재현 방식은 그 영화가 속한 사회가 지닌 문화를 이해하는 하나의 준거가 된다.

그동안 영화에서 여성은 언제나 직접 행동하지 않는 존재로 그려져 왔다. 여러 가지 이유로 여성은 영화를 이끌지 못했으며 하다못해 운전을 하지 못해서도 영화를 진전시키지 못했다. 〈델마와 루이스〉에 와서야 운

---

4 아네트 쿤, 이형식 역, 『이미지의 힘』, 동문선, 2001, 30면.

전하는 여자들이 차를 몰고 거리로 나감으로써 영화의 내러티브를 이끌게 되었던 것이다. 여성은 욕망의 '대상'으로서 괴물에게서 혹은 위험에서 구해주어야 하는 존재이며 어려운 일을 수행한 남성에게 주어지는 보상으로만 존재해 왔다. 영화 속에서 여성들은 매력적이거나 무기력하거나 허약하고 어리석거나 반항적인 모습을 '보이기만' 해도 된다. 이는 남성들이 그녀들을 숭배하고 유혹하고 욕망하고 보호하고 지배하고 테러하고 강간하고 살해하기 위한 조건으로 충분한 것이다.[5] 이렇게 기존의 영화는 대체적으로 남성이 주체로서 여성은 대상이자 타자로서 거의 일방적이고 고정된 관계를 구축해왔다.

그러나 때때로 반항적이고 나아가 독립적인 여성의 유형이 영화에 등장할 때가 있는데 이들은 슈퍼피메일과 슈퍼우먼으로 구분된다.[6] 슈퍼피메일은 사회가 정한 유순한 역할에 안주하기에는 너무 야심차고 총명한 여자이지만 전통적 사회에 머물러 있기 때문에 자신의 창조적 에너지를 발산할 기회를 갖지 못해서 결과적으로는 악마적인 결과를 가져오는 여성이다. 슈퍼우먼은 자신의 여성성을 이용하는 대신 남성의 특권을 누리기 위해서 혹은 단순히 생존하기 위해서 남성적 특질을 채택하는 여자이다. 이러한 구분에 의하면 신은경의 경우는 슈퍼우먼 유형과 어느 정도 유사한 특성을 보여준다고 할 수 있다. 더욱이 이 유형의 여성들은 여성으로서 남성적 특질을 택한다는 의미에서 더 심각하고 의미심장한 문제점들을 야기하게 되며 신은경의 경우는 외적인 슈퍼우먼적 요소와 내적

---

5 발트라우트 포슈, 조원규 역, 『몸 숭배와 광기』, 여성신문사, 2001, 146면.
6 리처드 다이어, 주은우 역, 『스타-이미지와 기호』, 한나래, 1995, 111면.

인 갈등의 강화에 의하여 한 개인으로서의 불균형 관계를 보여주는 문제적 캐릭터라 할 수 있다.

일반적으로 관객을 영화에 빠져들게 하는 데는 여러 가지 요소가 있지만 이야기가 진실하다는 믿음 곧 핍진성을 줄 수 있어야 하고[7] 그 핍진성의 요소로는 외연적 진실, 내면적 진실, 예술적 진실을 들 수 있다. 하나의 이야기가 신빙성을 갖기 위해서는 그럴듯한 또는 극적 필연성에 대한 객관적, 외연적, 관찰자적 법칙성을 갖추어야 하며, 인간조건에 대한 주관적, 비이성적, 정서적인 내적 진실을 바탕으로 영화작가의 설득력 있는 수완에 의해 창조되는 진실한 외형 등을 드러내야 한다. 〈조폭마누라〉가 일정한 플롯을 통해 일련의 이야기를 전개하고 액션을 통해 볼거리를 제공하며 흥미를 끌며 서스펜스를 제공하는 등의 영화 구성의 몇몇 요소들을 갖추어 흥행에 성공했을지라도 이 핍진성의 문제가 기반이 되지 않으면 궁극적으로 관객을 감동시키지 못하고 다만 단순한 오락적 기능만을 만족시키는 코믹영화로 남을 뿐이다. 새로운 여성인물을 통한 새로운 사건으로 새로운 주제를 전달한다는 의도의 성공과 핍진성은 꽤나 긴밀한 관계가 있을 것이기 때문이다.

페미니즘이라는 역담론이 사회의 새로운 담론으로 부상하고 있는 현실을 바탕으로 남성 영역에 뛰어든 여성을 보여주는 영화 〈조폭마누라〉는 여성을 타자로만 인식해온 기존 영화의 주류에 대한 진지한 반론을 제기하느냐 혹은 그런 타자화된 여성의 또 다른 방식으로서의 여성을 그릴 뿐이냐는 판단의 기로에 서 있다. 곧 이런저런 요소들을 억지로

---

7 조셉 보그스, 이용관 역, 『영화보기와 영화읽기』, 제3문학사, 1993, 44면.

꿰어 맞춘 괴물로서의 캐릭터를 내세워 일시적으로 눈을 가린 오락영화로 남느냐 혹은 지배적인 여성 유형에 대한 대안을 실천하느냐 하는 것이다.

2. 복장 전도와 성적 위장

주인공 차은진(신은경 분)은 26세의 여성으로 LA파 부두목이며 일명 깔치로 불린다. 깔치는 여자, 처녀, 여자친구 등을 지칭하는 비속어이다. 주인공이 은진이라는 실명이 아닌 비속어로 지칭된다는 것이 이미 이 인물의 정체성을 규정한다. 이름은 등장인물에게 개성과 인격을 부여하는 것으로 인물의 주체성 확보에 매우 중요하기 때문이다. 그녀의 심복은 마징가, 빤쓰, 빠다로 불리고 경쟁관계에 있는 조직은 백상어파다. 폭력조직에 속한 인물들은 모두 이러한 비하적 별명으로 불리면서 일반 사회인들과 구별된다. 소위 가위전법으로 암흑가의 전설이 된 차은진은 어린 시절 고아원에서 헤어진 언니(이응경 분)를 만나게 되고 위암 말기인 언니의 마지막 부탁인 결혼을 '해주기로' 한다. 결혼이 가진 원래의 의미가 완전히 배제된 위장 결혼이 계획되고 35세의 공무원이자 58회의 맞선 실패 경력을 가진 매력 없는 남자 강수일(박상면 분)이 신랑감으로 물색된다.

섬세하고 다정다감하며 정서적인 남자와 터프한 여자의 결혼생활은 기존 영화에서 거의 유례를 찾아보기 어려운 전도된 성역할을 보여준다. 이 영화는 이러한 전도된 성역할의 표현을 통해서 성에 대한 편견을 없애고 진정한 동반자로서의 삶을 보여준다는 기획의도를 표방하고 있기도 하다. 그러나 그 결과는 기획의도와는 정반대로 비틀리고 왜곡된 비정상과 부자연스러움을 강조함으로써 기존의 가정 내 여성 역할의 일상성을 역으로 강화하는 기능을 수행할 뿐이다.

신은경은 중성적인 외모를 강조하며 외적인 변장을 시도한다. 감색 계열의 정장과 푸른색 계통의 셔츠로 위장한 그녀의 몸에는 조폭을 상징하는 기호인 거대한 문신이 새겨져 있지만 그녀에게도 '가슴'이라는 다분히 거추장스러운 여성적 육체가 숨겨져 있다. 그녀는 결전의 날 압박붕대로 가슴을 바짝 동여매고 싸움을 준비한다. 가슴으로 대표되는 여성적 육체는 다르게 살기를 원하는 여성들에게 외적으로는 남성 육체와의 차별성을 담지하고 있으며 내적으로는 정신적인 강박관념으로 잠재한다. 따라서 그것은 멜로영화를 포함한 대부분의 영화에서처럼 가급적 과장되게 드러내고 과시할 부분이 아닌 감추고 억압해야 하는 불필요한 것으로 각인되어 있다.

또한 그녀는 낮은 굽의 코가 넓적한 남자용 구두를 신고 있으며 파마기 없는 짧은 머리는 바람에 적당히 흩날리며 액션 장면의 분위기를 그럴듯하게 연출해준다. 홍콩무술감독 원진이 디렉팅한 빗속의 혈투를 그린 영화의 프롤로그 신은 현란하고도 아름다운 액션을 표방하며 기존 남성 액션영화와 다른 깔끔한 액션 화면을 보여준다. 이는 여성 액션영화의 차별성인 동시에 남성적 복장을 한 여성 조폭의 중성적이고 혼합된 모습에서 새로운 이미지를 구축하려는 의도라 할 것이다.

문화적 차원에서 복장전도는 옷과 몸의 차이에 대한 유희를 통해 사회적으로 구축된 성적 차이를 전경화한다.[8] 옷은 젠더를 구체적으로 나타

---

8 아네트 쿤, 앞의 책, 70면.

낸다. 의복은 젠더와 연관되어 착용자의 정체성의 근본적인 속성과 차이를 외부적으로 표시하는 역할을 해왔다. 그러나 동시에 의복은 가장의 능력이 있다. 그것은 변화 가능한 페르소나의 수단으로서 인간 주체의 이념성을 전복할 위험성이 있다. 곧 의복이 착용자의 의지에 따라서 변하는 것이라면 그것을 통해 전통적인 성정체성을 바꿀 수 있다는 의미이다. 옷을 바꾸는 것은 자신을 바꾸는 것이며 의복에 의해 재현되던 성정체성이 바뀌어질 수 있다는 것은 전통적으로 용인되던 양식과 습관 속에서 복장전도가 왜 사회적으로 금지되었는지에 대한 이유를 설명한다. 의복이 육체와 진정한 자아 사이에, 그리고 고정된 이념적 젠더와 위장된 페르소나 사이에 거리가 있다는 것을 보여주면서 복장전도는 바로 그 거리를 이용하여 성정체성의 고정성과 유동성에 대한 반격을 시도한다.

신은경의 절제되고 간략하며 변화 없이 건조한 복장은 마치 〈에일리언〉의 시고니 위버나 〈터미네이터〉의 린다 해밀턴의 중성적 신체를 드러내는 의상처럼 복장전도의 암시성을 내포하며 진실에의 도전적 유희를 시도한다. 예컨대 신은경과 박상면의 성행위 장면은 기존 영화에서는 전혀 볼 수 없었던 새로운 관계를 보여준다. 박상면은 상당한 매력을 가진 여성 신은경을 과분하게 받아들이며 그동안 결혼을 위해 준비해왔던 낭만적 환상을 실현하려고 애쓴다. 〈메디슨카운티의 다리〉에 나오는 클린트 이스트우드의 대사를 외면서 프로포즈를 하고 꽃이나 촛불 등의 소품을 이용한 낭만적 분위기 만들기를 시도한다. 그러나 아내라는 역할에 대해 기대했던 요소와는 전혀 거리가 먼 신은경과의 생활은 결혼에 대한 그의 환상을 말살해버린다.

특히 기존 영화에서 당연히 남성의 역할이었던 성행위의 주체자로서의 역할을 전혀 수행하지 못하는 박상면은 아기를 가지라는 언니의 말을 듣고 임신을 결심한 신은경에 의해 매우 폭력적으로 성행위의 수동적 위치에 서게 된다. 전통적으로 여성은 영화에서 노출되고 진열되며 시각적이고 에로틱한 볼거리로 기능해왔다. 성적 불균형으로 질서 잡힌 세계에서 보는 쾌락은 능동적 남성과 수동적 여성으로 양분되었으며 영화와 여배우는 남성관객의 관음적 시각을 충족시키기 위한 목표를 수행해왔다.

그러나 그간 영화의 화면을 가득 메웠던 고통에 일그러진 얼굴이나 땀으로 범벅이 된 몸 혹은 신음소리를 내던 여성의 역할이 〈조폭마누라〉에서는 박상면의 몫이다. 찢겨진 속옷을 입고 버둥대는 박상면의 얼굴과 남성용 셔츠를 입고 있는 신은경의 등은 대조되어 강력한 대비를 보여준다. 더욱이나 처음에는 고통스러워 하다가 나중에는 어느 정도 만족스러운 얼굴로 변하는 박상면의 얼굴은 기존 영화의 성행위 장면에서 표현되어 온 여성의 모습 그대로이다. 이 부분이 바로 이 영화가 코믹 액션으로 분류되는 순간이다. 영화에서 수없이 표현되어 온 남녀의 성행위 장면에서 언제나 남성과 여성의 역할은 고정되어 왔다. 때로 그 관계가 역전된 경우가 있다면 그것은 〈원초적 본능〉류의 정체를 알 수 없는 위험한 여자 곧 팜므파탈과의 관계를 통해 극도의 긴장감을 유발하는 스릴러 영화 정도일 것이다.

그러나 신은경의 목표가 언니를 기쁘게 하기 위한 임신에 있다는 사실은 매우 주목할 부분이다. 성행위의 목표는 종족 보존과 쾌락 두 가지이다. 그러나 남녀의 관계에 있어서 그 목표는 명확하게 구분된다. 남성은 두 가지를 다 목표로 하지만 후자에 더 큰 목적이 있다. 전자가 목표라면 이 땅의 그렇게도 많은 향락사업을 설명할 길이 없을 것이다. 그러나 여성에게는 전자가 중요하고도 유일한 목표이다. 만일 후자를 추구하고 그 것을 노골적으로 드러내는 여성이 있다면 정숙하지 못한 여자로서 지탄 받게 된다. 그것은 〈자유부인〉에서 〈해피엔드〉에 이르기까지 쾌락을 추 구한 여자의 비참한 말로를 통해 반복적으로 강조되어 왔다.

신은경이 주체가 된 이 일련의 성관계가 용납되는 것은 그녀의 목표가 쾌락과는 전혀 거리가 멀고 오직 임신이라는 숭고한 종족보존에 그 목적 이 있다는 사실인 것이다. 따라서 남성에게 있어 이 전도된 성관계를 보 는 일은 그다지 부담스러운 일이 아니다. 그녀는 오직 종족보존이라는 여성 고유의 지고한 목표를 달성하기 위해서 적극적으로 임무를 수행하 고 있는 중이기 때문이다. 그런 상황이라면 남자가 거의 폭행에 가까운 성행위의 수동적 위치에 놓이는 것이 다소 꼴사납긴 해도 웃고 넘겨줄 수 있는 것이다. 이는 평범한 시민 박상면이 나중에 신은경의 유산 소식 을 듣고 무작정 백상어파를 공격하러 가는 결말과 연결된다. 결정적인 순간에는 아무리 용감한 여자라도 남성의 도움을 받을 수밖에 없다는 것 이다. 더욱이 신은경은 가장 강한 여성이며 박상면은 가장 못난 남자가 아닌가. 유례없는 강한 남성적 여성으로서의 신은경이 복장전도를 통한 성적 위장의 궁극적 한계를 드러내는 부분이다.

즉 〈조폭마누라〉의 복장전도서사는 성정체성과 성적 차이를 문제삼기 는 하지만 결국에는 양자의 절대성을 재확인하고 고정된 젠더와 통일된 주체의 당연한 질서를 확인하는 데 머물고 마는 것이다. 다만 〈가슴 달 린 남자〉의 경우처럼 복장전도서사가 비정상으로 간주되고 그러한 복장 이 사회에서 통용되는 방식으로 되돌아가는 것이 영화의 안정적 결말이 라고 할 때, 이 영화에서는 오히려 신은경의 권력이 더 안정되며 남편마저 그의 부하가 되면서 복장이 더욱 강화되는 것으로 끝난다는 점은 어느 정도의 새로움을 보여준다. 다만 박상면의 코믹성에 이 영화가 상당 부분 의존하고 있다는 것이 복장전도를 통한 젠더의 역전에 있어서의 마지막 보안장치라 할 것이다.

3. 은폐된 여성성과 순결 이데올로기

남성적 신체와 언행과 복장의 신은경이 압박붕대로 감싸 맨 가슴을 감추고 있다는 사실과 여성적 육체의 한 극단적 표징이라 할 수 있는 임신을 했다는 준엄한 현실은 여성 신체와 젠더의 의미를 되새기게 한다. 억압자의 담론에 대해 저항하는 신체로 요약되는 듯 보이는 신은경의 몸은 그 안에 생명을 담은 자궁을 가지고 있다는 새삼스러운 현실에 의해 전복된다. 모성성으로 대표되는 여성성의 문제를 어떻게 남성적 복장전도와 무력으로 헤쳐 나갈 수 있을 것인가 하는 중요한 기점에 영화는 도달한다.

이러한 중요한 지점에 도달하기 전에 영화는 이미 그러한 문제로 나아가기 위한 준비들을 해둔다. 어떠한 위장된 젠더로도 빠져나갈 길이 없는 강력한 이데올로기가 이 사회에는 남아 있는 것이다. 결혼을 위해 맞선에 나가는 신은경은 빠다(안재모 분)의 여자 친구이자 남성을 유혹하는 전문가인 세리(최은주 분)를 초빙하고 선을 보기 위한 외모 바꾸기와 남자 유혹법을 배우기 시작한다. 그러나 호스티스 스타일로는 결혼이라는 규범적 제도권 내로 진입할 수 없다. 그녀는 세리 스타일의 빨간색 미니스커트를 벗어던지고 흰색 옷으로 갈아입는다.

신은경의 흰색 정장은 결혼으로 진입하기 위해서 여성에게 절대적으로 요구되는 순결한 여자임을 표방하는 것이다. 그리고 조신한 언행으로 맞선에 성공하고 결혼식을 치르게 되며 가슴이 파인 흰색 드레스를 입고 신부다움을 드러낸다. 등이 파진 드레스는 이 사회에서 금기된 세력으로서의 조폭을 표시하는 문신을 채 가리지 못하고 커다란 파스로 겨우 그 더러운 표징을 가리고서야 식장에 들어선다. '신부'라는 이름을 달 조건들을 갖추지 못한 그녀의 결혼식은 순탄할 리 없고 깡패들의 난동이 요란한 가운데 엉터리 결혼식이 진행됨으로써 결혼의 의미는 다시 퇴색된다.

우여곡절 끝에 도착한 신혼여행지에서 침대에 커다란 흰 수건을 까는 박상면의 설레임은 일면 순진무구하게 그려지고 있지만 그 속에는 순결한 아내를 맞겠다는 강인한 이데올로기의 지배하에 있는 한 남자의 의지가 숨어있다. 그는 흰 수건을 반복적으로 만지면서 기대감을 노골적으로 드러낸다. 그러나 힘의 대치에서 무력적인 아내에게 밀린 박상면은 남편으로서의 주도권을 채 써보지도 못하고 처음부터 아내에게 억압당하는 무기력한 남편이 된다. 그는 아내의 순결을 테스트할 수 없게 된 것이다.

오직 선택은 신은경의 몫이다. 이것은 할리우드 영화 〈귀여운 여인〉에서 누구랑 얼마를 받고 언제 어디서 할지는 내가 결정한다는 직업 창녀 줄리아 로버츠의 선언을 통해서 간접적으로 여성의 성적 자결권과 주도권을 선언한 지 수 년이 흐른 뒤 한국영화에서의 재현이다. 그러나 그러한 선언이 탁월한 성적 능력을 가진 직업 여성과 무력으로 강압적인 관계를 행사하는 조폭 아내의 입에서 나왔다는 사실은 여성의 성적 자결권을 아직도 여성이 갖고 있지 않은 현실을 보여준다. 아마도 평범한 여성은 줄리아 로버츠나 신은경과 같은 식의 발언을 할 수 없었을 것이다. 만일 여성이 이 사회를 주도해왔다면 여성의 순결이 그토록 강력하게 이 사회의 지배적 이데올로기가 되지 않았으리라는 것, 결국 여성의 순결을 문제 삼는 것은 남성이 여성을 억압하는 사회에 우리가 살고 있음을 반증한다는 것을 알 수 있는 대목이다.

신은경을 움직이고 변화시키는 사람은 오직 언니뿐이다. 언니와 살던 세계는 소월의 시 '엄마야 누나야'로 대표된다. 신은경은 라이벌 백상어파의 칼잽이와 목숨을 건 한판 승부를 하기 위해 흰 구름이 아름답게 떠가는 푸른 초원에 섰을 때 어울리지 않는 그 노래를 부른다. 생사를 건 결투가 목가적이고 아름다운 장소를 배경으로 하고 있다는 아이러니컬한 설정은 그녀의 심각한 내적 갈등을 가시화한다. 초원은 신은경이 동경하고 희구하는 세계의 상징이며 자연에서 언니로 대표되는 가족과 살고 싶은 이상적 세계에 대한 그리움을 드러낸다. 그녀의 내적인 세계는 현실과는 거리가 있는 여성성, 모성성, 그리움, 혈연관계, 과거 등으로 가득하고 언니와 있을 때는 전혀 다른 사람처럼 보인다. 비록 폭력조직에서 남성적 삶을 살아가고 있지만 그녀가 바라는 삶은 평화롭고 고요한 인간적-혹은 여성적 세계인 것이다.

그러나 현실에서 그녀는 가위를 들고 싸워야 한다. 신은경이 선택한 무기가 흔히 거세라는 이미지를 가지고 있는 가위라는 것은 가위를 사용하는 주체가 여성이라는 사실과 관계가 있다. 칼이 상대방을 '찌름'이라는 동작으로 위해하는 반면 가위는 '자름'이라는 동작으로 위협한다. 전통적으로 '찌름'은 남성의 여성에 대한 성적인 행위를 암시하고 총이라는 현대의 무기는 비록 칼처럼 직접적이지는 않지만 칼의 대체무기로서 여전히 '찌름'을 상징한다. 피카소의 〈한국전쟁의 대학살〉은 로봇처럼 생긴 군인들이 총으로 임부들을 겨누고 있는 모습을 그림으로써 남성의 성적인 억압과 전쟁의 폭력성을 동일시한 바 있다.

이러한 남성의 폭력을 모방하면서도 여성의 공격성을 담은 무기가 바로 가위일 것이다. 그 낯설고도 우스꽝스러운 무기 선택의 배경에는 남성을 거세하고 오직 암흑가의 유일한 전설로 존재하겠다는 신은경의 야심찬 의도가 들어있다. 이는 마치 세상의 모든 남성을 없애는 것만이 여성이 살 길이라는 억지스러운 여성상위의 개념을 표방하는 위험성을 드러내기 때문에 남녀의 진정한 화합과 상생을 중시하는 페미니즘의 근본적 이념과 전적으로 상치된다. 동시에 여성의 폭력적 패권장악을 암시함으로써 남녀관계에 대한 오해로 연결될 우려가 있기도 하다.

신은경이 칼잽이와의 결투에서 남자를 거세시켜 위기를 넘기고 승리함으로써 가위의 위력이 가시화된다. 그리고 결말 부분에서 두 사람이 재회했을 때 칼잽이는 신은경의 배를 집중적으로 공격해서 유산시키는 것으로 복수한다. 이것은 남성의 성적 기능과 여성의 성적 기능이 다시 대조적으로 드러나는 장면이다. 칼잽이는 고자라고 조롱당함으로써 남성으로서의 자존심을 상실하고 수치심을 느끼게 되지만 신은경은 뱃속의 생명을 잃게됨으로써 모성성에 타격을 받는다. 결국 남성과 여성에게 있어서 남성에게는 쾌락적 기능이 여성에게는 종족 보존의 기능이 중요하다는 성의 차별성을 다시 한 번 증명해주는 것이다.

4. 모성성을 통한 전통적 여성성의 강조

어머니의 대리인이자 전통적 여성으로서의 가치관을 대변하는 언니는 남성적 젠더를 선택한 신은경에게 가부장제적 가치관을 교육한다. 결혼하라는 언니의 부탁을 들어주려는 것이 이 영화를 움직이는 출발점이고 어머니가 되고 싶지 않느냐며 임신을 권하자 그토록 무관심하던 성행위에 공격적으로 매달려 임신하며 언니의 태교에 대한 제의로 처음으로 아줌마의 의상을 입고 된장찌개를 끓이고 신발을 바르게 벗어 놓는다. 영화가 끝날 무렵 언니의 죽음으로 비로소 그녀를 제어할 장치는 사라진다.

그러나 신은경의 자유로운 젠더 실현은 언니/어머니의 죽음이라는 희생적인 사건이 있은 다음에야 가능하다는 사실 또한 중요하다. 한 여자의 정체성 확립 과정은 반드시 누군가의 희생을 필요로 하는 것이다. 그렇지 않다면 대체 언니는 왜 등장해서 그저 죽어가야 한다는 말인가. 더욱이 언니는 단 한 장면 나오는 최민수와 함께 특별출연으로 표시되어 있다. 그녀가 살아있는 캐릭터가 아니라 그저 하나의 장치에 해당하는 인물임을 명확하게 드러내는 것이다.

이 땅의 가부장제를 대표하는 인물이자 이데올로기 자체인 언니가 요구하는 것은 결혼, 임신, 태교, 그리고 남편에게 좋은 아내가 되는 것이다. 겉으로는 유례없는 남성적 여성을 그리고 있는 이 영화가 가부장제의 이념을 매우 충실히 따르고 있으며 그것이 영화의 주된 플롯을 형성한다는 놀라운 반어를 보여준다. '넌 엄마가 되고 싶지 않니? 아무 흔적 없이 사라지는 거 무서워, 난 아이를 갖고 싶었어.' 라고 죽어가는 언니가 나직한 목소리로 말하는 것은 '임신과 출산은 정말 소중한 일이다' 라고 강요하는 것으로 들린다. 그리고 고독한 신은경에게 유일한 혈육으로 설정된 언니의 말이 그녀에게 절대적으로 받아들여지는 것처럼 관객에게도 또한 그렇게 각인된다. 가장 남성적 여성조차 최종목표는 결혼과 임신이라는 사실의 강조를 통해서 여자는 여자일 수밖에 없다는 한계와 전통적 여성역할이라는 강력한 이데올로기가 강조된다. 결국 이 영화의 내러티브를 움직이는 것은 신은경이 아닌 언니라는 사실을 알게 된다.

더욱이 신은경의 심복 빠다가 죽어가면서 감정적으로 매우 고조되는 장면을 연출할 때도 이 모성 이데올로기는 중요한 역할을 한다. 빠다가 빗속에서 죽어가면서 호스티스 세리와의 로맨스는 끝이 난다. 빠다의 죽음은 외로운 조폭의 모성에 대한 그리움을 강조함으로써 영화를 절정으로 나아가게 한다.

빠다의 원수를 갚기 위해 신은경은 된장찌개를 박차고 나가 여성적 행복 대신 사나이의 의리의 세계를 택한다. '피는 물보다 진하다, 그러나 의리는 피보다 진하다' 는 지론으로 부하들을 다스려온 그녀가 이제 그것을 몸으로 보여줄 마지막 순간이 온 것이다. 양아치와 조폭의 차이는 프로페셔널리티라는 빠다의 말처럼 암흑가의 전설을 다시 세우기 위해 위험을 무릅쓰는 것이 그녀의 유일한 선택으로 남는다. 혼자 수십 명과 싸우는 신이 화려하게 펼쳐지지만 그녀는 패배하고 유산한다. 마침 나타난 보스(명계남 분)가 백상어파에게 모든 것을 내주고 구해내지 않았던들 목숨마저 보존하기 어려운 상황에 신은경은 처해 있었다.

아무리 강하고 능동적인 여성이라도 궁극적으로는 남성의 보호와 그늘을 떠나 살 수는 없다는, 비교적 여성에게 무게를 실었던 영화들의 공통된 결론을 다시 반복하고 있다. 젠더 이데올로기의 재생산과정을 전형, 보상, 공모, 복귀라고 할 때[9] 특정 시기에 지배적인 성의 의미에 도전하는 것을 거부하고 제거하려는 이데올로기적 노력을 말하는 '복귀' 현상을 보여주는 것이다.

한편 박상면은 목숨을 걸고 아내를 구하러 간다. 불을 질러서 복수를 감행하고 그는 기꺼이 신은경의 부하로서 조직의 일원이 된다. 마지막 신에서 더욱 강력한 카리스마로 무장한 신은경은 한국 액션영화 최고의 카리스마 최민수와 맞장을 뜨는 정도까지 신분상승을 하는 것으로 영화는 종결된다. 박상면이 아내 조직의 일원이 된 것이 매우 자랑스럽다는 표정으로 그녀에게 무기인 가위를 들어 바치는 순간 아무도 그의 순진성을 의심하지 않는다.

그러나 그 순진성의 이면에는 무엇이 있는가. 박상면은 신은경과 외적인 무력의 수준에서 비교가 되지 않는다. 그래서 그는 아무에게도 의심받지 않는다. 그러나 그는 여전히 '남성'이다. 신은경과 박상면이 처음 만나는 장면은 남자들과 싸우고 있는 신은경을 구해주려는 기사도의 발로에서였다. 그리고 신혼여행 가서 아내의 순결에 대한 굉장한 기대감을 보여주는 장면은 순수혈통으로 종족보존을 하겠다는 남성의 집착을 보여주는 것이다. 다음은 신은경의 정체를 알게 되었을 때 자기를 속인 것도 사랑하지 않는 것도 괜찮지만 폭력만은 안된다고 강조하던 그가 신은경의 '유산' 소식에 무작정 복수를 하러 떠나는 것 또한 종족 보존에 대한 가부장의 본능을 보여준다.

---

9 미셸 바렛, 신현옥 외 역, 『페미니즘과 계급정치학』, 여성사, 1995, 81~85면.

이렇게 영화의 외적인 표현과 내적인 주장의 어긋남은 비일상과 일탈 그리고 변형된 웃음 등으로 조합되어 있다. 그리고 그 이면은 은밀하게 감추어지고 외적인 포장으로 성공을 거두었다. 결국 〈조폭마누라〉는 여성의 일탈과 비정상은 여전히 남성적 보호에서 벗어날 수 없으며 중심은 아무리 주변의 저항을 받아도 쉽게 무너지지 않는다는 강력한 담론을 보여준다. 또한 역담론의 형성을 허용하는 듯하면서도 은밀히 저지하는 권력, 여성 정체성을 구축하고 표방하는 역담론의 형성은 규범을 벗어난 변태성으로 규정하는 권력을 볼 수 있다.

Ⅲ. 결론

　프랑스의 진보적 영화잡지 『에끄랑』에 실린 '영화 속에 일상화된 성차별주의' 는 대중영화 속에 나타난 여성상을 유형별로 구분하였다.[10] 주부, 매춘부, 탕녀 등으로 요약되는 그 유형들 중에서 마지막 유형은 '영화 속 여성이 카리스마적 주인공으로 등장할 경우 그녀는 모든 점에서 예외적인—여성적이 아닌— 인물로 묘사된다' 는 것이다. 한국영화도 여성의 재현에 있어서 서양영화와 동일하게 이상의 유형들 속에 속하는 여성을 그려왔다. 여성을 진정한 한 사람의 인격체로서 존중하여 재현하는 경우는 보기 어렵고 언제나 과장하여 찬미하거나 터무니없이 비하하는 경향을 보여준 것이다.

　그런 점에서 〈조폭마누라〉는 여주인공의 캐릭터가 매우 색다르다는

---

10 유지나, 변재란 편, 『페미니즘/영화/여성』, 여성사, 1993, 13면.

점에서 주목할 만하다. 기존의 영화에서 본 적이 없는 강력한 카리스마와 힘을 가진 인물로 그려진 까닭이다. 그러나 제목에 들어있는 조폭과 마누라라는 두 단어의 조합은 예사롭지 않다. 조폭은 한국 사회에서 매우 일탈적이고 불법적인 집단으로서 징계의 대상이다. 마누라 또한 아내를 친근하게 부르는 말로 볼 수도 있지만 어느 정도 비하적 느낌이 들어있는 단어이다. 결국 두 단어가 합성되어 만들어진 '조폭마누라'는 이 땅에서 처음으로 사용되는 단어일 뿐만 아니라 결코 우호적인 어감을 담고 있지 않다는 사실부터 출발해야 한다. 영문 제목인 〈My Wife Is Gangster〉는 의미는 전달하지만 어감은 전혀 옮기지 못하고 있다. 갱스터와 조폭은 한국의 언어사회에서 엄연히 다른 의미를 담고 있는 것이다. 결국 〈조폭마누라〉는 매우 예외적인 한 여성을 낯설게 보여주는 방식으로만 새로움을 전달하고자 한 영화이다. 그 새로움은 긍정적이고 창조적인 새로움이 아니라 낯설다는 의미에서만 새로운 불쾌한 새로움이다. 더욱이 영화의 외면에 드러나 있는 새 인물 신은경이 영화를 이끌어가는 것이 아니라 강력한 가부장제를 구현하려는 언니가 비난할 수도 없을 만큼 연약한 모습을 하고 죽음이라는 거부할 수 없는 장치를 동원해서 은밀하게 내러티브에 영향을 미치고 있다는 점에 주목해야 한다.

영화의 유형화된 여성들은 결국 여성을 독립적이고 전인적인 존재로 보는 것을 거부함으로써 가부장적인 성차별 이데올로기를 확산시키고 강화하는 데 공헌해왔다. 이것은 결국 진정한 여성 이미지의 부재를 의미한다. 남성이 주류를 이루고 있는 영화계의 현실에서 진정한 여성의 재현은 얼마나 어려운가. 〈조폭마누라〉의 낯선 여성상이 보여준 젠더의 갈등은 그것이 이 사회에서 실존하는 여성이 아니라 인위적으로 조작된 인물이기 때문에 진지한 고민으로 연결되기조차 못한다.

이 영화에서 여성이 한 인간으로서 어떻게 자신의 정체성을 확립하고 젠더를 형성해나가며 인간으로서의 소중한 가치를 어떤 방식으로 찾고 구현할 것인가에 대한 반성적 사고로 나아가기를 기대하는 것은 거의 불가능한 일이다. 굳이 의미를 찾고자 한다면 기존 여성상에서의 전폭적인 변화만이 가부장제 이데올로기의 극복과 역담론 형성으로 연결되는 것은 아니라는 사실을 새삼 인식하게 하는 정도일 것이다. 여성을 타자로 만드는 기존 영화에 대항함으로써 주류영화의 형식을 전복하는 실험을 기대하는 한편으로 여성을 포함한 관객들이 한 인간의 삶을 진실되게 느낌으로써 진정한 여성성에 대한 이해로 나아가게 되는 영화를 다시금 기다리게 된다.

제6장

여성의 아비투스를 재현하는 성의 정치학

— 수애의 〈가족〉, 〈나의 결혼원정기〉, 〈그 해 여름〉, 〈님은 먼 곳에〉

수애가 주연으로 출연한 〈가족〉, 〈나의 결혼원정기〉, 〈그 해 여름〉, 〈님은 먼 곳에〉 등 네 편의 영화를 대상으로 하여 영화가 한 여배우를 호명하고 가상의 여성 캐릭터를 재현하는 방식을 통해 특정한 의미를 생산하고 구축하는 과정에 내재되어 있는 성의 정치학을 분석하였다. 이상의 영화에서 여성인물들은 폭력, 분단, 반공 이데올로기, 전쟁 등의 실존의 조건에 의해 조용하고 순종적인 아비투스를 취하게 된다. 남성들은 이와 같은 여성의 연약한 모습을 수난 받는 국가와 동일시하여 지키고 보호하려고 애쓰며 마침내 여성은 남성에 의해 삶을 보장받고 특히 순결을 지키게 된다. 이와 같이 견고한 성정체성에 기반한 전근대적 서사구조에서 여성 인물은 주체적이지 못한 수동적 인간상으로 재현되고 남성과 여성은 상하관계 및 우열관계로 이원화된다.

　한국 사회의 변화에 따라 능동적인 여성의 변화를 담아내는 대신 과거로의 복귀를 통해 여성상의 퇴행을 보여주는 이 영화들은 전근대적 가족

제도 내의 수동적 여성상과 순결한 여성에 대한 남성들의 환상을 반영한
다. 결과적으로 이러한 영화의 여성인물 재현방식과 반복적으로 호명되
는 여배우의 이미지는 오늘의 사회에서 여성에게 은밀하게 요구되는 이
데올로기를 보여주며 가부장제 고착화에 기여할 뿐 아니라 페미니즘의
퇴보를 보여준다.

I. 서론

부르디외에 의하면 지적이거나 예술적인 작품의 창조성은 작가의 순수한 기획이라기보다는 작가가 속한 사회적 요구와 제약 속에서 형성된 것이다. 즉 창작자가 자신의 작품과 맺는 관계는 사회적 관계의 체계에 의해, 더 정확하게는 지적 장의 구조 내에서 창작자가 갖는 위치에 의해 영향을 받는다는 것이다. 창조적 예술작품은 장 안에 있는 행위자들의 상대적 위치와 장을 지배하는 구조적 규칙의 상호작용이 만들어낸 결과물이다. 결국 예술작품은 예술가가 속한 사회의 속성과 구조의 규칙들에 따라 일정한 형태를 띠고 나타나게 된다.[1] 이러한 관점에서 영화를 읽어내는 것은 영화를 개인의 창작물을 넘어서서 사회와의 관계 속에서 총체적으로 볼 수 있다는 점에서 매우 유익하다.

---

1 홍성민, 『피에르 부르디외와 한국사회』, 살림, 2004, 61면.

일반적으로 종합예술로서의 영화를 총체적으로 이끌어가는 것은 감독이지만 관객과 직접적으로 대면하고 영향을 주는 것은 배우다. 특히 영화를 제작하고 감독하는 자본과 창조의 권한이 주로 남성에게 집중되어 있는 영화 생산 과정에서 여배우는 특정한 의도하에 선택되는 유의미한 기호라 할 수 있다. 여성의 이미지가 재현된 과거의 예술을 볼 때 그것이 전통적으로 남성의 영역이었다는 것을 되새기게 되지만 현재까지도 여성 재현의 주도권은 여전히 남성이 가지고 있다. 이상화된 여성 이미지에 기반을 둔 스타 시스템은 교환관계를 통한 지속적인 이윤을 계속 창출할 수 있는 상품으로서 그 이미지를 점진적으로 구축해나간다. 여성의 신체와 판매는 동일시되며 여성의 재현은 영화 제작자들이 돈을 받고 교환하는 상품[2]일 수밖에 없다.

여배우는 영화에서 연기하는 인물을 통해 새로운 하나의 이미지를 창조하며 관객은 그 이미지를 수용하면서 의미를 구축하는 과정에 동참하게 된다. 일차적으로 의미를 생산하고 구축하는 자로서의 감독과 배우, 그 결과물을 수용하는 과정에서 작품을 주관적으로 감상하는 동시에 객관적으로 평가하면서 사회적 의미를 완성하는 관객, 그리고 그들 모두를 포함하는 거대한 범주로서의 사회, 이들이 복잡하게 얽힌 관계망에서 영화가 유통되는 과정은 하나의 콘텍스트를 형성한다. 곧 의미는 고정된 형태로 생산되고 일방적으로 수용되는 것이 아니라 재현, 관람자, 사회 구조 사이에서 복잡한 관계를 맺으며 유통되는 것이다. 알튀세는 인간이 이데올로기에 의해 구축되며 세계에 대한 우리의 사고방식이나 세계를

---

2 아네트 쿤, 이형식 역, 『이미지의 힘』, 동문선, 2001, 25면.

재현하는 방식이 너무나 몸에 배어 있어서 세계에 대한 우리의 생각을 당연시하게 된다고 했다. 바르트 또한 의미라는 것이 재현 과정에서 작용하는 코드를 통해 생산되며, 자연스럽고 명백하고 내재적인 것처럼 보이는 의미가 사실은 생산된 것이라는 점을 지적한다. 의미는 모든 재현에 작용하는 식별 가능한 의미화 과정을 통해 구축된 것이다. 결과적으로 자본주의 사회에서는 재현이 다른 상품과 마찬가지로 시장의 원리로부터 자유롭지 못하다고 할 수 있다. 이러한 의미생산과정의 측면에서 영화를 보면 영화가 택하고 있는 이야기와 배우와 재현방식에 대한 문제를 제기할 수 있다. 오늘 이 자리에서 하나의 이야기와 배우가 선택된 의도를 분석함으로써 영화의 진정한 욕망을 알 수 있는 것이다.

이러한 관점에서 본고는 최근 네 편의 영화에서 공통적으로 특정한 이미지를 보여주고 있는 배우 수애[3]가 주연한 〈가족〉(이정철 감독, 2004), 〈나의 결혼원정기〉(황병국 감독, 2005), 〈그 해 여름〉(조근식 감독, 2006), 〈님은 먼 곳에〉(이준익 감독, 2008)를 분석하고자 한다. 영화에 재현된 여성 캐릭터의 이미지와 여성성의 의미, 한 사람의 여배우가 일련의 영화들에서 선택되고 재현되는 방식에 내재된 사회적 의미 등을 통해 영화를 둘러싼 감독, 제작자, 배우, 관객, 사회의 콘텍스트에서 의미가 형성되고 구축, 유통되는 가치체계를 분석하고자 한다.

본고는 협의로는 영화연구이며 광의로는 문화연구이다. 연구방법론으로는 기본적으로는 페미니즘의 시각을 견지하고 있으며 스튜어트 홀의

---

3 본명은 박수애이며 영화배우이자 탤런트이다. 〈가족〉으로 청룡영화제, 백상예술대상, 대한민국영화대상의 신인여우상을 수상했다. 본고에서는 2008년까지 수애가 출연한 작품 전부를 연구대상으로 하고 있다.

문화이론을 부분적으로 원용하는 동시에 세부적으로는 부르디외의 아비투스 개념을 차용하고자 한다.

페미니즘과 문화연구는 매우 긴밀하게 연결되어 있다. 남성지향적인 모델과 가정, 그리고 지나치게 남성적인 소재와 주제들이 오랫동안 문화연구의 지형인 것처럼 가정되었는데 페미니즘은 이것들에 도전함으로써 문화연구에 뚜렷한 영향을 미쳤다. 페미니즘은 모든 실질적인 연구영역에서 기본적인 것들을 새롭게 파악하게 했다. 여성의 위치와 여성억압, 그리고 가부장제 관계의 중요성이라는 관점에서 사회 구성체의 모든 영역을 새롭게 파악할 필요가 있다고 문제를 제기[4]한 것이다. 자본주의와 가부장제는 서로 다른 역사와 존재조건을 가지고 있기 때문에 그것들을 서로 깔끔하게 일치시키거나 상응하게 하는 것은 불가능하다. 그럼에도 불구하고 가부장적 지배와 억압구조를 설명할 수 없는 문화이론은 페미니즘의 측면에서 본다면 재고할 가치가 없는 것이 될 수도 있다. 이와 같이 페미니즘은 문화연구의 시각을 바꾸는 중요한 기준으로 작용하게 되었다.

스튜어트 홀에 따르면 문화연구는 단순한 학습적 활동이 아니라 정치적 운동의 일환이다. 문화를 총체적인 삶의 방식이라고 정의할 때 문화의 이론은 총체적인 삶의 방식 안에 있는 요소들 사이에 존재하는 관계에 대한 연구로 정의될 수 있다. 문화는 모든 사회적 실천을 관통하고 있으며 그 실천들의 상호 관계의 합이다. 문화는 모든 사회적 실천들의 내부에서 혹은 그 저면에서 예상치 못하게 불연속적으로 나타날 수 있을

---

4 임영호 편역, 『스튜어트 홀의 문화이론』, 한나래, 1996, 185면.

뿐 아니라 예상치 못하게 일치되고 부합되어 나타나는 것을 볼 수 있는 인간 에너지의 조직 형태이며 인간 에너지의 특징적인 형태이다. 그렇다면 문화분석이란 이러한 관계들의 복합체인 조직의 본질을 발견하려는 시도라 할 수 있고 그것은 특징적인 유형을 발견하려는 데서 시작된다. 분석의 목적은 어떤 특정한 시기에 이러한 모든 실천과 유형 사이의 상호작용들 전체가 어떻게 체험되고 경험되는가를 파악하려는 것이다.

또한 브루디외의 아비투스 개념이 집단정체성과 자아정체성의 관계를 이해하는데 도움을 준다는 점에서 본 연구의 분석틀로 사용하고자 한다. 그는 계급의 취향이 개인의 취향으로 고착된다는 점을 강조하면서 취향을 결정하는 것으로 아비투스의 개념을 제시하였다. 아비투스는 일상적으로 실천되는 일정한 방식의 행동, 신체적 움직임, 생활양식, 인지, 판단, 느낌, 무의식적 반응 등을 함축하는 성향체계로서 개인들에 의하여 내면화, 구조화, 체화되는 것인 동시에 일상적 실천들을 구조화하는 양면적 메커니즘이다. 아비투스는 사회에서 획득된 성향이면서 마치 본능처럼 자연적인 것으로 내면화되어 특정집단의 성원들의 행동양식이나 취향을 지배하게 된다. 여기서 아비투스는 개인적 정체성과 집단적 정체성이 상호작용하며 상호 재생산하는 관계를 내포하게 된다. 이렇게 개인의 취향을 결정하는 아비투스는 젠더의 관점에서 유용하게 적용될 수 있는데 이것이 계급의 정체성뿐 아니라 성정체성을 유지하고 재생산하는 메커니즘으로 작용하기 때문[5]이다.

---

5 한국여성연구원 편, 『동아시아의 근대성과 성의 정치학』, 푸른사상, 2002, 370면.

Ⅱ. 본론

1. 이분화된 성정체성과 남성 판타지의 구현

스타는 한 사회 문화 구성체의 성원들 사이에서 일반적으로 통용되는 사회적 유형의 이미지를 재현하게 된다. 그런데 이 사회적 유형의 규정에는 그 사회의 지배적인 집단이 가지고 있는 관념들이 강하게 투영되므로 그 자체가 정치적 의미를 지닌다.[6] 스타의 이미지는 기존의 가부장제 이데올로기가 여성을 재현하는 방식과 여기에 도전하는 여성의 전복적인 사회적 유형을 제공하는 방식으로 대별할 수 있다. 대체로 페미니즘의 영향으로 전자에서 후자로의 이행이 이루어지고 있는 추세를 보여준다. 그러나 본고에서는 이 흐름에서 거슬러 올라가 과거로의 퇴행을 보

---

6 리처드 다이어, 주은우 역, 『스타―이미지와 기호』, 한나래, 1995, 12면.

여주는 일련의 영화에 주목하고 그 여성재현방식을 문제 삼고자 한다.

이 네 편의 영화는 저마다 다른 시간적 배경을 가지고 있으나 이 땅의 문제적인 시기를 배경으로 한다는 공통점이 있다. 그리고 남성 캐릭터와 여성 캐릭터에게 각기 다른 역할이 주어지고 있으며 수애는 네 편의 영화에서 일관되게 하나의 공통된 이미지를 구축하고 있다. 그런 측면에서 보면 네 사람의 다른 감독에 의해 만들어진 이 영화들이 마치 한 사람의 감독에 의해 만들어진 것처럼 보이기도 한다. 이들은 이 땅의 고통스러운 역사적 현실을 시대순으로 훑어가면서 일련의 사회적 문제를 여성 캐릭터에게 투사하고 있다.

2004년부터 2008년에 발표된 이 네 편의 영화를 작품 내부의 시간 순으로 배열하면 다음과 같다. 〈그 해 여름〉은 삼선반대 데모가 있었던 1969년을 배경으로 하고 있다. 농촌봉사활동을 온 남자는 적극적으로 데모를 하는 인물은 아니지만 그에서 자유로울 수는 없는 대학생의 신분으로, 여자는 월북한 아버지를 둔 시골처녀로 설정되어 있다. 〈님은 먼 곳에〉는 1970년대 베트남전을 배경으로 하고 있으며 남자는 베트남전에 참전한 군인으로, 여자는 위문공연단 가수로 등장한다. 〈가족〉은 위험한 폭력이 난무하는 오늘의 한국 사회를 배경으로 하고 있으며 퇴역경찰인 아버지는 암으로 죽어가는 생선장수로, 딸은 폭력조직에 얽매어 위기에 처한 것으로 그려진다. 〈나의 결혼원정기〉는 남북분단이라는 이 땅의 비극적 상황을 배경으로 하고 있으며 남자는 농촌의 노총각으로, 여자는 탈북자로 설정되어 있다.

이렇게 시간적 공간적 배경과 남녀 주인공의 관계를 요약하면 이 영화들이 매우 남성중심적인 시각을 가지고 있음을 발견하게 된다. 여성은 고통스러운 시대적 상황의 피해자이며 희생자이거나 혹은 그러한 국가적 현실과 사회적 상황 그 자체이기도 하다. 남성은 비록 자기 자신도 주체적으로 지키지 못할 만큼 나약한 인물이지만 그럼에도 불구하고 여성과는 차별화된 의미에서 어떤 식으로든 우위에 있다. 오랜 기간에 걸쳐 고착화된 성에 대한 이분화된 표현방식을 그대로 답습함으로써 남성중심적 의식을 드러낸다. 본고에서는 이러한 표현에 담긴 성의 정치학에 대한 문제를 인식하고 이를 분석함으로써 영화를 통해 자연스럽게 표현 유통되는 의미 생산과 유통방식을 고찰하고자 한다.

이러한 표현방식에 내재한 성의 정치학은 점진적으로 권력의 불균형을 초래할 수 있다는 점에서 매우 중요한 문제이다. 한 사회의 대중문화 텍스트는 그 사회의 많은 요소를 담고 반영한다는 점에서 사회를 읽어내는 중요한 지표가 될 수 있다. 대중매체는 이미지와 표현으로 의미와 해석을 만들어 냄으로써 국가와 사회의 이데올로기를 구축하고 재생산하며 개인과 집단의 정체성을 확립하는 핵심적인 행위자[7]이다. 따라서 영화에 나타난 여성의 호명과 재현 방식을 통해 오늘의 사회에서 여성에게 은밀하게 요구되는 이데올로기를 찾아낼 수 있다.

1) 딸/여성의 순결/생명을 지키는 가부장과 자신의 문제에서 소외되는 여성, 〈가족〉

폭력조직과 연계되어 있는 정은(수애 분)이 감방에서 출소하는 것으로

---

7 이삼돌, 『해외입양과 한국민족주의』, 소나무, 2008, 47면.

작품은 시작된다. 정은은 남성적 폭력의 세계에서 살아왔고 남성적 거래 방식에 의해 생존하는 법을 익혔으며 조신한 딸이기를 원하는 아버지(주현 분)와 대립관계로 설정되어 갈등한다. 이렇게 실존의 조건이 생산해내는 아비투스가 개인의 성향을 형성하고 그것이 개인행동의 지침이 되어 세계 속으로 다시 투영된다는 것이 아비투스의 핵심이다. 곧 개인의 의식 밖에 있는 사회구조가 의식 안으로 침투하고 나면 과거의 기억을 담지하고 있던 의식의 내부가 이러한 외부적 요인에 대해 일정한 가치관을 형성한 뒤 다시 의식 내부로 반작용해 간다는 것이다. 정은은 남성적 폭력의 세계에서 익힌 아비투스에 의한 폭력적 가치관을 내면화하고 그에 의한 행동양식을 모방하고 실행한다. 이 사회에서 자신을 주체적으로 표현할 만한 유효한 명분과 가치를 갖지 못한 정은은 폭력적 언행으로 자신을 표출함으로써 강한 남성을 모방하고 남성적 사회에서 생존하기를 욕망한다. 그러나 그 외적인 모방은 궁극적으로 남성과 대등한 삶을 담보해주지도 못하고 일정한 한계에 부딪치게 한다. 남성적 폭력을 모방한다고 해서 여성인 정은이 남성과 근본적으로 대등해질 수도 없고 폭력을 완벽하게 체화할 수도 없는 일이기 때문이다. 결국 정은은 기존의 딸/여성에게 요구되는 고정관념에서 벗어나 있는 남성적 캐릭터로 설정되어 있으나 그것이 자의적 선택이 아니라 불우한 환경 탓에 강제되어진다는 점에서 기존의 여성상과는 다른 외면에도 불구하고 내적으로는 동일한 여성상에 불과함을 알 수 있다.

백혈병에 걸린 아버지를 위해 돈이 필요한 정은은 폭력 조직의 보스 창원을 죽이기로 결심하지만 아버지 또한 딸을 구하기 위해 그 일을 하려고 한다. 하나의 목표를 향해 아버지와 딸이 나아가는 동안 두 사람은 여러 가지 면에서 대조를 보여준다. 폭력남편이고 애꾸라는 신체적 결함을 가지고 있으며 알콜 중독자인데다 백혈병으로 죽어가고 있는 아버지는 창원에게 갖은 수모를 당하면서, 남루한 모습으로 무너져버린 가부장의 위상을 적나라하게 표상하는 인물이다. 그러나 온갖 나약한 요소들의 총합인 그 초라한 아버지가 그럼에도 불구하고 딸을 위해서 자신을 온전히 바친다는 점에서 감동을 주며 그것이 이 영화가 이 시대에 주고자 하는 '가족'의 가치와 의미 구현 방식일 수 있다. 가부장은 파멸하는 최후의 순간에도 감히 넘볼 수 없는 존엄하고 숭고한 존재로 자리매김하고 있다.

또한 아버지는 죽음을 각오한 전날 가족과의 마지막 자리에서 무너져가는 가부장의 권위를 구현하고 승계하는 전통적 방식을 보여준다. 10살짜리 아들 정환에게 장자권을 물려줌으로써 아버지는 보호받아야 하는 어린 아들을 성인이 된 딸보다 우위에 놓고 가족 내부의 명확한 위계질서를 부여한다. '내가 죽으면 니가 상주가 되는 거야' 혹은 '오늘 같은 날은 남자끼리 한 잔 해야 돼', '누나를 위하여 건배', '너도 이제 다 컸잖아' 등의 대사를 통해 장자권을 상속받은 어린 동생은 아버지의 유언대로 장례식장에서 상주 노릇을 잘 해내고 어른인 정은은 오히려 집으로 돌아와 아버지의 유품을 정리하며 감상에 잠긴다. 세 사람이 저마다 부여된 역할을 제대로 수행하고 있음을 잘 보여주는 것이다.

정은은 폭력조직과 연계된 문제를 스스로 해결하려 노력했지만 끝내 그것을 해결하는 것은 아버지였다. 아버지는 성상납의 위기에 몰린 딸을 구하기 위해 목숨을 바치며 영화는 결국 딸/여자의 순결/생명을 지키는 것은 가부장/남자임을 강조한다. 여성은 독립적으로 자기 몸을 지킬 힘을 갖지도 못하며 주체적으로 자신의 문제를 해결하지도 못한다. '원하는 대로 다해줄게. 아버지를 놔둬.'라고 요청하는 정은의 말은 남자들 사이에 교환의 대상으로 몸을 제공하라는 폭력적 요구에 동의하는 셈이 된다. 그러나 정작 이 말은 아무런 효력을 갖지 못하고 스스로 문제를 해결하려 노력할수록 상황은 더욱 위기로 치닫는다.

반면 정은이 안정된 모습으로 그려지는 것은 동생을 돌보고 아버지를 면도해주고 설거지를 하는 등 모성적 여성으로서의 역할에 성실할 때이다. 자신의 삶보다는 어머니를 대신해서 동생을 돌보고 집안일을 하도록 기대되며 죽은 아버지를 대신해서 가부장이 된 어린 동생을 섬겨야 하는 현대판 삼종지도의 양상이다. 거친 여성보다는 순종적이고 부드러운 여성의 이미지가 강조되는 여성 재현 방식에 내포된 남성중심적 표현의 정치학을 볼 수 있다. 가부장과 사회에 대항함으로써 질서를 위반하는 거친 여성을 아버지/남성의 사랑으로 순종적인 여성의 모습으로 되돌려 놓은 것에 안도하며 영화는 끝난다. 크든 작든 중요한 모든 문제는 궁극적으로 남자 대 남자의 문제이며 여성은 자신의 문제에 관해서조차 소외되고 오직 남성에 의해 역사는 지속되는 것이다.

2) 남성/국가의 희생양이자 남성간에 교환/유통되는 여성, 〈나의 결혼원정기〉

이 영화는 농촌 노총각 만택(정재영 분)이 결혼할 신붓감을 구하기 위해 우즈베키스탄으로 가지만 뜻을 이루지 못하다가 마침내 통역원인 탈북여성 라라(수애 분)와 결혼하는 '시작은 미약하였으나 끝은 창대한' 이야기다. 현재 한국 사회에 만연하고 있는 농촌 남성들의 국제결혼을 소재로 한 이 작품은 여성을 물건처럼 사고파는 국제결혼 실태를 희화화해서 반영함으로써 현실을 가볍게 풍자한 영화다. 여기서 다루는 국제결혼은 한국보다 경제적 수준이 낮은 나라의 여성에게 집중되는 일종의 거래 형태를 띠고 있다는 점에서 현실적으로도 매우 심각하지만 영화 내적으로도 문제를 담고 있다. 그러나 영화는 현실에 대한 문제적 인식보다는 주인공 만택의 인간미를 강조함으로써 사회적 문제를 개인적 차원으로 축소시키고 있으며 비참한 현실에서 여성을 구해내는 낭만적 사랑으로 그려내고 있다. 말도 통하지 않는 외국 여성이라도 아무하고나 결혼만 하면 된다는 '미약한' 목표로 우즈벡에 갔으나 뜻밖에 매우 마음에 드는 탈북 여성을 만나 결혼하게 되었으므로 가히 '창대한' 결실을 얻은 것이다. 남성 측에서 보면 거래로서의 결혼이 아니라 진정한 사랑을 얻었다는 의미로 사용되는 '창대한 끝'이 여성에게는 남한 남성과 결혼함으로써 불안한 탈북자의 신분에서 벗어나 안전을 보장받게 되었다는 점에서 여성 결혼의 성공신화가 된다.

라라는 러시아 통역관으로 결혼상담소에서 일하고 있는 탈북 여성으로 우즈벡 여성들을 속여 한국으로 '결혼시키는/팔아넘기는 일'에 일조를 해야 자신을 구할 수 있는 난처한 상황에 놓여 있다. 북한을 탈출해서 남한으로 가려는 목표를 가진 라라는 러시아어를 구사하는 지적인 여성이지만 부도덕하고 비양심적인 일에 종사함으로써 갈등의 상황에 놓여 있다. 북한이든 남한이든 국가가 그 구성원에게 안전을 담보해주지 못하는 이 상황은 세계 유일의 분단국가인 한국의 현실을 제시하는 동시에 불안정한 국가의 희생양으로서의 수난당하는 여성을 전경화 한다.

우즈벡 여성들은 철저하게 물화되어 남성과 남성 간에 교환의 대상으

로 전락한다. 우즈벡에서 이 영화 제작에 대량의 인원을 동원하고 촬영
에 협조했다는 사실을 볼 때 자국 여성의 결혼에 내재된 이러한 의미를
명확하게 파악하지 못한 듯하다. 라라는 여성을 파는 이러한 불온한 행
위에 적극적으로 가담하고 있으며 그에 대한 죄책감을 느끼기보다는 만
택이 정직해서 여자를 잘 '속이지' 못하고 결과적으로 결혼이 성사되지
못한다는 사실에만 주로 관심이 있다. 여성이지만 여성에 대한 자매애가
없으며 자신의 행위에 대한 문제적 인식이 없이 남성들이 진행하는 일에
수동적으로 따르고 있다. 자신의 신분을 확인해줄 수 있고 자신을 지킬
수 있는 불법 여권을 사기 위해서는 한 명의 여성이라도 빨리 결혼시켜
야 한다는 생각뿐이다. 여성이면서 여성을 속이고 파는 일에 적극적으로
개입해야 하는 라라 또한 남성 사업가의 꼭두각시 노릇을 하고 있는 희
생자라는 측면에서 우즈벡 여성과 다를 바가 없다.

　라라가 만택에게 자기의 진짜 이름이 순이라고 말하자 만택은 '우리
집 개 이름도 순이'라고 말한다. 여성인물이 자기의 진짜 이름을 말하는
장면은 영화에서 흔한 클리셰지만 그럼에도 애틋하고 진심어린 의미를
담은 장면에서 반복적으로 사용되곤 한다. 그러나 여성인물이 개와 같은
이름을 가졌다는 농담은 아무런 영화 내적인 의미도 갖지 못하면서 다만
여성의 진실과 존엄성을 웃음거리로 전락시켜 버린다. 또한 '내일 만나
요'라는 통상적인 인사말인 '다 자쁘뜨려'는 '다 자빠뜨려'로 발음되면
서 만택의 대표적인 대사로서 강조되어 사용된다. 여자 쪽에서의 다정한
인사가 남자 쪽에서는 강제적인 남성중심적 성행위를 암시하는 말로 변
화되어 사용되는 이 언어 사용법이 웃음거리로 반복되면서 여성에 대한
이 영화의 관점이 명확해진다. 여성을 화폐처럼 남성 간에 유통 가능하

고 상호 교환될 수 있는 물건으로 보는 오늘의 사회 현실을 문제의식 없이 그대로 반영함으로써 영화는 단지 오락적 기능에만 몰두하며 여성 또한 그 목표 아래 수동적으로 움직이고 있을 뿐이다.

부르디외에 의하면 과거에 대한 성향체계나 미래에 대한 예견을 전제로 하지 않은 돌발적이고 초월적이며 혁명적인 행동은 환상이다. 따라서 그는 사회적 장과 의식이 접목되어 서로 영향을 주고받는 경로를 찾아야 한다고 강조한다. 인간 행위의 근거가 무엇인지를 묻지 않은 채 사회적 행동의 가치를 따지는 것은 아무런 의미가 없다.[8] 라라가 이기적인 불법 행위에 관여하고 자신의 안위에만 몰두하는 것은 남북한이 대치하고 있는 분단국가의 탈북여성이라는 열악한 지위에 근거한다. 국가가 개인의 안전한 삶을 보장해주지 못하는 상황에서 스스로 자신을 지켜야만 한다는 학습된 아비투스의 구현인 셈이다. 한 개인으로서의 라라는 비난의 대상이기 이전에 분단 국가의 희생양인 것이다.

3) 남성 판타지를 구현하는 익명의 여성, 〈그 해 여름〉

〈그 해 여름〉은 서울에 사는 부잣집 아들이자 대학생인 석영(이병헌 분)이 농촌봉사활동을 갔다가 순박한 시골 처녀 정인(수애 분)을 만나 사랑에 빠지지만 사랑을 이루지 못하고 헤어진 후 평생 그녀를 그리워한다는 서정적인 영화다. 반공의 논리가 지배하던 1969년, 월북한 아버지 때문에 죄인처럼 살아가던 정인은 석영의 학교에 따라갔다가 데모대에 휩쓸려 감

---

8 홍성민, 『문화와 아비투스』, 나남출판, 2000, 47면.

옥에 수감된다. 석영은 양자대면한 자리에서 정인을 부인하고 정인은 석영 아버지의 회유를 받아들여 그를 떠난다. 보호해줄 아버지/가부장이 없는 정인/여자는 위기에 처하고 밀려나는 반면 아버지가 지켜주는 석영/남자는 교수라는 지위를 얻고 성공한다. 비겁한 남성과 희생하는 여성으로 요약되는 이들의 관계에서 남자의 사랑의 맹세는 지켜지지 않으며 여자는 그런 나약하고 무기력한 남성에 대해 아무런 원망도 하지 않음으로써 남자의 죄책감을 없애준다. 알아서 사라지고 남자를 구속하지 않으며 혼자 참고 견디는 순종적인 여자, 그럼으로써 남자에게 완전한 자유를 주는 이러한 인물은 바로 남성의 판타지를 충족시키는 여성상이다. 스스로 물러나면서도 오히려 자신을 염려할 남성을 배려하는 여성을 통해 남성은 완전한 면죄부를 받고 구원과 평화를 얻는다.

역사의 현장에서는 익명의 여성으로 밀려나고 아버지의 죄를 대신 받아 빨갱이의 딸이 되어 피해자로 억압당하며 주눅 들어 사는 삶은 남자를 위해 스스로 물러나도록 한다. 마을에서도 취조실에서도 역에서도 그녀는 석영을 사랑하지만 물러나기를 반복한다. 자기를 주장하거나 내세우지 않고 아무 것도 요구하지 않으며 남자에게 짐이 될까 전전긍긍하는 여자다. 가부장/남성/국가의 희생자로서의 역할을 강요받고 있는 여주인공은 반공 이데올로기와 월북한 아버지에 의해 형성된 아비투스를 보여준다. 문제는 이런 부정적인 역사적 사회적 아비투스의 산물에 불과한 요소를 재현하고 있는 이 여성이 매우 아름답게 미화되고 있으며 현대 여성과 비교되는 복고적 여성상에 대한 향수를 불러일으키고 있다는 점이다.

남자를 위해 희생과 봉사의 화신으로 숨어 살다 나뭇잎만 남기고 죽은 여자, 남자가 뒤늦게 찾아와 눈물 흘려주며 애도하면 족한 이 여자는 성공한 남자의 가슴 속에 그리움과 추억의 대상으로만 존재한다. 결국 그녀는 구체적인 몸이 없는 여자이고 이미지로만 존재할 뿐 현실적으로는 실체를 갖지 않은 인물이다.

첫 만남 장면에서 폐가에서 혼자 노래 부르던 정인은 농활 대학생들이 모인 자리에서 다시 노래를 부른다. 'Yesterday When I was young, 해변으로 가요, 흔들리지 않게'와 같은 노래들이 당시 대학생들을 표상한다면 정은은 또래에 어울리지 않는 '개나리고개'라는 의외의 노래를 부름으로써 그들과 차별화된다. 석영과 정은이 살고 있는 세계의 이질성을 나타내면서 정은의 소박하고 순박한 삶을 표상하는 노래들은 현재적 삶에 뛰어들 자신이 없는 여성, 전통적 가치에 젖어있는 여성을 구현한다.

'나는 참 나쁜 사람입니다 자꾸만 당신을 눈물짓게 합니다/당신은 참 좋은 사람입니다 자꾸만 나를 웃음짓게 합니다'라는 포스터의 카피는 이들의 관계를 잘 요약하고 있다. 약속을 지키지도 못했고 사랑에 대한 책임을 지지도 못했으므로 나쁜 사람이라고 자책하는 이면에는 그럼에도 불구하고 어느 순간에는 웃음을 짓게 한 적도 있는 좋은 사람으로 인정받으려는 남성의 면죄부에의 욕망이 담겨 있다. 이러한 남성의 이중적 태도는 여성으로 하여금 그에 합당한 아비투스를 구현하게 하고 아버지의 죄를 대신 지고 사는 자신 없는 여성의 소극적 태도를 더욱 강화한다. 이는 그녀로 하여금 아버지의 희생양에서 남성/국가의 희생양으로 살아가도록 강요하면서 점점 확장되고 중첩된다.

4) 전근대적 임무를 수행하는 타자로서의 여성, 〈님은 먼 곳에〉

순이(수애 분)는 대를 이으라는 시어머니 명으로 남편 상길(엄태웅 분)을 만나러 정기적으로 군부대에 면회를 가지만 따로 사랑하는 여자가 있는 그는 순이를 외면한다. 어느 날 상길이 군에서 문제를 일으켜 베트남전에 가게 되자 순이도 남편을 찾으러 베트남으로 무작정 떠난다. 밴드의 일원이 되어 순이에서 써니가 되어 우여곡절 끝에 남편을 만나게 되고 그의 따귀를 한 대 치는 것으로 작품은 끝난다.

이러한 요약만으로도 이 영화가 얼마나 시대착오적인 인물 설정과 서사구조를 가지고 있는지 알 수 있다. 주인공은 생에 대해서 최소한의 자신의 목표도 가지고 있지 않다. 면회를 가는 것은 어머니의 명에 따라 가문의 대를 잇기 위해서이고 베트남에 가는 것은 아들 찾아 간다는 어머니를 대신해서이다. 자기 생이 아닌 남의 생을 대신 살며 남의 목표를 대신 수행하는 인물을 등장시킨 감독은 이 영화가 여성의 주체성을 드러낸 영화이며 허스토리로 봐달라고 주문한다. 여성인물이 위험한 전쟁터에서 남편을 찾느라 고생하고 다니는 과정이 여성의 자발적이고도 강인한 의지를 드러내는 것이라면 감독의 말대로 여성 영화일 수도 있다.

그러나 순이는 임신하고 대를 이어야 한다는 전근대적인 정언명령을 수행하지 못함으로써 죄의식을 가져야 하고 그 임무를 수행하기 위해 목숨이라도 걸어야 하는 여성으로 주체성과는 전혀 관계가 없다. 베트남으로 가기 위해 미니스커트를 입고 성적 이미지를 강조하는 밴드의 가수가 되어 전쟁의 소모품이 되어 남성을 위무하는 역할에 동원되어야 한다. 70년대의 대표적인 가수 김추자의 노래들을 부르는 순이는 써니로 호명되면서 자아를 잃고 전혀 다른 인물로 살아간다. 이러한 호명은 자신도 모르는 삶을 수동적으로 살아가는 타자로서의 여성을 재현한다. 남성중심적 가부장제 이데올로기의 산물에 불과한 여성상일 뿐 아니라 김추자 노래를 그럴 듯하게 부르기 위한 극적인 배경으로 설정된 전쟁 터에 세워지기 위해 만들어진 소모품에 불과한 인물이라는 의혹이 들기 도 한다.

따로 사랑하는 여자가 있다며 '니 사랑이 뭔지 아나'라고 묻는 남편 의 모욕적 태도에 대해서도 덤덤하고 베트남에 가는 것이 남편에 대한 사랑 때문도 아닌 터에 이미 써니가 되어버린 순이가 정작 상길을 만나 는 것에 무슨 의미가 있을 리 없다. 딱히 할 말도 없는 순이가 상길의 따 귀를 때리는 의외의 행동을 하는 것으로 작품은 끝난다. 그 행동은 자신 이 처한 무모하기 짝이 없는 상황을 논리적으로 설명할 수도 없고 부부 간의 포옹과 같은 일반적인 행동도 할 수 없었던, 타자로서의 순이의 대 응방식을 재현하는 것이다. 여성에게 부과된 전근대적 명령과 임무 수행 의 과정에서 여성 주체의 선택과 결단은 존재하지 않으며 오직 남성과 그 대변자인 여성의 의지가 있을 뿐이다.

이 영화가 보여주는 여성의 역할은 남성의 인생에 부록처럼 붙어있는 부수적 존재이자 명령에 절대복종하는 순종적 존재에 대한 남성 판타지 를 재현하는 일이다. 여성에 대한 전근대적 명령에 의해 형성된 아비투 스는 순이의 무모한 행동을 추동하며, 순이를 강제로 전쟁터로 몰아낸 감독은 집단적 폭력의 희생자에 불과한 순이의 생을 허스토리[9]로 명명

---

9 정한석, 『씨네 21』, 2008.7./박혜은, 『스크린』, 2008.8.

하는 오류를 보여준다. 감독의 진정한 의도는 김추자[10]에 대한 70년대적 판타지를 가장 극적인 장소에서 구현하려 한 것일지도 모른다. 만일 그렇다면 순이는 여성 주인공이 아니라 남성 영화와 남성 판타지를 위한 그럴듯한 소모품에 불과한 것이다.

2. 여성의 재현에 내재된 성의 정치학

본 연구는 여배우 수애가 주연으로 출연한 네 편의 영화를 연구 대상으로 하여 영화가 한 여배우를 호명하고 가상의 여성 캐릭터를 재현하는 방식을 통해 특정한 의미를 생산하고 구축하는 과정에 내재되어 있는 성의 정치학을 분석하려는 목표를 가지고 있다.

수애가 이 영화들에서 보여주는 공통적인 이미지는 우선 '순이' 라는 호명에 집약되어 있다. 〈나의 결혼원정기〉와 〈님은 먼 곳에〉 두 편의 영화에서 '순이' 로 호명되고 있는 것은 영화 생산과정에서 이미 기획된 특정한 여성의 이미지로서 수애가 선택되고 있다는 것을 의미한다. 순박한 그 이름은 그 동안 이 땅의 근대화 과정에서 전복된 여성의 이미지에 대한 복고적 향수를 담고 있다. 그리고 수애는 그에 가장 합당한 이미지를 구축하며 기대에 부응하고 있다. 전통과 현대라는 대립항 속에서 근대화

---

10 김추자는 독창적 창법과 춤으로 70년대의 군사독재 시대를 풍미한 전위적 가수였다. 한국 최초의 댄스가수로서 우울한 시대에 대중의 감성을 폭발시키며 문화적 다이너마이트 노릇을 했던 뇌쇄적인 전설의 디바였다. 70년대를 거쳐간 대중들에게 여전히 강한 흡인력을 가지고 있으며 최진성 감독도 세 편의 단편이 모인 옴니버스 영화 〈동백꽃〉(2004)에서 '김추자' 라는 제목의 영화를 만들었다.

를 향해 달려오는 동안 남성과 여성에게 근대화가 동일한 의미로서 작용하지는 않았다. 언제나 국가가 우선이고 산업화가 우선이고 남성이 주체가 되는 근대화 과정에서 여성은 진정한 개인의 자유와 평등이라는 가치를 구가하고자 하는 근대정신에서 소외되었다. 물론 남성들의 역사 또한 자유를 만끽한 것과는 거리가 있었지만 그럼에도 근대화는 한편으로 치우친 기형적 모습을 한 채 이 땅의 변화를 모색해 왔다. 그 혼란의 와중에서도 여성은 힘겹게 교육의 기회를 통해 평등이라는 가치를 구현해 왔고 오늘날에는 급격한 사회 변화의 한 축을 담당하고 있다.

이러한 상황에서 갑자기 시간을 되돌려 60년대 말의 3선 개헌의 시대가 돌아오고 70년대의 베트남전이 회고되며 남북분단의 시대 상황을 배경으로 한 탈북자 문제까지 동원해서 복고의 여성상을 불러낸 이유는 무엇일까. 막대한 자본이 투입되는 영화라는 매체의 특성상 최소한의 자본을 회수할 수 있다는 어느 정도의 확신 안에서 영화는 제작된다. 그렇다면 21세기 오늘의 한국 사회에서 명백한 과거로의 퇴보라 할 수 있는 이러한 여성 캐릭터가 호명된 것은 주목할 만한 일이다. 여성 캐릭터는 이상의 작품에서 여러 가지 의미를 구현한다.

첫째, 여성은 가부장제 사회의 고착화된 성정체성을 그대로 보여준다. 성정체성은 가부장제하에서 남녀 간에 역할과 지위를 구별/차별해온 결과로 형성된 성 신분적 정체성이다. 여성은 남성중심적 사회에서 억압받는 주변화된 존재로서 사회화되는 삶의 경험을 통해 성정체성을 획득하게 된다. 따라서 여성의 성정체성은 남성의 보편적 자아에 의해 규정된 타자화된 자아로서의 주변성을 함축한다. 페미니즘은 이러한 이분법적인 성정체성의 모순 뿐 아니라 여성성과 남성성으로 이분화된 상징질서와 문화적 규정들이 이러한 성정체성을 주입시키는 것을 문제시한다. 이것은 남성의 성정체성을 표준화된 것으로 보편화해 온 사회적, 상징적 질서를 변형시키고 억압적인 성정체성으로부터 해방된 여성의 자아정체성을 새롭게 창조하기 위한 것[11]이다.

수애가 재현하는 여성들은 언제나 도울 자로서의 남성과 긴밀한 관계를 맺고 있다. 아내든 딸이든 애인이든 표면적으로는 남성인물과 가장 가까운 사람으로 설정되어 있거나 점진적으로 그러한 관계를 구축해 간다. 그 와중에서 여성인물은 스스로를 지키지 못하고 언제나 남성의 보호를 필요로 하고 남성에 의해 구원된다. 남성은 자기를 던져 위기에서 여자를 구하고(나의 결혼원정기) 급기야 대신 죽기까지 한다.(가족) 혹 여자를 지키지 못한 남성은 평생 죄책감을 품고 고통스럽게 살며 결혼도 하지 않고 여자를 기다리다가 죽은 후에나마 자취를 찾아 화해한다.(그 해 여름) 호의적이지는 않다 할지라도 베트남에 가려는 순이의 목표를 가능케 하는 이도 남성이고 심지어는 베트남에서 만난 외국 남성들도 순이를 돕는다.(님은 먼 곳에)

남성이 역사/사회의 주체적 존재로서 자신의 정체성을 구현하는 동안 여성은 그림자처럼 그의 뒤에 존재한다. 자신의 문제를 스스로 해결하고자 하지만 궁극적으로 아버지의 희생/죽음으로 순결/생명을 지키게 되고(가족) 자신을 증명할 여권이 없는 상황에서 남성의 도움으로 위기에서 벗어나며(나의 결혼원정기) 남자 곁에서 떠나는 조건으로 감옥에서 꺼내주는 연인의 아버지 말에 따라 스스로 남자를 떠난다.(그 해 여름)

---

11 한국여성연구원 편, 앞의 책, 368면.

베트남전의 위험한 상황에서도 모든 남성에 의해 순결/생명이 지켜지다가 사건의 시작과 끝에 대한 동기도 이유도 모른 채 마침내 남편을 만나는 '성공'을 거둔다.(님은 먼 곳에)

이와 같이 여성을 어머니, 아내, 딸과 같은 가족적 신분과 동일시하는 성정체성은 가부장 가족과 성별의 신분을 떠난 여성 개인의 독립적이고 주체적인 자아정체성의 형성을 구속하고 저해한다. 이러한 관점에서 볼 때 수애가 재현하는 여성들은 자아정체성의 소유권을 주장하지 못하며 자아정체성의 규정에 대한 통제권도 결여되어 있는 전근대적인 모습을 보여준다.

둘째, 여성은 순종적 아비투스를 구현한다. 그들은 자기의 삶의 목적을 확실하게 알지 못하거나 안다 할지라도 끝까지 추구하지 못하고 양보하고 물러난다. 〈그 해 여름〉에서는 월북한 빨갱이의 딸이라는 실존적 조건이 남북 냉전의 상황에서 그녀에게 남한 사회에서의 행동에 대한 내적인 지침을 형성해준다. 조용하고 눈에 띄지 않으며 사회의 규범에 순종하는 온순한 여성/위험하지 않은 여성으로 살아가야 한다는 지침은 그녀로 하여금 결과적으로 조용하고 순종하는 성향을 생산하도록 한다. 그리고 그것은 행동의 확고한 판단기준이 되고 결국 남자를 위해 스스로 물러나는 선택을 하도록 강제한다. 나아가 사회의 조용한 곳에서 숨어살면서 봉사하는 낮은 삶으로 이끈다. 이런 식의 재현이 새삼스레 가능한 이 사회의 복고 정서는 매우 우려되는 지점이 아닐 수 없다. 〈나의 결혼원정기〉에서는 탈북자라는 불안한 지위에서 구원받을 수 있는 여권을 구하기 위해 불법적인 결혼사업자의 수하로서 순종하며 살고 사랑하는 이의 떠나는 뒷모습을 숨어서 본다. 〈님은 먼 곳에〉의 여성은 왜 베트남전에 가는지조차 명확하지 않다. 어머니가 가겠다고 하니 대신 가겠다고 하고 남편을 사랑하지도 않으면서 무작정 떠나는 맹목적 여성으로 그려져 있다. 납득하기 어려운 서사구조를 가지고 있는 영화에 한 여배우가 전근대적인 표정을 짓고 노래를 부르다가 가장 극적인 장면이 되어야 할 재회 장면에서 남편 따귀 한 대 때리는 엉뚱한 엔딩을 보여준다.

이러한 여성상의 구현은 여성에게 주체적으로 살 기회가 허락되지 않았던 우리 근대화 과정과 관련되어 있다. 이 땅의 근대화 과정은 서구/현재/현대를 향한 지향을 포함하였고 이는 물질적이고 기술적인 발전을 의미했다. 동시에 근대화 프로젝트는 정신으로서의 한국/과거/전통을 보존하고자 했다. 이러한 근대화의 측면은 한국의 가부장제에 기반한 국가 민족주의를 구성해가는 과정의 일부였다. 한국의 근대화는 생산과 발전의 욕망을 남성적인 것으로 제한하였고 여성은 배제되었다. 국가 민족주의와 가부장제에 의해 남성은 사회적 행위 주체로 재현되었으며 여성은 국가의 역할을 수행하는 수동적 도구로 조직화되었다. 남성은 그들이 점유하는 사회관계에 따라 자신을 정체화하면서 사회적 주체로서 행위하고 연대하고 갈등하지만 여성들은 자신이 만들어내는 다양한 정체성에도 불구하고 탈역사적, 생물학적, 본질적인 존재로서의 여성이라는 동일성에 묶여 있다. 이와 같이 근대화 과정에서 규정된 여성의 역할을 돌이켜 볼 때 오늘날 영화에서 이러한 유형의 여성상의 새삼스러운 재등장에 담긴 함의에 주목하게 되는 것이다.

셋째, 여성의 순결에 대한 강박적 보호는 개인적이면서도 동시에 사회적, 국가적 의미를 담고 있다. 〈가족〉에서 절정이 되는 사건은 정은이 성상납하기로 되어 있는 날 일어난다. 경찰서 부서장에게 뇌물로 처녀성을 바치기로 되어 있는 날 정은은 적대인물인 보스를 죽이려고 하지만 아버지가 먼저 가서 보스를 죽이고 자신도 죽음으로써 딸의 순결을 지킨다. 〈나의 결혼원정기〉에서 만택은 '다 자빠뜨려'라는 대사를 여러 번 외치지만 농촌총각의 순박함이 강조되면서 그 저의를 의심받는 대신 라라를 위해 몸을 던지는 기사도 정신을 구현하는 인물로 표상된다. 〈그 해 여름〉에서 경찰서에서 취조 받을 때 석영과 정은은 성관계를 의심받지만 오히려 그러한 질문이 무색할 정도로 그들은 순결하다. 어느 날 밤 강변에서 키스하려는 석영과 몸을 한없이 뒤로 쭉 빼는 순이의 실루엣이 아름답게 그려진 바 있다. 〈님은 먼 곳에〉의 상길은 면회 온 순이를 거들떠도 보지 않고 베트남전의 위험한 상황에서도 순이/써니의 순결은 철저하게 지켜진다.

여성의 순결 특히 정숙하고 조신한 여성의 순결은 더욱 지켜져야 하는데 이것이 바로 그러한 고전적 분위기를 지닌 여배우 수애가 선택되는 지점이다. 한 개인으로서의 여성의 순결이 모든 남성들의 암묵적인 협력을 바탕으로 공고하게 지켜진다는 것은 특히 한국의 사회/역사적 상황과 관련되어 생각할 수 있는데 때로 민족주의는 성별화 담론으로 구성되기 때문이다. 섹슈얼리티가 민족주의 이데올로기와 밀접하게 얽히는 것은 여성의 신체가 한 국가의 경계 표지로서 맹목적 숭배 대상이 되고 남성의 힘은 그 순결함과 신성함을 지키며 복원시켜야 하는 주체로 생각되기 때문이다. 여성다움은 사회적 재생산 및 가정생활과의 연관 속에서 연상되기 때문에 국가는 때로 가족과 같은 개념으로 여겨지는 것이다.

이렇게 수난당하는 여성은 나약한 조국과 동일시된다. 〈가족〉의 여성은 자본주의의 폐해와 폭력에 찌든 부패한 사회를, 남북 모두에게서 밀

려나고 갈 곳이 없이 떠도는 〈나의 결혼원정기〉의 여성은 유일한 분단국
가를, 〈그 해 여름〉의 여성은 반공 이데올로기 및 독재시대의 조국을 반
영한다. 〈님은 먼 곳에〉의 생각 없이 내몰리고 맹목적으로 목표지향적인
여성은 남의 나라 전쟁에 끼어들어 대신 싸워주면서 달러를 벌어야 했던
정치적으로는 종속적이고 경제적으로는 열악했던 나라를 의미한다. 이
와 같이 여성은 국가를 표시하고 외부세력이 국가를 지배할 때 남성의
역할은 그들의 여성에 대한 통제력을 획득함으로써 남성의 권력을 되찾
고 국가의 명예를 회복하는 것[12]이다. 곧 나약한 여성을 보호하는 것은
위기에 처한 국가를 지키는 것이며 그것은 국가의 주 구성원인 남자가
응당 해야 하는 명예롭고 남자다운 일로서의 의미를 갖는다.

---

12 이삼돌, 앞의 책, 160면.

Ⅲ. 결론

이상 네 편의 영화에서 여성인물에게는 자기를 부인하고 남을 대신하는 삶이 요구되며 희생이 강제된다. 〈가족〉의 정은은 집 안에서는 어머니를 대신하여 모성성이 요구되고 집 밖에서는 성상납이 강제되며 그것을 거부하면 가슴을 도려내겠다는 육체의 훼손을 협박받는다. 〈나의 결혼원정기〉의 라라는 통역관으로서가 아니라 결혼 배우자로서 기대되며 결혼만이 탈북자라는 불안한 신분에서 벗어날 수 있는 기회로 제시된다. 〈그 해 여름〉의 순이에게는 남자를 위해 떠날 것이 강요되며 익명의 숨어사는 삶이 요구된다. 〈님은 먼 곳에〉의 순이 또한 대를 잇는 일과 위험한 전장으로 밀려나 춤과 노래로 남성을 위무하는 일이 강제된다. 오직 남성만이 역사의 주체가 되며 여성은 익명의 허구적 존재로 설정된다. 여성은 늘 아름다운 여신과 희생물 사이에 위치되어 왔다. 여성은 악에 의해 약탈당한 환영적 이미지이며 역사적 풍경에서 추방당해 돌아오지 못한다. 남성이 역사적 풍경 속에서 유일한 주체로 구성되는 반면 여성은 익명의 폭력의 희생자일 뿐 아니라 남성 욕망의 절대적 객체로 만들어진다. 남성의 욕망과 여성의 몸은 역사와 정치 그리고 사회에 대한 알레고리를 형성[13]한다.

수난을 당하는 이 여성들은 결국 나약한 조국과 동일시된다. 〈가족〉은 남성중심적 폭력이 난무하는 현재 한국 사회를 〈나의 결혼원정기〉는 분단 현실을 〈그 해 여름〉은 반공이데올로기에 물든 독재시대를 〈님은 먼 곳에〉는 베트남전과 군사정권시대를 각기 반영하면서 시대의 희생양인 여성들을 보여준다. 여성의 이미지는 정치적, 역사적 폭력의 희생자이며 이렇게 기능화 된 여성 캐릭터의 재현을 통해 남성에게 역사의 동력이 되게 하고 그가 곤경에 처할 때는 기꺼이 희생하는 모습을 보여준다. 남성들의 투쟁적인 공략과 여성들의 기권과 절제의 부덕은 곧음과 휨, 세워짐과 뉘어짐, 강함과 약함, 곧 남성적인 것과 여성적인 것의 기본적인 구분에 따라 구축된 아비투스와, 이러한 구분에 따라서 조직된 사회적 공간 사이의 관계 안에서 생성[14]된다고 볼 때 이상의 영화들은 그러한 아비투스를 재현하는 여성과 사회와의 상관성을 반영하고 있다.

오늘날 다양한 방면에서 한국 사회를 능동적으로 이끌어가는 여성의 변화를 담아내는 대신 과거로의 복귀를 통해서 여성상의 퇴행을 보여주는 이 영화들은 전근대적 가족제도 내의 수동적 여성상과 순결한 여성상에 대한 남성들의 환상을 반영한다. 재현된 시간과 공간 안에서 여성의

---

13 한국여성연구원 편, 『동아시아의 근대성과 성의 정치학』, 푸른사상, 2002, 268면.
14 부르디외, 김용숙 역, 『남성지배』, 동문선, 2003, 72면.

운명은 전적으로 남성에게 달려있다. 보호해줄 가부장이 있느냐의 여부에 따라 여성은 순결/생명을 지킬 수도 있고 위기에 처할 수도 있다. 이는 여성의 생사여탈권이 가부장/남성에게 속해 있었던 시대에 대한 남성의 향수를 표출하는 것이다. 그러한 향수의 근저에는 순결하고 순종적인 여자, 자기를 주장하지 않고 스스로 물러나는 여자, 보호해줘야 하는 여자에 대한 남성의 우월감이 놓여 있다.

이상의 영화에서 여성인물들은 분단, 전쟁, 반공 이데올로기, 폭력 등의 실존의 조건에 의해 조용하고 순종적인 아비투스를 취하게 된다. 남성이 일방적으로 주도하는 전근대적 서사구조에서 여성 인물은 주체적이지 못한 수동적 인간상으로 재현되고 남성과 여성은 상하관계 및 우열관계로 이원화된다. 수애는 주어진 역할을 성공적으로 내면화하여 연기함으로써 결과적으로 남성들의 기대를 충족시키는 전통적 이미지를 구현하게 되고 반복적으로 유사한 역할에 호명된다. 결국 이러한 여성인물 재현방식과 여배우의 이미지는 여성에 대한 남성 판타지를 만족시키면서 이 사회의 가부장제 고착화에 기여하고 여성 지위에 대한 억압과 페미니즘의 퇴보를 보여준다.

제7장

신여성의 근대체험과 영화의 재현

— 장미희의 〈사의 찬미〉와 장진영의 〈청연〉

이 장에서는 근대를 배경으로 한 두 편의 영화에서 당시 가장 유명한 신여성이었던 여성의 재현 양상을 비교해 보았다. 성악가인 윤심덕을 주인공으로 하여 만들어진 영화 〈사의 찬미〉(1991)와 여성 비행사 박경원을 소재로 한 〈청연〉(2005)을 중심으로 신여성의 재현을 분석하였다. 동시대를 다루지만 제작 연도가 14년이라는 차이가 있고 영화나 사회적 이념의 차이가 많이 배어든 탓에 두 편의 영화에서 신여성의 근대체험을 표현하는 시각은 다소 달랐다. 〈사의 찬미〉는 신여성을 외적인 사치에 물든 여성군이라는 당시의 시각을 그대로 반영하여 윤심덕을 지나치게 화려한 의상을 통해 표현하였고 자신의 이상보다 연애에 치중하는 여성으로 그려 흥미 위주로 재현했다. 윤심덕을 소재적 차원에서 접근하고 극적인 인물로서의 측면만 강조한 탓에 그녀는 시대를 앞서 간 선구자로서의 신여성보다는 근대의 모던걸로 재현되어 영화에서 소비되었다. 반면 〈청연〉은 보다 강인하고 능동적이며 연애와 이상을 구분하고 주체적으로 자신의 생을 선택하는 여성상을 보여준다. 개인적 꿈과 민족적 가치 사이에서도 국가를 택하는 영웅적 인물로 우상화하지 않고 살아있는 한 인간의 고민과 선택을 중시하는 객관적 시각을 견지하였다. 감독은 박경원에게서 맹목적인 민족주의가 아니라 근대적 개인의 자아실현이라는 가치를 보았고 그것에 의미를 부여했으나 정작 영화는 막강한 민족주의 담론에 떠밀려 외면당하고 말았다.

Ⅰ. 서론

    신여성에 대한 관심은 근대연구의 일환이라는 한 축과 한국 사회의 페미니즘 인식의 확산이라는 또 하나의 축을 근간으로 하여 90년대 이후 급격하게 활성화되기 시작했다. 이 땅의 근대가 일제시대[1]와 일치한다는 점은 우리 근현대사의 왜곡된 측면을 집약하는 하나의 시발점이 된다. 개인의 발흥으로서의 근대가 오히려 그러한 특성을 발휘하지 못하도록 극도로 억압하는 식민지 시기에 도래한다는 이율배반적 갈등은 신문명과 그것을 유입하고 향유하거나 비판하고 경원시하는 다양한 계층의 사

---

1 이 시기를 지칭하는 용어는 왜정시대, 일제식민지시대, 일제강점기시대, 일제시대 등 다양하다. 각각의 용어에는 저마다의 사관과 민족정서 등이 담겨 있어서 모든 의미를 다 포괄하는 통일된 용어를 확정하는 것은 매우 어려운 일이다. 본고에서는 가장 보편적이고 일반적으로 사용되는 용어이자 최근의 탈민족적 동아시아적 보편성을 담은 일본 제국주의시대 곧 일제시대라는 용어를 사용하고자 한다.

람들 사이에서 복잡다단한 양상을 낳게 된다. 신여성은 그 시기의 진보와 혼란을 온몸으로 부딪치며 살아낸 대표적인 아이콘이다. 따라서 신여성을 연구하는 것은 근대를 연구하는 것이며 근대를 연구하는 것은 일제시대라는 문제적 시대와 맞닥뜨려 당대의 고통과 다시금 직면해야 하는 갈등의 과정이다. 그럼에도 불구하고 여전히 오늘 우리의 삶 속에서 그 시대와 인물이 재현되고 격동기 안의 그들의 삶이 계속해서 반복 재생산된다.

본고에서는 신여성의 근대체험이 영화에서 재현되는 양상을 통해 근대와 일제시대와 신문명기라는 혼란스러운 시기와 여성의 삶과 의식의 영향관계를 고찰하고 영화가 신여성을 호명하고 소환하는 방식을 분석하고자 한다. 페미니즘은 학문 연구의 이론적 관점을 넘어서서 오늘의 사회와 문화의 큰 축을 형성한 지 오래고 급격한 한국 사회의 변화와 더불어 다양한 생산물을 내는 한편 연구에서도 많은 성과가 이루어졌다. 가장 대중적인 예술 장르로서 사회의 담론 형성에 막대한 힘을 발휘하는 영화에도 그러한 의식이 창작에 긍정적인 영향을 주었다고 볼 수 있다. 이의 연장선상에서 한국사에서 페미니즘의 선두주자라 할 수 있는 신여성을 다루는 영화에 그러한 입장이나 관점이 어떻게 수용되었는지 고찰할 필요가 있다.

최근 근대 특히 일제시대를 배경으로 하는 영화가 매우 활발하게 만들어지고 있는데 대표적인 작품으로는 〈청연〉(2005), 〈라듸오데이즈〉(2007), 〈원스 어폰 어 타임〉(2007), 〈모던보이〉(2008), 〈좋은놈 나쁜놈 이상한놈〉(2008), 〈그림자살인〉(2009) 등이 있다. 그 중에는 왜 굳이 일제시대라는 시간적 배경이 필요한지를 명확하게 알 수 없을 정도로 시대와 무관한 내용도 많다. 이러한 갑작스러운 유행 현상에 대해서 바야흐로 근대가 담론의 중심에 서게 되었으며 대중문화를 통해 일제 강점기에 대한 문화적 소비가 진행[2]되고 있다는 분석도 있다. 또한 해방 60년이 넘은 오늘날 비로소 일제시대라는 치욕의 역사를 가볍게 소비할 수 있을 정도로 시대와 거리를 두게 되었다는 점, 당대를 살아내고 고통스럽게 기억하는 세대가 뒤로 물러난 현재 해방 이후 세대들은 식민지시대에서 역사적 무거움을 덜어내고 모던이라는 감각적 신문명의 유입기로 당대를 수용할 수 있게 된 점 등을 이유로 들 수 있을 것이다.

여기서 연구대상으로 삼는 영화는 〈사의 찬미〉(김호선 감독, 1991)와 〈청연〉(윤종찬 감독, 2005)이다. 전자는 당시 대표적 신여성인 최초의 소프라노 성악가 윤심덕을, 후자는 최초의 민간 여성 비행사 박경원을 다룬 영화이다. 신여성의 재현을 연구함에 있어서 실존인물을 주인공으로 한 영화를 택하는 것은 당시의 자료들과 연계해서 구체적이고 실증적인 연구가 가능하기 때문이다. 또한 두 편의 제작시기가 거의 14년의 시간차가 있으며 그간의 사회의 변화 또한 컸으므로 영화에 재현되는 여성상에도 차이가 있을 것으로 보고 그러한 측면에 대해서도 고찰하고자 한다.

---

2 이승환, 「식민지 근대의 영화적 재현을 통한 한국사회의 인식」, 『영화연구』 41호, 한국영화학회, 2009, 111면.

Ⅱ. 본론

1. 신여성과 근대체험

일본을 통한 모방적 차원이기는 하지만 어쨌든 일제시대에 우리는 근대화를 경험하게 되었고 남녀평등 의식도 갖게 되었다. 근대화와 산업화, 민주화, 개방성, 교육의 확대, 기회의 평등, 여성의 지위 향상 등은 서로 긴밀한 관계를 형성하면서 연관된다. 한국의 근대 또한 그러한 특성을 갖지만 식민지시대의 국민이라는 제국주의적 억압이 남성의 억압, 가부장제와 권위주의에 의한 억압 등 여성에 대한 기본적인 억압구조에 덧입혀지면서 여성의 현실은 매우 열악했다.

그 와중에도 1920년대를 전후하여 신여성이라 불리던 일단의 인텔리 여성들이 등장한다. 이들은 여성의 90퍼센트 이상이 문맹이던 시절에 경성과 동경에서 신학문을 공부했고 여성의 지위에 대한 인식을 했으며 조선 사회의 현실에서 나름대로 방향성을 가진 삶을 살고자 노력했던 여성들이었다. 그러나 그들의 진보적인 의식과 삶은 당대의 남성들로부터는 물론 여성들로부터도 동조를 받지 못했고 자유연애 사상 등의 개방적 사고와 행동으로 인하여 플레이걸이나 탕녀라는 비난을 받기도 했다. 그리고 그들 자신조차도 가치관의 혼란을 겪으면서 내적 외적으로 고난의 시기를 살았다. 신교육을 받고 당시 첨단의 문화를 향유하는 신여성들은 글을 읽고 쓸 수 있는 여성들로 새로운 문명의 주체가 될 수 있었다. 뛰어난 몇몇 여성들은 전문적인 작품이나 논설 등을 썼고 대개의 신여성들은 감각적인 연애소설을 비롯한 소설의 독자가 되거나 때로는 잡지의 독자투고란에 짧은 글을 쓰기도 하는 등 당시의 소설이나 잡지의 주독자층이었다. 영화 관람이나 음악 감상을 하기도 하고 자전거를 타거나 테니스를 하는 등 새로운 운동을 하기도 했다. 서구 스타일의 의상이나 구두, 머리손질 등에 몰두한다는 비난을 받기도 했는데 당시 구두나 옷값이 매우 비쌌기에 이런 새로운 스타일을 하는 여성들은 사치와 허영에 물든 여자들로서 크게 비난을 받았다.

그러나 무엇보다 신여성은 연애의 시대를 이끈 계층이었고 이들에 대한 부정적인 평가는 주로 성에 대한 그들의 자유로운 의식에 가장 큰 원인이 있었다. 조선시대의 남녀유별과 순결이 강조되는 정조관에서 탈피하고자 한 이들의 주체적 성의식은 신정조관이라고 불리운다. 이는 여성이 순결에 대한 강박관념에서 해방되어 정조의 주체가 되어야 하며 진실한 사랑에 육체적 순결 여부는 중요하지 않다는 것이었다. 그들은 결혼과 상관없이 사랑에 자유로웠고 유부남과의 연애에도 적극적이었다. 그 결과 탕녀라는 이름까지 얻은 그들의 삶은 비록 여러 분야에서 재능과 열정이 있었음에도 불구하고 끝을 맺지 못하고 세상의 지탄 속에서 몰락하는 삶을 살아야 했다.

1919년 유관순을 비롯한 이화학당 출신의 신여성들은 여성운동의 선구자적 역할을 했으며 반일독립운동에도 참가하였다. 또한 여성의 독자성에 대한 투철한 인식을 가지고 가정의 속박으로부터의 해방과 자유연애를 주장하며 유교문화가 그동안 강요해왔던 절대복종형 여성상에 도전하는 개혁적 모습을 보여주었다. 그럼에도 불구하고 전통적 가족체제에 큰 변화를 주지는 못했는데, 가정이 여전히 남성의 경제력에 기초하고 있는 이상 가문 좋고 능력 있는 남자를 만나 신식생활을 하는 것이 평범한 신여성의 꿈이었던 것이다. 그러나 이러한 평범한 신여성과는 달리 적극적으로 자신들의 이상을 펼치기 위해 분투했던 여성들이 있었다. 당대의 글에는 '신진여성들은 신지식을 배운 조선 여성사회의 선량이라. 그 이론을 지지할 자가 그들이요, 지도적 지위에 임한 자가 그들이며 의식이 있고 훈련이 있으며 힘이 있고 열이 있는 자들이니 여성 운동에 있어 그 동일한 노력으로써 최대한 효과를 얻을 수 있는 부대'[3]라고 기대되었으나 실제로는 '모처럼 얻게 된 신여성들의 탈속한 의식도 그들의 방산하는 분위기 중에서 스스로 부식되는 바 많다'는 현실이 지적되고 있다. '유식계급여자 즉 신여성도 불쌍하외다. 아직도 봉건시대 가족제도 밑에서 자라나고 시집가고 살림하는 그들의 내용의 복잡함이란 말할 수 없이 난국이외다. 반쯤 아는 학문이 신구식의 조화를

---

3 배성룡, 「조선여성운동의 현재」, 『근우』 1호, 1929. 『여성』 3집, 창작과 비평사, 1989, 315~316면에서 재인용.

잃게 할 뿐'[4]이라는 나혜석의 체험적 고백은 신교육을 받은 여성에게 새로운 길이 열리는 것이 아니라 전통적인 여성들처럼 결혼과 함께 구제도에 복종하던가 아니면 관습에서 벗어나 불행한 삶을 사는 극단적인 선택만이 가능했다는 것을 증명한다.

그러나 이들은 각 분야에서 당대 최고 수준의 여성들이었으며 예술과 교육을 비롯한 여러 부문의 사회활동에서 선구적인 활동을 했다. 비록 완전한 이상의 실현에는 도달하지 못하고 스스로의 모순과 시대의 한계에서 오는 좌절 등으로 방황하기는 하였으나 최선을 다해 이상을 실현하고자 노력했던 진보적 선각자이자 개인적으로도 진지한 삶을 창조하고자 애쓴 진실한 인간들이었다.

2. 비극적 모던걸 윤심덕, 〈사의 찬미〉

윤심덕(1897~1926)은 우리나라 최초로 소프라노를 전공한 성악가이다. 1918년 경성고등보통학교 사범과를 졸업하고 강원도 원주에서 1년간 소학교 교원으로 근무했다. 그해 조선총독부 관비유학생으로 뽑혀 일본 우에노 음악학교 성악과에 입학했으며, 1921년 동우회에서 주최한 국내순회공연에 참여하면서 김우진을 만났다. 1922년 음악학교를 졸업하고 1923년 귀국했다. 경성사범부속학교 음악선생으로 있으면서 극예술협회 등의 연극공연에 출연해 풍부한 성량과 뛰어난 외모로 이름을 떨쳤고 1925년 김우진의 권유로 토월회 무대에 서기도 했다. 당시 성악만으

---

4 나혜석, 「이혼고백서」, 『삼천리』, 1934.8~9.

로는 생계를 꾸려나갈 수 없어 대중가요를 부르기 시작했으며 방송에 출연하거나 레코드를 취입하기도 했다. 1926년 여동생 성덕의 미국유학길을 배웅하기 위해 일본에 갔다가 이토 레코드회사에서 27곡을 취입하고는 귀국길에 김우진과 함께 현해탄에 몸을 던져 죽었다. 이바노비치 작곡인 '도나우 강의 푸른 물결'에 직접 노랫말을 붙여 부른 '사의 찬미'[5]는 그녀가 죽고 난 뒤 더욱 유명해졌고 박승희는 이들의 사랑을 주제로 한 〈사의 승리〉를 토월회 재기공연 때 발표하기도 했다.

이러한 전기적 사실을 바탕으로 만든 영화 〈사의 찬미〉의 내용은 다음과 같다. 1919년 최초로 국비유학을 떠난 윤심덕(장미희 분)은 동경에서 성악을 공부하게 되고 자유분방한 성격으로 학생들의 인기를 얻는다. 유학생 홍난파(이경영 분) 역시 그녀에게 각별한 감정을 갖지만 윤심덕은 극예술협회의 김우진(임성민 분)에게 호감을 갖는다. 섬세한 감성을 가진 김우진과 불같은 정열의 윤심덕은 처음에는 부딪치지만 결국 사랑에 빠진다. 유부남이었던 김우진은 도덕적 갈등을 겪고 그녀와의 관계를 끝내려 하고 윤심덕은 조선의 암울한 현실에 좌절하여 성악무대에서 대중무대로 자리를 옮겨가게 된다. 사랑과 현실 사이에서 고뇌하던 두 사람은 역경을 겪고 재회하지만 앞으로도 변할 수 없는 개인적, 국가적 현실 앞에 무릎을 꿇고 현해탄 선상에서 바다로 몸을 던진다.

---

5 이 곡의 가사는 윤심덕과 친했던 이서구의 증언에 의하면 그녀가 직접 쓴 자작시라고 한다. 유민영, 『비운의 선구자 윤심덕과 김우진』, 새문사, 2009, 278면.

1) 신교육—새로운 이상을 펼치다

근대성의 여러 차원은 민주화, 기회의 평등, 교육의 확대, 개방성, 산업화 등과 함께 여성의 지위 향상을 중요한 요소로 포함[6]한다. 한국의 근대화는 자발적이고 능동적이지 못하고 서구국가를 모델로 하여 모방하려는 '따라잡는 근대화'였다. 특히 식민지 시대에는 주체적이지 못한 억압적 역사를 형성하는 동안 근대화과정에서 전통이 이용되면서 여성억압이 지속되는 독특한 양상을 보인다.

이러한 시기적 특성 안에 신여성이라는 일군의 여성상이 등장했다. 신여성이란 고등보통학교 이상의 학력을 지닌 여자, 학교에서 교편을 잡고 있는 여자, 사회에 각기 한 자리씩 차지하고 있는 여성 등으로 정의되지만 일반적으로는 여학생(출신)을 가리키는 말[7]이다. 결국 신여성이 공부한 여자라는 의미라 할 때 신여성의 가장 큰 특성은 교육과 연관되어 있는 셈이다. 근대로 진입하던 시기에 교육은 여성의 지위 향상이라는 변화 과정과 맞물려 가장 기본적이고 중요하게 여겨진 문제이다. 남성에게만 교육이 허용되던 시절에 여성을 위한 교육기관이 생기고 외국 유학도 갈 수 있게 되는 시대 그것이 바로 여성에게 있어 근대의 시발점이었다. 윤심덕과 박경원은 둘 다 일본에서 교육을 받으면서 더 직접적으로 강하게 근대와 만났고 그만큼 갈등도 컸다.

당시 신여성은 새로운 교육을 받은 인텔리지만 서구 유행을 지각없이

---

6 정진성, 「여성억압기제의 전통과 근대」, 『창작과 비평』, 1996, 겨울호, 155면.
7 김경재, 「여학생 여러분께 고하노라」, 『신여성』, 1926.4. 김미지, 『누가 하이카라 여성을 데리고 사누』, 살림, 2005, 5면에서 재인용.

따르는 부박한 여성들의 대명사이기도 했다. 그들을 배출한 여학교들은 기생학교라고까지 불리며 기생이나 소실의 딸들이나 다닐 정도로 비난받았다. 이에 대해 김일엽은 '고등교육을 받은 여자로서 고상한 이상과 위대한 목적을 가지고서 이를 실현코자 노심초사하는 여자가 무수합니다. 그러나 그러한 여자를 이해하고 활용할 만큼 우리 사회가 발달하지 못하였고 또한 우리의 가정이 그러한 여자를 알아주고 환영할 만한 정도에 이르지 못하였습니다.'[8]라고 하였다. 이러한 현실에서 김일엽은 '신여성이 사치하여 여자교육의 반대 구실을 제공하지 않도록 각성하고 주의하라, 스스로 난 체하고 높여서 남자들에게 비웃음 받지 않도록 하라, 품행이 부정한 자가 있어 신여자 전체가 비난받지 않도록 하라'는 당부를 하기도 했다. 극소수의 배운 여자는 늘 관심과 주목의 대상이었고 다수의 눈에는 선망과 동시에 질시의 대상이 되기도 했다. 교육을 통한 근대 체험은 여성들에게 새로운 세상으로 나가는 첫 번째 문이었고 서구의 근대적 사상과 문명에 대한 교육은 여성에게 과거와 단절하려는 결단과 용기를 요구했다.

이와 같이 여성 교육에 대한 억압적 상황에서 윤심덕이 성악을 전공하기 위해 일본으로 유학을 간 최초의 유학생이었다는 것은 매우 의미심장하다. 최초라는 수식어는 무한한 영광과 실패에의 두려움을 동시에 담고 있기 때문이다. 아무도 서양 음악을 모르던 시절에 처음으로 성악을 공부한 여성 윤심덕은 음악가라는 합당한 지위를 누리지 못하고 척박한 조선 땅에서 음악의 불모지를 홀로 개척하는 선구자가 되어야 했다. 새로

---

8 김원주, 「여자교육의 필요」, 〈동아일보〉, 1920.4.6.

운 이상을 펼칠 기회인 유학을 통해서 신학문을 배우고 여성의 지위에 관해 갈등을 경험하면서 윤심덕의 근대체험은 시작되었다.

> 학장 학생 스스로 앞으로는 황국의 신민으로서 충성을 다하겠다는 각서를 제출한다면…… 졸업의 기회를 줄 수 있다.
> (심덕, 각서 용지를 받지 않고 나간다.) (#70)
>
> 난파 이 바보야. 각서가 네 심장이야? 종이 쪽지일 뿐이야. 넌 음악을 공부하려고 여기 왔지 싸우려고 온 게 아니라구. 졸업 포기하면 그동안 네가 한 고생은 모두 휴지가 될 텐데 도장 하나 찍기 싫어서 다 때려치우겠단 말이야? 고집두 적당히 좀 부려. 각서 따원 굴복도 타협도 아니야. 네 음악을 위해서 극복해야 할 현실일 뿐이야. (#73)

그러나 윤심덕은 당시의 여러 가지 모순들에 의해 생겨난 상호담론의 장이라는 측면에서 연결된 복잡한 상황에 놓여 홀로 투쟁해야 한다. 당대의 다각적인 모순은 각기 다른 작동 방식을 가지고 있으며 세계를 다른 방식으로 운용했기 때문이다. 윤심덕은 유교주의적 가부장제에 의해 억압받는 여성, 식민지배를 받는 피지배국가의 백성, 남성의 보호가 없는 미혼의 여성, 구시대의 관습으로부터 벗어나려 하는 신문명의 세례자, 새로운 학문을 배우는 개척자 등 다각도의 사회적 위치를 갖고 있는 것이다. 윤심덕의 고통은 일본에서 식민지 백성으로서 근대 교육을 받아야 하는 이율배반적인 자리매김에서 기인한다. 근대적 교육과 신문명에 대한 욕구는 조국을 부인하기를 요구받고 개인과 민족의 지향점이 상충되는 갈등을 낳는다. 동료이자 친구인 홍난파는 개인을 민족 앞에 놓고 윤심덕 또한 어쩔 수 없이 황국신민으로 충성한다는 각서를 쓰고서야 졸업하게 된다. 이상을 펼치기 위해 조국을 배신해야 한다는 내적 양심의 갈등은 일본에서 근대를 수용해야 했던 신문명기 지식인들의 공통된 갈등이었다. 여기서는 이 대목을 단지 식민지적 상황의 보편적인 갈등으로만 처리하고 있지만 〈청연〉에서는 이것을 개인과 민족의 길항이라는 문제 곧 근대를 맞이하는 개인의식의 대두와 거대담론 혹은 이데올로기 간의 선택이라는 문제로 본격화한다.

2) 자유연애―조혼이라는 벽과 겨루다

근대는 여러 가지의 도전과 그에 따른 갈등과 변화를 낳았다. 그 중에서도 연애만큼 직접적이고 강렬하게 사람들을 흔들어 놓은 것은 없을 것이다. 용어 자체도 새로 수입되었으며 이전의 어떠한 사랑의 양식과도 다른 것으로 오직 인텔리 청춘 남녀 간의 사랑만이 'love'의 번역어인 '연애'가 되었다. 당시 개인은 국가를 위해 희생해야 했고 그런 의미에서 개인은 억압될 뿐 아니라 금기시되는 영역이기도 했다. 이러한 상황에서 개인이 극대화된 영역이라 할 수 있는 연애가 신문명을 업고 서서히 모습을 드러내기 시작했다. 연애는 암울한 시대적 상황 속에서도 자유로운 개인의 자각이라는 근대적 명분을 획득하면서 오랫동안 지배적 결혼양식이었던 조혼과 강제결혼을 거부하는 반역의 기호로서 이 땅의 지식인들과 대중들을 파고들며 새로운 사상으로 전파되었다.

서양선교사들의 교육기관 설립과 일부 젊은이들의 일본유학은 서구 문화를 수용하는 관문이었고 20세를 전후한 청춘남녀들은 서양의 문물을 접하면서 가장 먼저 연애를 받아들였다. 연애야말로 개인의 자유와 권리를 가장 잘 반영하는 시대의 아이콘이었으며 오늘의 관점에서는 전적으로 사적인 영역에 속하는 일이면서도 당시에는 다분히 공적인 차원에 속하는 양면성을 가지고 있었다. 연애는 사회의 변화를 앞서가는 새로움이자 나아가 진보와 연결되어 있는 매우 선진적인 것이었기 때문이다. 지식인 청춘 남녀에게만 가능했던 근대적인 기호가 바로 '연애'였다. 세계 개조의 목소리가 높던 시절 연애는 개조론의 대중적 변종이었으며 새로운 가치인 행복에 이르기 위한 통로이자 문화, 예술, 문학의 유행을 자극한 주 원천[9]이기도 했다. 연애의 양상은 다양했고 김일엽은 여성의 육체적 순결이 무의미하며 새로운 남자를 만날 때마다 진실되기만 하다면 그것으로 의미가 있다는 신정조론을 주장하므로써 여성 성담론의 선두에 서기도 했다.

윤심덕은 조선에서 유학 온 남성들과의 자유로운 친구 관계를 형성하였고 영화에서도 그렇게 그려진다. 여자 유학생이 드물었던 시절인데다가 매력적인 외모와 성품 탓에 뭇 남성들의 연애의 대상이었다. 그러나 정작 윤심덕의 사랑의 대상이었던 김우진은 유부남이었고 그것은 당시 신여성들의 연애에 있어서 공통된 난관이었다. 신여성들이 유학생활에서 만난 남성들은 모두 조혼을 하고 유학 온 유부남들이었다. 그런 상황에서 조혼의 문제점이 제기되고 이혼이 연애만큼 신문명의 기호가 되기도 했다. 또한 그 과정에서 신여성이 이혼이라는 문제적 상황의 원인이 되어 사회의 비난을 받아야 했다.

> 난파   지금부터 결혼을 생각해 두어야 하는 것 아냐?
> 심덕   (깔깔 웃으며) 싫어. 남존여비니 일부종사니 하는 틀 속에서 남자

---

9 권보드래, 『연애의 시대』, 현실문화연구, 2003, 8면.

하구 산다면 좋이 되는 건데 난 안해. (#32)

용문   넌 내 여자가 되어야 해.

심덕   좋아, 맘대로 해. 네가 바라는 게 이 몸뚱이뿐이라면 천만번이라도
        줄 수 있어. 나는 네까짓 인간에게 더럽혀지진 않는다.
        (심덕의 야멸찬 말에 심덕의 가슴을 헤집던 용문이 손길을 멈춘다)
        (#41)

영화에서 김우진은 윤심덕을 자기의 집으로 초대해서 음악회를 열기도
하고 아내와 윤심덕은 서로의 존재를 알게 된다. 사랑하는 사람을 만났으
나 결혼할 수도 없고 결과적으로 사회에서 떳떳하게 인정받을 수 없는 관
계에 대한 인식은 윤심덕에게 있어 음악에 대한 좌절만큼이나 고통스러
운 시대적 질곡이었다. 명문가의 장남 김우진은 사랑 없는 결혼을 정리하
고 윤심덕과 다시 결혼할 용기가 없었고 그렇다고 윤심덕과 완전히 결별
할 만큼 강하지도 못했기에 두 여성은 모두 불행했다. 한 남자를 사이에
둔 삼각관계라는 멜로드라마의 전형적인 틀을 이용함으로써 영화는 윤심
덕의 시대와의 갈등과 좌절보다는 상투적 멜로드라마의 구조를 반복한
다. 윤심덕의 사랑의 핵심은 삼각관계가 아니라 조혼이라는 전통적인 결
혼제도와 자유연애와의 갈등이며 막강한 시대의 관습이 지닌 억압 앞에
서 좌절하는 개인의 사랑을 구현하지 못하는 근대적 고민이자 고통인데
한낱 삼각관계의 한 축으로만 자리매김하는 오류를 범하는 것이다.

우진   당신은 불같이 성격이 너무 뜨거워. 그러다 자신까지 태우게 될지
        몰라요.

심덕   나는 내가 옳다고 생각하는 일엔 머뭇거리지 않아요. 지금도 그래
        요. 또 만날 수 있겠지요? (#68)

심덕 서로 사랑하면 무얼 해야 하는지 고민할 필요가 없는 거에요. 난 당신의 짐스런 정부도 애인도 첩도 아니에요. 결혼을 원하지도 않아요. 당신 마음에만 살아 있으면 그걸로 충분해요. (#121)

여성을 구속하는 결혼에 대한 윤심덕의 부정적 태도와 자유연애에 대한 열정, 몸과 육체적 성을 분리하는 정조에 대한 새로운 인식 등이 드러나 있다. 신여성 윤심덕은 최초의 성악가로서 모든 억압을 뚫고 나아가 자기 생의 주체로서 살기를 원하는 자유로운 개성을 가진 인격의 출현이라는 점에서 중요한 인물이다. 그러나 그녀의 투철한 의기보다는 좌절의 측면이 더 강조되면서 영화는 극적인 인물이 등장하는 멜로드라마의 차원에서 나아가지 못한다.

3) 신여성의 한계—식민지 현실과 억압적 가부장제

김일엽은 여성이 약자라고 해서 규방에 감금하는 것은 하늘의 뜻을 어기는 비인도라고 주장하고 사회의 전반적인 개조와 해방을 부르짖었다. 변화된 세상을 맞이하여 우리 사회를 통틀어 개조해야 하고 그러기 위해서는 가정을 먼저 개조해야 하며 그것을 위해서는 여자가 먼저 해방되어야 한다[10]고 주장했다. 그러나 세상의 변화는 겨우 시작이었고 최초라는 수식어를 단 여성은 변화를 이끌어가는 자이지 그 변화의 혜택을 받는 자가 아니다.

---

10 창간사, 『신여자』 1호, 2~3면, 1920.

우진	겸손해지기 싫으면 겸손한 척이라도 해요. 조선은 아직도 유교국이야. 당당한 여성에게 한때는 열광을 하겠지만 금방 화살이 되어 흉으로 될지도 몰라.
심덕	그런 세인의 평 따위가 무서웠다면 난 태어나지도 않았을 거예요. 당신은 나에게 비굴해지라는 설교를 하고 계시는 거예요? (#94)
심덕	내가 제일 싫어하는 게 절망이라는 거 알고 있지? (#148)

윤심덕은 이상을 가진 한 개인으로서 자아를 실현하려는 노력을 기울였으나 시대의 벽 앞에서 좌절하고 자살했다. 자살은 잔인한 현실을 개인에게 강요한 것이며 동시에 그에 대한 개인의 저항을 나타내기도 한다. 자살은 삶에 행사되는 권력의 경계와 틈새에 개인적이고 사적인 죽을 권리를 출현시켰음[11]을 나타낸다. 죽음은 권력을 벗어나는 지점이며 사회 권력에 대해 주체적으로 생명을 버림으로써 저항과 해방을 나타낸다.

근대를 자각한 개인으로서의 여성의 삶에서 교육을 통한 자아 인식과 자유의지에 의한 연애와 결혼, 자신의 이상을 실현하고자 하는 주체적인 노력과 성취 등은 중요한 의미를 갖는 요소들이다. 자기 생의 주인으로서 윤심덕이 선택하고 실현을 위해 기울인 노력은 여성 못지않게 무기력한 남성 지식인과의 연대 구축의 실패, 긴 세월에 걸쳐 고착되어버린 가부장제와 억압적인 식민지 현실 등 개인적인 차원과 사회적인 차원, 국가적인 차원의 문제들로 혼합되어 있는 상황의 결과이다. 윤심덕의 자살은 개인의 선택이라는 점에서 자기의 생과 정면으로 맞선 행위이며 자신

---

11 미셸 푸코, 이규현 역, 『성의 역사1』, 나남출판, 1997, 149면.

을 둘러싼 사회 전체에 대한 저항의 발현이다. 이루지 못한 성악의 꿈과 희망 없는 사랑의 좌절은 죽음의 찬미로 끝을 맺었고 그러한 결단을 통해 비로소 그녀는 생의 주인이 되었다.

3. 현실과 타협한 이상주의자 박경원, 〈청연〉

박경원(1901~1933)은 우리나라 최초의 민간 여성 비행사[12]로 대구 신명여자보통학교 고등과를 17세에 중퇴하고 일본에 건너가 요코하마 기예학교에 입학하여 20세에 졸업했다. 그 후 대구로 돌아와 22세에 간호과를 졸업하고 간호사로 취업한 후 학자금을 모아서 25세에 도쿄의 가마타 자동차학교에 들어가 운전사 시험에 합격했다. 26세에 다치가와 비행학교 항공과에 입학하여 27세에 3등 비행사가 되었고 28세에는 2등 비행사가 되어 1931년 런던에서 1만 8천km의 비행기록을 세운 영국 여자비행사 에이미 존슨의 오사카-도쿄 간 비행을 유도했다. 1933년 8월 7일 도쿄 우에다 공항을 출발하여 고국으로 향하는 비행 중 악천후 속에서 시즈오카 상공 산악지대에서 경사면에 충돌하여 죽었다.

영화의 제목 〈청연〉은 푸른 제비란 뜻으로 어린 시절 처음 본 비행기에 대한 꿈과 제비가 유난히 많았던 고향의 들판을 늘 그리워했던 마음이 담긴 박경원(장진영 분)의 비행기 이름이다. 영화는 민족주의를 배제

---

12 한국인 최초의 여자 비행기 조종사로는 박경원, 권기옥 두 사람이 거론된다. 굳이 구별하자면 박경원보다 앞선 1925년 3월에 중국 운남공군사관학교를 졸업하고 장교가 된 독립투사 권기옥은 최초의 전투기 조종사였고 일본에서 조종사 자격증을 받은 박경원은 최초의 민간인 비행기 조종사라고 할 수 있다.

한 여성 비행사의 솔직한 삶[13]을 그리는데 초점을 둔다. 어릴 때부터 하늘을 나는 것이 꿈이었던 경원은 비행기를 처음 보던 날 비행사가 되기로 결심한다. 이후 일본으로 가서 비행학교에 다니게 되고 학비를 마련하기 위해 택시 운전을 하면서 돈을 번다. 그러던 어느 날 택시 손님으로 태운 한국인 유학생 지혁(김주혁 분)을 만나게 되고 지혁은 자신의 꿈을 위해 노력하는 당당한 경원에게 끌리지만 아버지의 명으로 군에 입대한다. 몇 년 후 조선까지 이름이 알려질 만큼 유명한 비행사가 된 경원은 비행학교의 장교로 지원한 지혁과 다시 만나게 되고 서로에 대한 사랑을 확인한다. 경원은 고국 방문 비행의 기금을 마련키 위해 모금 운동을 시작하고 사랑보다는 비행사의 꿈이 더 컸기에 지혁의 청혼을 거절한다. 조선적색단이라는 독립운동단체의 일원인 지혁의 친구가 지혁의 아버지를 포함한 몇 명의 친일파를 살해한 사건으로 지혁과 경원은 고초를 겪게 되고 마침내 지혁은 죽고 만다. 경원도 그간의 힘겨운 일들을 딛고 청연을 타고 고국방문 비행길에 오르지만 사고로 죽는다.

1) 순수한 욕망의 추구—근대적 자아의 발현

윤종찬 감독은 박경원의 이야기를 재현함에 있어서 고난과 역경의 시기를 간략하게 처리하거나 건너뜀으로써 '최초'라는 수식어를 단 여성의 삶이 갇히기 쉬운 영웅담의 구도를 거부한다. 비행사 훈련의 몇 장면이 지나면 박경원은 어느새 처녀비행을 하고 곧 이어 학교 간 대회에 출

---

13 박혜명, 「민족주의를 배제한 여류비행사의 솔직한 삶」, 『씨네21』, 2005.12.27.

전하는 유능한 비행사로 성장해 있다. 비싼 수업료를 내느라 1년이면 수료할 비행사 이론과정을 4년이나 걸려 마쳐야 했던 시절도 단독비행시간 200시간의 기록을 세웠다는 것도 실제로 보여주기보다는 대화를 통해 간략하게 드러나는 식이다.

이런 방식을 통해 일제시대의 영웅담 대신 그가 택하는 것은 근대적 개인의 순수한 욕망의 추구 그 자체다. 시대에 억압당하는 대신 시대를 초월해버리고 사회와 갈등하는 대신 꿈이나 욕망 그 자체를 소중히 하며 거기에 모든 것을 걸고 추구하다 죽은 한 사람의 개인에 초점을 맞춘다. 이는 칸트식의 미학화 내지는 심미화와 연결[14]된다. 즉 미 이외에 그 어떤 것도 목적으로 하지 않으며 따라서 정치와 같은 외부로부터의 분리를 전제하는 것이다. 〈청연〉의 박경원에게 있어서 비행은 입신출세와 같은 다른 목적을 이루기 위한 수단이 아닌 오직 그 자체가 목적이다. 비행에의 꿈을 이루기 위해 고군분투하다가 파멸하는 박경원의 일생은 마치 불우한 예술가의 운명처럼 형상화되어 있다. 칸트식의 미적 형상화에 들어맞는 인물의 특성을 보여주며 이는 바로 근대적 개인의 삶을 정당화하는 한 보편적 형식이자 특성이다. 이러한 개인의 모습은 바로 근대의 특성이며 이것이야말로 식민지의 한 여성/개인에게 허락되지 않았던 부분이었다는 것이 작품의 핵심이 된다.

일본을 통한 근대 문명의 수용은 당시의 신여성들에게 개인의 이상과 새로운 자아정체성을 일깨워주었다. 그러나 현실과의 엄청난 간극은 이

---

14 조형래, 「모던보이 모던걸 마음껏 웃고 즐겨라」, 〈경향신문〉, 2008.10.2.

들을 절망으로 몰아넣었고 저마다 모양새는 다르지만 공통적으로 패배적이고 불행한 길로 몰아붙여졌다. 윤심덕은 비애감에 젖어 김우진과 동반 자살했고 김일엽은 현실을 떠나 종교로 귀의해서 비구니로 일생을 마쳤다. 나혜석만은 끝까지 자기의 생에서 최선을 다하려고 몸부림쳤지만 냉엄한 조선의 현실에서 외면당하여 거리에서 행려병자가 되어 죽어갔다. 근대가 안겨준 자아의 이상과 자유에의 의지는 현실과 통합될 수 없는 극도의 분열만을 낳았고 인간으로서 여자로서 존엄성을 지키며 존재의 의의를 실현하며 살고 싶었던 신여성들은 좌절할 수밖에 없었다. 시대를 앞서간 이들의 의욕과 혼란은 실체가 없는 조국의 독립을 찾고 유형의 조국을 건설해야 한다는 민족주의 담론 안에서 더욱 짓밟히고 조롱당했다.

〈청연〉은 박경원을 역사적 담론을 벗어나 초시간적 담론 안에서 다루려 했다는 점에서 새로운 재현의 시각을 보여준다. 일제시대, 식민지 백성, 독립운동, 친일파 등의 역사적 현실보다 시대와 상황을 초월하여 언제나 인간을 인간이게 하는 가장 근원적인 실존의 요소로서의 개인의 이상과 자유의지에 초점을 두었다. 신여성의 내면을 함께 고민하려 했고 근대가 가져다 준 새로운 자아인식에 경도된 젊은이들의 꿈이 어떻게 짓밟혔는지 돌아보려 했다. 박경원이라는 한 여성이 겪은 억압과 갈등과 좌절이 소수의 신여성에게만 국한된 문제가 아니라 나라 없는 백성으로서 조국이라는 이데올로기에서 자유로울 수 없었던 당대 선구적 지식인들이 공통적으로 겪어야 했던 자아의 분열과 고통이었다는 점, 그리고 그 모든 현실에 절망하면서도 최선을 다해 이상을 추구하고자 했던 젊은이들의 삶이 실패에도 불구하고 일정한 의의가 있었다는 점에 초점을 두고 그들에 대한 추모와 애도를 담았다. 하나의 척도만으로 삶을 재단하려는 강고한 민족주의자의 시각에서 벗어나 영화가 진정으로 추구한 가치를 보는 공정한 시각이 요구되는 지점이다. 박경원의 친일행위에 대한 진위 여부를 논의하거나 그 행위를 옹호하거나 변명하거나 비난하는 것이 이 영화의 목적이 아니며 개인의 탄생이라는 근대적 특성 앞에 한 여성/인간/개인의 노력과 성취와 절망에 관한 재현의 시각이 중요한 것이다.

2) 신천지를 향한 꿈-최초의 여성 비행사

학교에 가지 못하게 하는 아버지에게 어린 경원은 대든다. "여자는 사람도 아니에요? 나도 학교 갈 거예요." 여자, 사람, 비행사, 교육 등에 대한 꿈을 품은 어린 경원의 반발은 결국 남자, 조국, 친일파와 대립항을 이룬다. 이상을 향한 노력은 극히 개인적이고 사적인 행위로 폄하되며 친일파를 저격하고 일제에 저항하는 등의 공적인 행위와 길항하다가 결국은 조국의 독립을 위한 성실하고 적극적인 노력 대신 일제라는 현실과 타협하면서 비행을 한 친일파라는 낙인 아래 빛을 잃는다.

지혁   어떻게 비행사가 될 생각을 했어요?
경원   여자가?
지혁   (웃음) 그런 뜻으로 물어본 거 아닌데?
경원   하늘에선 누구나 최고가 될 수 있잖아요. 비행기만 잘 타면. 남자고 여자고 조선인, 일본인… 다 소용없어요. (미소) 신천지가 따로 없잖아요?
지혁   (하늘을 본다) 하… 신천지라… (#50)

애초에 박경원이 비행사가 된 이유는 새처럼 날고 싶다는 인간의 원초적 욕망에서 시작된다. 날기에 대한 욕망은 현실적으로든 상징적으로든 모든 의미에서 기본적으로 위험한 욕망이다. 난다라는 행위는 수직 상승에의 욕구를 반영하는 것이며 위로 올라가는 것은 다시 내려온다는 것과 연결되어 있다는 의미에서 상승과 추락을 한 쌍으로 내재하고 있는 단어이다. 남자와 여자, 일본인과 조선인, 문명과 미개, 교육과 무지 등의 대립쌍들이 서구적인 이분법적 사고를 반영하고 있지만 근대를 향한 욕구는 거기 얽매어 있었다. 영화에서 박경원이 욕망하는 신천지는 전자가 후자를 억압하지 않는 세계이자 자신의 이상이 실현되는 희망의 세계이며 후자에 속해 있는 식민지 백성으로서의 전자를 향한 열망이 깃들어 있기도 하다.

최초라는 수식어를 달고 있는 여성이 끝내 파멸하고 비극적 영웅이 되고마는 서사구조는 일제시대라는 한계상황을 극복할 수 없는 개인의 무력함과 연결된다. 여성의 영역인 가정에서 벗어나 공적영역인 남성의 영역으로 들어가 독립적인 개인으로 존재하려는 열망을 가진 한 여성의 등장은 전세계적인 동시성을 가진다는 점에서 의미가 있다. 영화에서 박경원의 부친이나 가족 상황을 실제보다 약화시킴으로써 박경원은 더 독립적으로 그려졌고 스스로 당시 남성에게도 새로운 분야인 택시기사라는 직업을 갖고 돈을 벌었고 짧은 머리에 자전거를 타고 다니는 것은 새로운 신여성의 모습이었다. 조선 최초로 자동차 면허를 딴 여성이기도 한 박경원은 다른 어떤 신여성보다도 가장 남성적이고 여성에게 폐쇄적인 영역에 뛰어든 여성이었다. 서구에서도 여성의 독립성의 상징이었던 자전거는 여성의 이동의 능력이라는 의미에서 중요하다. 주로 외모를 서구

식으로 치장하고 자유연애를 신봉하는 당시의 모던걸과는 구별되는 진정한 의미의 신여성의 의미를 담고 있다. 지혁을 사랑하지 않는 것은 아니나 자신의 이상을 더 소중히 여김으로써 결혼을 거부하는 모습 또한 기존 여성의 삶에서 결혼이 차지하는 비중이 매우 컸음을 고려하면 과거에는 없었던 신인류로서의 여성상을 보여준다.

박경원, 이정희[15], 일본인 가베 등 세 명의 여성비행사는 저마다의 처지는 다르지만 여성에게는 모험적이고 선진적인 꿈을 가진 여성이라는 공통점이 있다. 정희는 지혁의 집에서 오랫동안 천한 일을 하면서 돈을 모았고 가베는 나이가 많은 외무대신의 연인[16]으로 그의 보호를 받는다. 정희는 지혁 아버지의 죽음으로 지원을 못 받게 되어 꿈을 포기하게 되고 가베는 건강상의 이유로 꿈을 포기하는 대신 생명의 은인인 경원을 돕는 것으로 자매애를 발휘한다. 가베의 경우 일본인이라 해도 당시 여성이 꿈을 갖는다는 것은 나이 많은 후원자의 도움을 받아야만 가능한 것으로 그려진다. 오직 경원만이 남자의 도움 없이 홀로서기 위해 고군분투하지만 결국 생에 대한 그 격렬한 투쟁은 그녀를 죽음으로 치닫게 한다. 자기밖에 모르는 사람이라고 질책하면서 조선 최초의 여류 비행사가 아니라 매국노라는 사실을 널리 알리겠다는 정희의 비난과 매국노 소리 들을까 봐 두려워하지 말고 비행만 생각하라면서 죽어가면서도 경원을 위로해 준 지혁의 격려 사이에 오늘 우리가 박경원을 바라보는 시각

---

15 이정희는 실제로 함께 비행학교를 다닌 여성이었으나 중도에 포기했다고 한다. 여기서는 허구적 요소가 많이 가미된 인물이다.

16 박경원은 당시 고이즈미 체신대신의 도움을 많이 받았고 친분관계가 있었다고 한다. 영화에서는 그 인물을 일본인 여성 비행사의 후견인으로 바꾸어 직접적인 관계를 피했다.

의 지평이 놓여있다. 그 사이 어느 지점을 선택하든 그것은 물론 관객의 자유이다.

3) 무너진 꿈―민족주의라는 이데올로기

영화에서 박경원의 삶은 여류비행사로 성장하는 과정이 과감히 압축된 뒤에야 구체적으로 그려진다. 〈청연〉은 가상의 인물이자 연인인 한지혁과의 관계를 통해 시대를 앞서갈 만했던 여자의 독립심을 보여주기도 하고, 정치적 사건의 누명을 통해 민족주의의 함정에 빠지기보다 개인적인 꿈에 솔직한 인물을 그린다. 이것은 〈청연〉이 이루어낸 하나의 성취다. 조선을 점령하러 온 일본 군대를 보며 억압과 분노 대신 닌자에 관한 천진난만한 상상을 하는 어린 박경원을 그린 첫 장면부터 영화는 민족주의의 요구에 따르지 않을 것임을 암시한다.

그러나 식민지에 대한 고뇌를 겉으로 표방하지 않았다고 해서 당대의 신여성으로서 그러한 갈등이 없었을 리 없다. "세상 끝까지 가보는 게 내 꿈"이라 외쳤던 박경원은 그것을 위해 민족을 버리거나 욕되게 하지는 않았다. 일본인 가베와의 우정이 있었고 그녀의 도움을 받았지만 그들은 생사를 같이 한 동료로서의 의리와 자매애가 있었다. 비행사가 된 후 최초의 장거리 비행으로 조선을 택하고 청연을 몰고 위험한 길을 떠나는 박경원의 모습에서 비록 독립운동에 몸 바친 청년들과 길은 다르지만 그 마음에 조국의 독립과 자주를 바라는 열망이 없었다고 할 수는 없다. 일본의 비행기를 타느니 차라리 비행사를 하지 말았어야 한다고 쉽게 비난할 수는 없는 일이다. 일장기를 들고 비행기 앞에서 찍은 사진으로 남아 있는 박경원은 그 모든 고난과 치욕에도 불구하고 꿈을 이루고자 했던 열망을 가진 여성이었다.

식민지 상황에서 최초로 무엇이가를 이룬 여성/인간이 그것을 성취하는 과정 자체가 얼마나 힘겨웠을지 상상하는 것은 어렵지 않다. 비행이 비록 개인의 꿈을 위한 것이라 할지라도 일본인과의 치열한 경쟁과정을 이겨내는 것 또한 민족의 자긍심을 고취하는 일이었을 것이다. 조선인이기에 몇 배의 노력이 요구되었을 상황에서 인간으로서의 극한에 도달하는 정신과 육체의 승리를 보여주는 경기 장면은 충분히 감동적이다. 조선과 일본, 식민지와 제국주의, 조선인과 일본인을 넘어서는 인간 승리의 순간을 보여주는 극한상황에서 그 모든 대립적인 현실의 요소는 사라진다. 영화에서 민족주의적 담론만을 내세운다면 일제시대를 배경으로 한 영화는 모두 애국투사에 관한 것이어야 할 것이다. 독립운동가였던 최초의 전투기 조종사 권기옥 대신 논란거리가 될 수밖에 없는 박경원을 주인공으로 택한 감독은 "박경원을 영웅으로 만들거나 미화하려고 한 것이 아니다"라고 밝히며, "꿈을 향해 노력할수록 조국으로부터 멀어질 수밖에 없었던 사람, 그의 비극과 시대의 비극을 그리고 싶었다"고 영화의 취지를 말한 바 있다.

〈청연〉은 블록버스터 영화를 표방하며 역대 한국영화중 가장 큰 규모인 해외 4개국 로케이션으로 촬영되었다. 예컨대 이륙하기 전의 훈련은 일본에서, 이륙하는 장면은 중국에서, 하늘에서 비행하는 모습은 미국에서, 조종석 안은 양수리에서, 이렇게 4개국 촬영을 거친 끝에야 비행 장면 하나가 완성된 것처럼 모든 분야에 걸쳐 매우 공들여 만들어진 영화였다. 그러나 영화 개봉 무렵 박경원의 친일 논란이 불거지면서 영화는 흥행에 실패했다. 당대에도 박경원이 조선으로의 장거리 비행을 위한 모금운동을 하는 과정에서도 일본의 비행기를 탄다며 매국노라는 지탄을 받았고 모금도 되지 않았다. 한 대의 비행기도 갖지 못한 나라의 백성으로서 감히 어울리지 않게 날아오르는 꿈을 가졌던 박경원은 시대에 어울리지 않는 터무니없는 꿈을 꾸었던 이상주의자일지 모른다. 그래서 비난받아야 한다면 최초의 여성 비행사는 우리가 비행기를 갖게 된 해방 이후에나 가능했을 것이다. 어떠한 고난과 역경의 시대에도 사람들은 다양한 방법으로 그 시대를 살아내고 있다. 처음으로 무엇인가를 해낸 인간은 선구자로서의 가치를 존중받을 만한 의미와 이유가 있다.

한 편의 영화를 미적인 예술 작품으로 감상하고 평가하기 이전에 친일이라는 자로 재단해버리고 영화를 매장시켜버리는 이러한 사회적 현상은 한국이 여전히 민족주의 담론이 지배하는 사회임을 증명한다. 〈청연〉은 동시대의 민족주의 담론에서 완전히 벗어나지 못한 자기검열의 결과이며 그러한 주체에 대한 적극적 옹호라는 지점을 포함한다.

(초췌한 얼굴로 앉아있는 경원과 그녀 앞에 놓여져 있는 서류들…)

수사관1   마지막 기회야.

경원   …

수사관1   어차피 한지혁은 못 나가. 한때 세상이 다 알아주는 비행사 아니었나? 진술서에 서명하고 나가기만 하면 금방이라도 비행을 다시 할 수 있을 텐데? 서명해.

경원   … 아무 죄도 없는 사람한테… 다 덮어씌우고 나가라구? (울먹) 나만 살겠다구?… (조선말) 개새끼들…

수사관1   뭐?

　　(억장이 무너지는 듯 울기 시작하는 경원) (#92)

　　장거리 비행날 경원은 지혁의 유해를 안고 조국으로 출발한다. 제비가 많은 고향을 생각하며 청연이라는 이름을 붙인 비행기에 시대의 희생양으로 죽어간 지혁의 유해를 안고 목숨을 건 먼 길을 떠났다. 태풍이 올지 모른다는 기상예보는 그 앞길의 고난을 암시하며 경원은 실제로 태풍을 만나지만 조선인/여자에게 마지막 기회일지 모르는 비행을 포기할 수 없다. 일본인에게 충성을 맹세한 자, 사상이 확실하게 검증된 자가 아니면 비행기를 탈 수 없다는 말에 더 이상 출발을 미룰 수도 없고 돌아갈 수도 없었던 경원에게는 폭풍우 속이지만 목숨을 걸고 앞으로 나아가는 것밖에 다른 선택이 없었다. 그러한 비극적 영웅의 면모를 보여준 위대한 정신과 고결한 도전이 일본인의 도움을 받고 일본의 비행기를 탔다는 이유로 매국노이자 친일파라고 극단적으로 매도되었다. 영화에서 경원은 현실도 역사도 뛰어넘은 실존 그 자체를 보여주었다. 일본에 대한 적극적인 저항 대신 비행기와 이상을 택한 경원은 식민지 조선의 여자로 태어나 당치않은 꿈을 꾸었던 이상주의자이자 운명을 거슬러 나아간 비극적 인물이었다.

　　일제시대와 아무런 연관성이 없는 것처럼 진행되던 영화들이 어떻게든 당시의 조선 상황과 연결되고 독립운동과도 연계되면서 우여곡절 끝에 마무리되는 순간 그 영화들은 〈청연〉과 같이 참패하지는 않았다. 이러한 결과들은 현재까지도 식민지 시대를 받아들이는 정치적인 방식에는 특정한 이데올로기가 작용하고 있다는 점을 알게 한다. 사회가 돌아가는 방식을 이해, 정의, 파악, 설명하기 위해 다양한 계급과 사회 집단이 사용하는 언어, 개념, 범주, 사유의 장, 재현체제들과 같은 정신적인 틀을 이데올로기[17]라 정의할 때 이 땅에서 한 편의 영화를 재현하고 수용하는 데 작용하는 이데올로기는 다분히 민족주의적인 것이다. 감독이 그것을 지양한다고 해도 한국 사회는 아직 거기서 벗어나지 못했고 거기서 벗어난 새로운 시각을 견지한 감독과 그 시선에 의해 재현된 인물은 여전히 단죄를 받았다. 이 땅의 민족주의 이데올로기라는 강고한 틀을 확인시키는 대목이다. 〈청연〉은 개인과 민족주의 간의 길항을 보여주었고 후자의 승리로 끝났다. 포스트모더니즘의 시대에 대한 논의도 이미 오래 전에 지나간 지금 이 땅에서 근대는 아직도 요원해 보인다.

---

17 임영호 편역, 『스튜어트 홀의 문화이론』, 한나래, 2008, 31면.

Ⅲ. 결론

　성악가 윤심덕을 주인공으로 한 〈사의 찬미〉와 여성 비행사 박경원을 소재로 한 〈청연〉에 나타난 신여성의 재현을 당대의 구체적인 자료와 연관하여 분석하였다. 〈사의 찬미〉는 윤심덕이 일본 유학을 통해 신교육을 받고 자신의 꿈을 키우지만 예술이 인정받지 못하는 당시의 식민지적 상황에 절망하고 김우진과의 연애에도 좌절하면서 자살하는 것으로 그렸다. 대종상에서 의상상을 받을 정도로 당시 신여성의 화려한 의상이나 머리모양 같은 외적인 기호들의 재현에 주력한 이 영화는 '사의 찬미'라는 제목에서 보여주듯 우울하고 비극적인 신여성의 최후를 보여주었다. 새로운 시대를 진취적으로 살아가는 신여성은 멜로드라마의 여주인공으로 약화되었고 자살의 의미가 명확하게 부각되지 않음으로써 도피적이고 패배적인 결말에 머물렀다.

　친일파 논란에 휩싸인 〈청연〉은 민족주의 이데올로기에 침윤되어 있는 한국 사회의 벽에 부딪쳐 흥행에 실패했다. 조국보다는 개인적 이상의 실현을 선택했던 박경원의 삶에 대한 대중들의 외면은 개인의 자아를 중시하는 근대의식이 민족주의라는 거대담론과 맞부딪칠 때 언제나 후자가 우위에 있는 한국 사회의 특수성을 보여주었다. 영화는 근대성에 기반을 두고 개인을 중시하는 관점을 택하여 일제시대를 단지 시대적인 배경으로만 배치하였으나 관객들의 반발은 예상보다 거세었고 영화는 그 벽을 넘지 못했다. 박경원은 영화 속에서 살아나지 못하고 다시 친일이라는 늪 속으로 빠져들었다.

이 두 편의 영화에서 신여성의 근대체험을 표현하는 시각이 다소 다른 것을 알 수 있다. 〈사의 찬미〉는 신여성을 외적인 사치에 물든 여성군이라는 당시의 시각을 그대로 반영하여 윤심덕을 지나치게 화려한 의상을 통해 표현하였고 자신의 이상보다 연애에 치중하는 여성으로 그려 흥미 위주로 재현했다. 그리고 시대의 한계에 나약하게 무너지는 비관적 여성으로 재현함으로써 패배주의적 시각을 보여주었다. 신여성 윤심덕을 소재적인 차원에서 접근하고 극적인 인물로서의 측면만 강조한 결과 그녀는 시대를 앞서 간 선구자로서의 신여성 대신 근대의 모던걸로 재현되어 영화에서 소비되는 차원에 머물렀다. 반면 〈청연〉은 보다 강인하고 능동적이며 연애와 이상을 구분하고 주체적으로 생의 길을 선택하는 여성상을 보여준다. 중성적 외모와 의상, 소도구로서의 술과 담배, 남자와의 대등한 경쟁, 선진적인 직업의 추구 등에 있어서 여성을 성적 대상화하거나 왜곡하지 않고 신여성의 새로운 모습을 공정한 시각으로 그려내었다. 개인적 꿈과 민족적 가치 사이에서도 국가를 선택하는 영웅적 인물로 우상화하지 않고 살아있는 한 인간의 고민과 선택을 중시하는 객관적 시각을 견지하고 있다. 민족과 이상 사이에서 갈등하지만 이상의 실현을 위해 민족을 선택하지 않는다고 해서 그것이 민족을 배신하는 것은 아니라는 입장을 보여준 감독의 선택은 근대의식의 측면에서 인물을 재현하려는 의도였다. 감독은 박경원에게서 무조건적이고 맹목적인 민족주의가 아니라 근대적 개인의 자아실현이라는 가치를 보았고 그것에 의미를 부여했던 것이다. 이러한 신여성 재현의 관점의 차이는 비록 두 영화 사이에 불과 14년이라는 시간적 차이가 있을 뿐이지만 그 동안 우리 사회에 페미니즘의 인식이 확산되었음을 반영한다.

그러나 두 편의 영화에서 주인공은 모두 죽었다. 최초라는 수식어를 달고 있으며 한국사에서 중요한 인물이면서도 요절해야 했던 이 신여성들은 존경받고 애도되는 대신 가십거리로 세상을 부유하거나 친일파로 매도되고 영화 속에서도 주체성을 확고하게 재현하지 못했다. 그들은 여전히 멜로드라마의 주인공이거나 친일파라는 이름으로 단죄되어 영화 자체가 외면당하는 비극을 되풀이했다. 그 암울한 시대에 새로운 분야의 개척자였다는 것도 민족주의라는 이데올로기에 쉽게 묻혔다. 획일적인 기준으로 여성을 단죄하는 동안 그들은 영화의 재현을 통해서도 살아나지 못했고 명예를 회복하지 못하며 여전히 비명을 부르짖고 있다. 새로운 길을 걸어간 용감한 그들은 오늘날 왜 자기의 삶에 충실했던 한 개인으로서 존중받고 존경받지 못하는가. 아직도 우리는 개인을 중시하는 근대를 살지 못하고 있기 때문이다. 세계적으로는 포스트모더니즘의 시대도 지나간 지금 한국 사회는 여전히 근대 이전에 머물러 있다. 일제시대를 재현하는 이유는 여전히 근대가 한국 사회의 화두라는 사실과 한편으로는 근대의 의미를 확인하는 일에 몰두하면서 한편으로는 근대성을 재현하는 방식을 실험하고 모색하는 중임을 알려준다.

19세기말부터 세계적인 현상이 되기 시작하는 신여성 현상은 나라마다 다른 모습을 펼치기도 하지만 공통점도 보여준다. 특히 일본을 통해서 근대문화를 받아들이게 되는 당시 조선과 중국은 일본이나 서구의 신여성 현상과는 다른 의미를 갖는다. 중국영화와 일본영화에서의 신여성 재현 양상을 분석하여 세 나라의 영화를 비교하고 공통점과 차이점을 추출함으로써 동아시아의 신여성 현상의 교류와 나라별 특성을 고찰하는 것을 후속과제로 남겨둔다.

제8장

소비사회의 탈주 욕망과 키치적 글쓰기

— 김대우의 〈음란서생〉과 〈방자전〉

이 장은 이전의 여배우를 중심으로 한 여성의 문제와는 좀 다른 측면, 곧 작가의 글쓰기라는 문제를 다루고 있다. 작가가 여성을 어떻게 재현하는가라는 문제를 알 수 있는 내용이어서 책의 마지막 장에 넣었다. 영화에서 여성을 어떻게 재현하는가 하는 문제가 영화의 미적 사회적 예술적 측면과 상업적 흥행의 측면의 균형에서 차지하는 비중은 매우 크기 때문이다. 이 글이 앞의 글들과는 다소 다른 영역을 다루고 있기는 하나 본질적으로는 영화에서 남성의 글쓰기와 여성의 재현은 불가분의 관계에 있음을 드러내는 측면이 있으므로 참고로 싣는다.

이 글의 목표는 김대우 작가/감독의 〈음란서생〉과 〈방자전〉을 글쓰기/영화 창조 과정에 대한 메타영화로 보고 이들을 소비사회의 글쓰기 관점에서 분석하는 것이다. 작가로서의 글쓰기에 대한 정체성의 고민 과정을 보여주는 〈음란서생〉의 윤서는 명분론에 얽매어 강제되는 서생의 글쓰기대신 독자의 사랑을 받는 음란한 글쓰기를 선택한다. 그는 서생의 글쓰기에서는 경험한 적이 없는 희열을 느끼며 대중적 글쓰기에의 욕망을 구현하지만 이러한 탈주의 욕망을 추동력으로 삼아 본격적인 개인의 탄생으로 나아가지도 못하고 다수자 문학에서 소수자 문학으로의 확고한 이행을 보여주지 못한다는 점에서 아쉬움을 남긴다. 비록 엔딩에서 그 가능성을 열어두고는 있으나 과감하게 탈주선을 넘지 못하는 윤서의 한계는 대중예술의 총아인 영화의 대중성 안에 갇힌 김대우의 한계와 맞물려 있다.

〈방자전〉은 정전으로서의 고전을 해체하고 정식화되어 있는 견고한 가치를 무력화시키며 변화한 시대의 대중들에게 걸맞는 가볍고 흥미로운 작품으로 새롭게 가공한 영화다. 김대우는 예술의 무게 대신 인물의 내적 진실을 파헤치고 계급이 아닌 개인에게서 인물의 진정성을 발견하면서 고전을 대중문화로 해체 재구성했다. 그 과정에서 김대우는 통속을 선택함으로써 예술가는 사라지고 예술을 가공해서 파는 키치들의 세상이 되어버린 소비사회의 시대에 걸맞는 대중예술 작가가 되었고 이 두 편의 영화는 그러한 선택의 결과물이다.

I. 서론[1]

　보드리야르는 오늘날의 사회를 소비사회[2]라 규정했다. 이는 소비야말로 우리 사회의 문화가 기초를 두고 있는 체계적 활동이자 포괄적 양식이라는 점 때문이다. 소비사회의 특성 중 하나는 지위이동이 가능한 유동적인 사회라는 것인데 사람들은 상위 계급의 지위에 도달하면 그와 동시에 문화적 요구를 지니게 되고 자신의 지위를 기호로 표시하고 싶은 욕구를 갖게 된다. 대중의 통속성과 대중문화의 천박성은 이러한 소비사회의 욕구를 반영하며 수요에 따른 공급을 창출한다. 사회의 제반 기능과 욕구가 이윤에 의해 대상화되고 조작되며 모든 것이 진열되어 구경거리가 되고 소비 가능한 형태로 편성된다는 의미에서 오늘날의 사회는 전

---

1 이 글은 이화형 교수가 『정신문화연구』에 발표한 글로 필자의 허락을 받아 재수록하였다.
2 장 보드리야르, 이상률 역, 『소비의 사회』, 문예출판사, 1997, 155면.

반적으로 이러한 논리에 종속되어 있다고 할 수 있다. 이러한 사회에서는 문화생산물 또한 더 이상 고유의 창조적 가치를 갖는 미적 예술품이 아니라 단지 사회적 현상의 일면에 불과하다. 본고는 이러한 소비사회의 시대에 글쓰기를 하고 영화를 만드는 것은 어떤 의미가 있는지 그리고 예술가로서의 작가/감독의 생각과 갈등은 무엇이며 그 결과 생산된 영화는 어떤 양상을 보여주는지를 분석하고자 한다.

김대우의 영화 〈음란서생〉과 〈방자전〉은 작가의 창작에 관한 메타영화라고 보고 이 두 작품을 연구대상으로 하여 작품 외적으로는 소비시대로 요약되는 현대사회에서 작가의 창작과정과 의미를 분석하고 작품 내적으로는 영화에 등장하는 '작가'라는 인물을 중심으로 글쓰기와 예술의 의의를 분석하고자 한다. 작품 외부의 작가 김대우[3]는 시나리오 〈음란서생〉을 쓰고 그 안의 작가 윤서는 음란소설 「흑곡비사」쓴다. 또한 작가 김대우는 고소설 「춘향전」을 재해석한 시나리오 〈방자전〉을 쓰고 작품 내부의 작가 색안경은 방자의 주문에 따라 「춘향전」을 쓴다. 현실의 작가가 쓴 작품 안에서 다시 가공인물인 '작가'가 또 다른 작품을 쓰는 과정을 넣은 액자형 플롯에서 작품 내부의 '작가'는 작품 외부의 작가 김대우의 페르소나로 기능하면서 오늘날 작가가 처한 현실적 고민과 선택을 보여준다.

김대우와 그의 영화를 연구대상으로 택한 데는 몇 가지 이유가 있다. 첫째는 김대우에 대한 관심의 측면인데 영화가 현대사회의 물신주의와

---

3 김대우는 한국의 대표적인 시나리오 작가로 〈정사〉, 〈반칙왕〉, 〈스캔들〉 등의 시나리오를 썼으며 〈음란서생〉과 〈방자전〉은 시나리오를 쓰고 직접 연출도 하였다.

문화 소비라는 특성을 집약하고 있는 대표적 상품이고 그 핵심에서 글쓰기를 하는 이가 시나리오 작가라는 점에서 비롯된다. 특히 김대우는 시나리오 작가의 독자성이 담보되지 못하는 영화계 현실에서 한계를 느끼고 〈음란서생〉(2006)과 〈방자전〉(2010)의 경우 작가와 감독을 겸함으로써 글쓰기/영화가 서로 연결된 작업에서 자유로운 선택과 신념의 구현이 가능했다는 점에 주목하기 때문이다. 둘째는 이 두 편의 영화에 대한 관심의 측면으로, 이들이 최근 관객과의 소통에 성공한 대표적인 영화[4]라는 점, 김대우의 페르소나로서의 '작가'라는 인물에게 오늘날의 작가의 고민이 들어 있다는 점, 성담론에 대한 자유로운 상상력과 표현이 두드러진다는 점 등의 이유 때문이다.

김대우는 현대 사회의 핵심 키워드라 할 수 있는 성의 문제를 사극의 세계에서 유려하게 풀어 놓음으로써 탐미적인 영상미를 구현하는 동시에 비교적 자유로운 성담론을 펼치고 있다. 〈정사〉의 시나리오를 쓰면서 정숙한 중산층 여성의 성문제를 다룬 바 있는 그는 〈스캔들〉의 시나리오에서는 정절녀의 정절을 무너뜨리는 이야기에 몰두한 바 있고 〈음란서생〉에서는 유교적 이념에 경도되어 있는 선비를 통해서, 그리고 〈방자전〉에서는 정조와 의리로 무장한 고소설의 춘향과 몽룡을 불러내어 역시 성담론과 관련된 논의를 펼치고 있다. 자유로운 성과 강고한 윤리 도덕을 대립항으로 놓고 겨루는 이야기에 관심을 가진 일련의 작품 안에서 그 실험들은 대체로 성의 승리로 끝난다. 그는 관객의 보편적 흥미를 끄는 성

---

4 〈음란서생〉(2006)은 257만 명의 관객을 동원했고 〈방자전〉(2010)은 300만 명을 돌파함으로써 흥행에 성공한 대표적인 사극영화가 되었다.

적인 소재를 미적 영상의 표현과 조화롭게 구사한다. 성을 소재로 하지만 일정한 표현의 수준을 유지하면서 관객에게 예술작품을 감상한다는 느낌을 주는 영화를 만들어냄으로써 흥행 영화의 계보를 잇고 있다. 이 과정에는 예술과 대중문화, 글쓰기의 궁극적 가치와 효용성, 소비사회의 작가적 성취 등에 대한 고민과 선택이 들어있다고 보고 그 두 편의 영화를 소비사회의 탈주욕망과 키치적 글쓰기의 관점에서 분석하고자 한다.

Ⅱ. 본론

1. 탈주 욕망으로서의 글쓰기, 〈음란서생〉

1) '음란'과 '서생'의 거리—작가의 갈등

'음란/서생'은 도발적인 제목이다. 고색창연한 유교적 전통문화에 침윤되어 있는 고결한 선비를 떠올리게 하는 '서생' 앞에 의외로 '음란'이라는 어울리지 않는 단어가 붙어 있는 이 제목은 낯선 것들의 부조화를 통한 기묘한 어감을 갖는다. 어울리지 않는 이 단어들은 음란과 서생 사이, 평민과 양반 사이, 그리고 글쓰기와 사랑 혹은 욕망 사이에 존재하는 다각도의 팽팽한 길항작용을 보여준다. 네 음절로 만들어진 하나의 단어가 영화의 모든 인물과 서사구조와 갈등을 한꺼번에 담아내고 있다는 점에서 함축적인 제목이다.

명문가의 자손이자 사헌부 장령인 서생 윤서(한석규 분)는 당쟁에 휩싸여 무고한 자신의 동생이 심한 벌을 받게 되자 당장 상소문을 쓰라는 가문의 종용을 받게 된다. 공맹의 도를 따라야 한다는 선비의 입장을 내세우는 온순한 성품의 윤서는 집안에서는 몸을 사리는 겁쟁이라 비난 받으며 적대세력으로부터는 시류를 거스르지 않는 사람이라는 서로 이질적인 평을 받는데 이는 서생이라는 신분이 갖는 갈등을 그대로 보여준다. 학문의 결과로 생긴 자신의 소신에 의거하여 옳고 그름에 대한 나름의 판단을 내리지만 가문과 명분에 밀려 공맹의 도를 거스를 수밖에 없고 그러한 잘못을 유려한 문장으로 미화해야 하는 왜곡된 글쓰기로 떠밀리고 있기 때문이다. 이러한 서생의 글쓰기는 공맹의 도와도 무관하고 진리와도 거리가 있으며 자신의 양심에도 어긋나는 허구적 글쓰기인 것이다.

그러던 어느 날 윤서는 의금부의 저승사자라 불리는 괴팍한 사령 광헌(이범수 분)을 만나 함께 공무를 수행하게 된다. 여기서 공무란 왕이 총애하는 정빈(김민정 분) 소유의 위조된 그림의 출처와 유통에 관해 확인하는 일이다. 이 위조된 가짜 그림은 키치에 대한 예고적 장면이라 할 수 있다. 계급의 이동에 의해 상류계층으로 올라간 사람들은 그에 걸맞는 예술품을 원하게 되고 그것은 모조품의 수요를 창출한다. 소비의 사회에서 키치가 존재하기 위해서는 그것에 대한 수요가 있어야 되는데 이 수요는 사회적 지위 이동에 따라 결정되는 것[5]이다. 정빈의 그림 문제는 이러한 새로운 예술의 변화가 도래한 사회상의 반영이며, 예술작품의 원본과 모조품간의 진실을 확정하는 윤서의 직무는 예술의 사회사적 변화기를 맞이하여 글쓰기를 업으로 하는 작가에게도 새로운 갈등이 도래하였음을

---

5 장 보드리야르, 앞의 책, 155쪽.

암시한다.

그 와중에 윤서는 그릇전에서 밀거래되던 여항의 평민들이 즐겨 읽는 난잡한 책을 처음 접하게 된다. 이는 영화의 첫 번째 전환점으로 윤서로 하여금 새로운 글쓰기의 세계로 인도하는 계기가 된다. 그 난잡한 책들에는 소위 '진맛'이 있다는 책 밀매업자 황가(오달수 분)의 말에 윤서는 진맛이 뭐냐고 묻고 황가는 다음과 같이 대답한다.

> "조선 최고의 명문장가가 그것도 모르시나? 그야 꿈이지요. 꿈꾸는 것 같고 꿈에서 본 것 같고 꿈에서라도 맛보고 싶은 것, 그것이 진맛이지요. 그걸 모르고 여태까지 글을 쓰셨소?" (#21)

집으로 돌아와 상소문을 쓰려고 앉은 윤서는 음란한 책의 글귀들이 떠올라 상소문에 집중할 수 없고 어느새 음란한 단어들을 쓰고 있는 자신을 발견하고 놀란다. 그러나 자신의 솔직한 욕망을 담은 글, 소위 진맛을 담은 글쓰기에의 욕망 앞에서 서생은 그동안의 조선 최고 문장가의 글쓰기를 포기하고 난잡한 글쓰기를 선택함으로써 소수자 문학으로 발을 들여 놓는다. 들뢰즈와 가타리를 인용하자면 그들은 소수자와 다수자[6]라는 용어를 수적인 측면에서가 아니라 구성의 양태적인 측면을 기술하기 위해 사용한다. 다수성이 하나의 표준항인 반면 소수자는 표준을 갖고 있지 않으며 모든 위대한 문학은 이미 주어진 어떤 인정이나 성공의 표준을 거부한다는 의미에서 소수자 문학이다. 당시 글을 쓴다는 것이 양반 계층에게만 허용되던 고급한 문화이자 표현행위라면 이를 다수자의

---

6 클레어 콜브룩, 한정헌 역, 『들뢰즈 이해하기』, 그린비, 2008, 36면.

문학이라 할 수 있고 글을 모르던 대부분의 평민들을 위한 글쓰기란 새로운 표준을 형성해나가는 행위라는 의미에서 소수자 문학이라 할 수 있을 것이다. 윤서의 글쓰기는 다수자 문학에서 소수자 문학으로의 이행을 보여주는 행위라 하겠고 새로운 방향성으로의 시도라는 측면에서 의미를 부여할 수 있다.

작가로서의 글쓰기에 대한 진정성과 정체성의 고민 끝에 윤서는 독자의 사랑을 받는 대중적 글쓰기, 자발적 글쓰기, 재미있는 글쓰기, 의욕적인 글쓰기, 돈도 생기고 인기도 얻는 음란한 글쓰기를 이념적 글쓰기, 틀에 박히고 재미없고 명분에 얽매어 억지로 써야하는 의무적인 글쓰기, 허황된 명분론에 얽매어 강제되는 서생의 글쓰기 앞에 놓기로 선택한다. 그리하여 새롭게 탄생한 음란서생 윤서는 스스로 추월색이라는 상투적인 필명을 짓고 매우 노골적인 제목과 난잡한 내용의 첫 작품 「흑곡비사」를 쓰기에 이른다. 책 판매업자 황가는 이를 읽고 흡족해 하면서 연재를 제안하며 윤서는 본격적인 음란서생의 글쓰기에 몰두한다. 이 과정에서 의금부도사 광헌에게 삽화[7]를 부탁하고 그 또한 이 낯설고 도발적이며 새로운 욕망의 구현을 위한 음란한 그림 그리기의 길로 접어든다.

난잡한 책에 대한 사람들의 욕구는 매우 열렬한 것이었고 윤서는 이전

---

7 춘화에 대한 최초의 기록은 박양한의 야담집 『매몽한록』에 처음 등장한다. 인조대에 처음 중국을 통해 남녀 간의 교합을 본뜬 상이 들어왔다는 기록을 전하고 있는 이 책을 참조한다면 이 시나리오의 구체적인 시대적 배경을 확실히는 알 수 없으나 최소한 인조(재위기간 1623~1649) 이후 곧 17세기 중후반으로 추정할 수 있다. 연동원, 「〈음란서생〉과 포르노그라피」, 『우리문학연구』 20집, 우리문학회, 2006, 109면 참조.

의 서생의 글쓰기에서는 경험한 적이 없는 희열을 느끼며 글쓰기에의 욕망을 구현한다. 시장이란 본래 교류의 장소[8]다. 소비자들의 욕구는 시장에서 공급에 의해 구체화되는 생산자들의 욕구와 만나고 교류는 바로 이러한 잠재적인 만남의 결과로 이루어진다. 산업사회로 갈수록 시장은 사회관계의 주요 토대가 되고 상품화 논리는 그 영향 공간을 점점 팽창시킨다. 음란서생과 음란독자들 그리고 이들을 매개하는 음란 판매업자로 이루어진 난잡한 책 시장은 점점 활성화되고 그 책이 급기야는 궁중까지 들어가게 되면서 심각한 문제가 불거진다.

2) 소비사회의 글쓰기와 사랑의 거리―작가의 선택

세계적으로는 16세기에 들어서면서 최초로 인쇄술에 기초해 대중적 인쇄물이 등장[9]하게 된다. 우리나라의 경우는 조선 후기부터 소설의 시대라 할 만큼 다양한 작품이 유행하게 되었다. 지금까지 알려진 국내 고소설 작품만 해도 약 858종에 이르며 다양한 형태의 이본을 모두 합친다면 그 수는 수만 종을 헤아리고도 남는다. 이는 중국의 1,164종, 이본을 모두 합친 일본의 1만 40편에 비교해도 결코 뒤지지 않는 양이다. 짧은 한문단편소설부터 180책이나 되는 대하장편소설까지 그 종류와 형태도 다양하다. 책값은 일반 서민들이 감당하기에는 여전히 비쌌기 때문에 세책점은 이런 잠재적인 독자들을 노리고 17세기 후반 경부터 등장했다. 돈

---

8 로랑 크레통, 홍지화 역, 『영화와 시장』, 동문선, 2005, 34면.
9 움베르토 에코, 조형준 역, 『스누피에게도 철학은 있다』, 새물결, 2005, 31면.

을 받고 필사한 책을 빌려주던 세책점은 서울을 중심으로 성행했다. "쾌가는 이것(패설)을 깨끗이 베껴 쓰고 무릇 빌려 주는 일을 했는데, 번번이 그 값을 받아 이익으로 삼았다"는 18세기 채제공의 기록은 그 당시 세책점 풍경을 짐작할 수 있게 해준다. 원래 가가호호 방문하여 책을 팔던 쾌가가 겸하던 세책업은 점차 전문 세책업자들에게 넘어갔는데, 세책업자들은 한 군데 가게를 열고 손님을 기다리는 영업 형태를 선택했다. 남아 있는 기록에 의하면 서울에만도 서른 곳이 넘는 세책점이 성행했다[10]고 한다.

소량으로 필사되어 대중에게 공급되던 이러한 책들은 한번 읽고 나면 내던지고 마모되기 쉬운 대중문화의 특징을 보여준다. 사람을 쉽게 흥분시키고 격정으로 휘몰아가며 사랑과 죽음이 기본메뉴로 등장하는 등 대중문화의 특징을 뚜렷하게 지니기 시작한 것이다. 이러한 책들은 대중들의 공식적인 도덕의 틀 속에서 널리 확산되어 나가면서 대중을 만족시켜주는 동시에 통제하는 이중의 과제를 수행한다. 그리하여 기괴한 분위기를 쏟아냄으로써 상상의 세계 속에서 탈주할 수 있는 빌미를 제공한다. 하지만 궁극적으로는 문화 교양층을 발전시킴으로써 대중들이 문맹상태를 벗어나는 데 일조하기도 한다. 이러한 과정을 통해서 점차 대중들이 역사의 주인공이 되었으며 대중들을 위해 생산되고 소비되는 대중문화가 핵심적인 문화가 되기 시작했다. 이러한 대중문화적 특성을 보여주는 소위 난잡한 책에 매료된 윤서는 그 중심부에 뛰어들어 대중문화 창조의 주체가 된다. 출발지점에서 개인의 욕망의 구현과 소수자 문학의 가능성

---

10 이민희, 『조선의 베스트셀러』, 프로네시스, 2007, 6~21면.

이라는 의의를 가졌던 윤서의 글쓰기는 대중적인 방식으로 소비되어버리는 감각적 글쓰기에 함몰되어 위대한 소수자 문학으로 나아가지는 못한다. 당대 최고의 서생과 통속작가 추월색 사이에서 기꺼이 대중적 문화소비의 속성에 부응하는 통속 작가의 길을 택하는 윤서는 또 다른 유형의 다수자 문학의 작가가 되고 마는 것이다.

소설의 인기는 사대부 여성들은 물론 궁중까지 파고들고 마침내 정빈에게도 영향을 미치게 된다. 자상한 윤서의 마음씀씀이에 반한 정빈은 왕의 총애에도 불구하고 궁을 나와 윤서와 밀회하는 사이가 되었는데 이는 두 사람의 금지된 사랑의 열정이 중요해서가 아니라 보다 극적으로 윤서를 위기에 몰아넣기 위한 플롯상의 장치에 불과하다. 이는 극중 인물 윤서의 선택을 보여줌과 동시에 윤서를 자신의 페르소나로 내세운 작가 김대우의 글쓰기에 있어서의 선택을 보여주는 지점이다. 윤서에게도 김대우에게도 사랑과 글쓰기 사이에서의 갈등은 '음란'과 '서생' 사이의 갈등만큼 심각한 것은 아니었다. 윤서가 사랑과 글쓰기 사이에서 글쓰기를 택하는 것은, 영화의 표면상 삼각관계라는 기본적이면서도 흥미로운 플롯을 구성하고 있는 김대우가 정말 중요하게 생각한 것은 글쓰기의 문제임을 알게 해준다. 표면상으로는 사랑 플롯을 택하고 있지만 실제로는 자신의 이상을 추구하는 인물의 갈등이 더 중요한 것이다. 그 이상이 비록 세상에서 알아주는 명예롭고 도덕적인 글쓰기가 아니라 실명을 밝힐 수도 없을 만큼 비속한 글쓰기라 할지라도 진정한 열정을 동반한 진맛의 글쓰기를 택하는 윤서는 작가의 대변인에 다름 아니다. 윤서는 전통적인 순수문학 장르나 지적인 글쓰기보다는 가장 대중적이고 통속적인 글쓰기라 할 수 있는 시나리오 작가를 표상하는 셈이다.

윤서는 난잡한 책의 효용가치를 극대화하기 위해 난잡한 삽화 곧 춘화를 원했다. 어느 날 윤서는 광헌에게 정빈과 자신의 성행위를 숨어서 보도록 하고 광헌은 책에 그 모습을 그려 넣게 된다. 그 사실적인 삽화는 정빈의 사생활을 세상에 알리는 계기가 된다. 무소불위의 권력자 왕은 정빈의 사랑을 얻지 못하고, 위험을 무릅써가며 윤서에게 사랑을 바친 정빈은 배신을 당하며, 추월색이라는 은밀한 정체가 탄로 난 윤서는 진퇴양난의 위기에 몰리면서 세 사람은 통속적인 삼각관계를 구성한다. 그러나 여기에는 윤서의 사랑과 갈등이 빠져 있기 때문에 본격적인 삼각관계는 아니다. 윤서의 관심사는 오직 난잡한 책에 있고 정빈과의 밀회 장면을 삽화가에게 보게 하는 것은 윤서가 사랑과 글쓰기 사이에서 크게 갈등하지 않고 있음을 확인해준다. 윤서는 오직 책을 본래의 목적에 가장 합당하게 만드는 것에 관심이 있을 뿐 정빈의 사랑을 배반하거나 모욕하고 있다는 생각을 하지 못한다. 이것은 윤서의 글쓰기에 대한 열정을 보여주는 동시에 생의 본질과 사랑의 진실을 직시하지 못함으로써 자신을 소비 사회의 한 대상으로 만들어버리는 물화된 개인을 보여준다.

소비의 시대는 근원적인 소외의 시대[11]이기도 하다. 상품의 논리가 일반화되며 노동과정이나 물질적 생산물뿐 아니라 문화전체, 성행위, 인간관계, 환각, 개인의 충동도 지배하고 있다. 모든 것이 이 논리에 종속되어 있는데 그것은 모든 것이 구경거리가 된다는 것 즉 소비 가능한 이미

---

11 장 보드리야르, 앞의 책, 1997, 297면.

지, 기호, 모델로서 환기, 유발, 편성된다는 의미다. 윤서는 자신과 정빈의 성행위 자체를 그림으로 그려 파는 행위를 저지르면서 자신은 물론 정빈과 그들의 사랑마저 소비의 대상으로 삼게 되고 결국은 물질화된 사회에서 인간을 소외시키는 잘못을 저지르게 된 것이다.

3) 자유인과 죄인의 거리―탈주 욕망과 개인의 탄생

정빈은 윤서의 배신에 분노하면서도 왕에게 그를 살려줄 것을 청하고 왕은 자신의 사랑을 포기하지 못해 정빈의 청을 들어주고 윤서를 죽이는 대신 귀양 보낸다. 권력을 유지하는 것은 다양한 욕망의 흐름을 오직 하나의 정해진 틀 안으로 모으고 고착시킴으로써 그 흐름이 넘나들 수 없는 분절선을 만들어내는 것이고 윤서에 대한 왕의 축출은 분열자를 길들이려는 강제적 권력을 행사한 것이다. 그러나 이마에 '음란' 이라는 매우 수치스럽고도 희화화된 주홍글씨를 새기고 무인도로 내쫓긴 당대 최고의 문장가이자 음란서생 윤서가 영화의 마지막 장면에서 택한 것은 왕과 규율과 질서에 대한 복종이 아니라 오히려 더 나아가 난잡함의 극치라 할 수 있는 동성애였다.

여기서 윤서는 탈영토화와 탈코드화를 통해 탄생한 자유인으로서의 분열자의 위상에 도달한다. 그를 사로잡고 있던 영토로부터의 분리를 의미하는 탈영토화가 여기서는 가문과 유교이념이라는 억압과 구속으로부터의 벗어남이라 볼 수 있고 분열자는 그간 자신을 얽어매고 있던 예속과 굴레에서 벗어난 개인이란 의미다. 일반적으로 이성은 탈코드화된 욕망의 흐름을 광기라는 이름으로 침묵하게 하고 감금하며 교정하려하고 억압[12]한다. 그러나 분열자는 욕망을 수치스럽게 만들고 거세하려는 억압 앞에서 수치를 느끼지도 않고 양심의 가책에 매몰되지도 않으며 과절하지도 않는다.

윤서의 소설은 분열적 흐름에 의한 새로운 인식과 가치의 창조요 생산이다. 욕망의 흐름이 산출하는 새로운 노동이며 예술인 것이다. 엔딩장면에서 윤서의 웃음은 강요된 벽의 돌파의 표시며 창조의 웃음이다. 그것은 분열자를 좌절에서 구하는 치료이자 새로운 탈주의 욕망을 자극하는 정치인 것이다. 들뢰즈와 가타리는 개인과 집단의 관계를 분자적인 것과 몰적인 것으로 대비시킨다. 몰적이란 개별적인 욕망이나 목적을 전체적인 것에 맞추려고 하지만 분자적인 것은 각 분자의 고유한 욕망과 의지를 억압하거나 제거하지 않고 오히려 그것이 살아 움직이게 함으로써 작동하는 것[13]이다. 자신의 고유한 욕망과 의지에 따라 글을 쓰고 활동하려는 윤서는 분자적 욕망을 구현함으로써 개인의 탄생으로 나아간다. 이는 앞으로 도래할 새로운 민중의 창조를 의미하는 소수자의 정치학[14]을 예상케 한다.

억압된 욕망을 구현함으로써 개인의 탄생을 보여주지만 소비사회의 대중문학에 함몰됨으로써 소수자의 문학으로까지 나아가지는 못했던 윤서가 엔딩에서 다시 한 번 새로운 가능성을 보여주면서 영화는 끝을 맺는다. 그가 좌절하지 않고 억압적인 탈주선을 넘어 진정한 소수자의

---

12 이진경, 『필로시네마 혹은 영화의 친구들』, 소명출판, 2002, 172면.
13 이진경, 앞의 책, 231면.
14 제임스 콜브룩, 앞의 책, 161면.

정치학을 펼칠 수 있을지 명확하지는 않지만 가능성은 열어놓고 있는 셈이다. 소비사회의 글쓰기에 대한 작가의 고민은 〈음란서생〉을 통해 대중예술과 개인의 탄생이라는 경계를 넘나들면서 길을 모색하는 중이다. 이상을 실현할 수 있는 확고한 길을 아직 찾지 못하고 흔들리고 방황하는 윤서의 모습은 곧 작가 김대우의 고민을 표상하는 것이며 그것은 바로 소비사회의 글쓰기의 혼란과 맞닿아 있다.

2. 인물의 진정성과 키치적 글쓰기, 〈방자전〉

1) 「춘향전」과 〈방자전〉의 거리—고전의 재탄생

통상 서사문학은 현실을 소재로 하여 작가의 상상력을 발휘하여 허구로서의 문학작품으로 완성되는 과정을 갖는다. 그러나 김대우는 〈방자전〉에서 현실을 모방하여 창조된 허구로서의 「춘향전」을 역으로 거슬러 올라가 그 원천이 되었던 현실을 상상하고 그 과정 자체를 다시 허구화하는 방법을 택하였다. 그는 방자를 실존인물로 상상하고 거기에 작가라는 인물까지 넣어 허구로서의 〈방자전〉의 리얼리티를 극대화한다. 이 서사의 전개 과정은 다음과 같이 요약할 수 있다.

① 　　　　　　　　「춘향전」의 현실 ——〉 「춘향전」

「춘향전」 —— 「춘향전」의 현실 ——〉 〈방자전〉

② 현실 ——〉 「춘향전」(1차적 허구) ——〉 〈방자전〉(2차적 허구)

김대우는 음란서생의 '윤서'에서 「춘향전」의 '작가'로 변신하여 작품 안으로 들어간다. 당대 최고의 통속소설[15] 작가인 색안경(공형진 분)은 자신의 이야기를 멋진 소설로 만들어달라는 방자(김주혁 분)의 요청을 받고 그에게 일어난 과거 이야기를 들어주는 인물로 등장한다. 〈음란서생〉에서는 작가의 페르소나인 윤서가 주인공으로서 글쓰기에 대한 직접적 갈등을 보여주었다면 〈방자전〉의 색안경은 자기가 직접 겪은 이야기가 아니라 남의 이야기를 대필하는 위치에 있으므로 윤서와 같은 본격적인 갈등은 없다. 작가는 이제 이야기를 능동적으로 만들고 가공하는 사람이 아니라 그저 듣고 대필하는 매우 수동적인 위치로 전락한다. 여기서 진짜 이야기를 만드는 사람은 방자이며 그의 의지에 따라 이야기의 방향은 가공 수정된다. 작가인 색안경은 시대를 앞서가는 소도구 색안경으로 대표되듯 외모나 그럴 듯하게 꾸미고 겉멋이나 부리고 있을 뿐 내적인 독창성이나 창의력은 존중받지 못한 채 대필장이의 자리로 내몰린 소비사회의 작가를 표상한다.

김대우 작가는 〈방자전〉에서도 〈음란서생〉의 연장선상에서 '음란'을 선택한다. 여기서 몽룡(류승범 분)으로 대표되는 서생은 모욕의 대상이며 부도덕하고 허구적 이념에 얽매인 인물이다. 서생을 능가하는 방자의 새로운 매력을 부각시키는 데 있어서는 마노인(오달수 분)이라는 인물을 만들어 음란한 부분을 분리시킴으로써 일면 순수한 방자의 면모를 강조

---

15 김대우는 통속에 대해 다음과 같이 말했다. "인간을 위로하는 것은 통속이다. 〈방자전〉에서 방자가 대필을 의뢰한 이도 일류 통속작가다. 이야기를 가장 아름답게 만들 수 있는 사람은 통속작가임을 알기 때문이다. 〈방자전〉은 통속에 대한 오마주이기도 하다. 이 영화로 인해 나를 통속작가라고 불러도 상관없다." 〈한겨레신문〉, 2010.6.13.

하면서도 영화적으로는 음란함을 부각시킬 수 있는 장치를 마련한다. 조선 최고의 정절녀이자 순애보의 주인공 춘향(조여정 분)과 그에 걸맞는 의리남 몽룡은 위선에 찬 인물들이 되어 주인공의 자리에서 물러나고 대신 방자가 새로운 주인공으로 등장한다. 원작에서의 주동인물과 반동인물, 주연과 조연의 자리 바꾸기는 이미 잘 알고 있는 이야기에 대한 새로운 호기심을 불러일으키고 작품에 역동적인 생명력을 부여한다.

영화를 만들기 위해서 원작을 재해석하는 각색에는 최대한 원작에 가깝게 문학작품을 영상으로 재창조하는 충실한 각색, 작품에 대한 선택적 해석과 함께 원작의 분위기를 유지하면서 원작과 영화 사이의 조화를 옹호하는 다원적 각색, 원작의 문학적 구조를 풍부한 상상력으로 자유롭게 재구성하는 변형적 각색 등 세 가지 종류[16]가 있다. 이 과정에서 중요한 것은 얼마나 원작을 존중하였느냐가 아니라 얼마나 창의적으로 각색하였느냐가 관건이 된다. 다만 전혀 다른 매체인 시각적 언어로 변형되는 각색의 과정은 반드시 원작에 대한 연구와 이해를 수반해야 한다. 상업적 효과의 극대화를 목적으로 하는 영화산업이 대중성과 오락성을 이유로 원작의 심미적 통일성과 예술적 섬세함을 파괴할 우려가 있기 때문이다. 변형적 각색을 한 〈방자전〉이 춘향의 절개와 지조를 모독했다는 이유로 남원에서는 춘향문화선양회 측을 중심으로 영화상영금지요청[17]을 하기도 했는데 이는 원전과 각색의 관계에 대한 오해에서 비롯된 것이다. 적극적이고 다양한 재해석은 원작의 풍부함을 증명하는

---

16 이형식 외, 『문학텍스트에서 영화텍스트로』, 동인, 2004, 26~32면.
17 〈경향신문〉, 2010.6.17.

것이며 특히 방자에 대한 새로운 상상력은 오히려 긍정적인 재해석이라 볼 수 있다.

〈방자전〉은 통속작가 색안경을 등장시켜 방자에게 직접 내면을 구술 하게 함으로써 인물의 진정성을 확보하고 작품의 진정성도 담보하고자 했다. 고전 춘향전을 뒤집어 보려는 작가의 의도에 일정한 리얼리티를 부여하고 나아가 진실이라고 맹목적으로 믿고 있는 가치들이 과연 진실 인가에 대한 의문을 갖도록 요구한다. 진실은 시대의 요구에 의해 혹은 작가의 의도에 의해 얼마든지 왜곡되고 정작 진실로부터 멀어질 수도 있 다는 사실 또는 그 전도된 거짓이 오히려 절대적 가치로 숭상되는 우스 꽝스러운 현실에 대한 뒤집기 등에 대한 작가적 의문과 문제제기를 강조 하는 장치인 것이다. 작품은 작가의 의도에 의해 가공되는 허구에 불과 한 것임을 말하기 위한 방법으로 주인공과 작가를 구별하여 등장시킨 것 이다. 그러므로 작품의 고유성이란 애초부터 신뢰할 수 없는 것이고 시 대에 맞게 다른 이야기로 만들어 각색하고 가공하는 것이 오히려 진실일 수 있음을 강조한다. 결국 작품은 작가의 것이 아니라 수용하는 독자의 것이며 다르게 읽을 수 있는 권리는 정당하며 자연스러운 것이다. 오히 려 작품의 여백에 숨어있는 것들과 말해지지 않은 것들에 대한 함의를 찾아내어 다시 표현해내는 것이야말로 독자와 작가의 적극적인 역할이 될 수 있다. 색안경이라는 인물을 통해서 작가 김대우는 고전을 재해석 하는 이유와 당위성을 강조하고 그러한 적극적인 독서와 창작을 권면하 고 강조하고 있다. 고전은 새로운 상상력으로 도전해서 끝없이 재해석하 고 재창작해야 하는 무궁무진한 보고인 것이다.

2) 방자와 춘향의 거리―인물의 진정성과 사랑의 가능성

「춘향전」을 재해석하면서 작가는 인물도 줄거리도 주제도 모두 변화시킨다. 춘향과 몽룡의 이인극은 방자를 강조한 삼인극으로 바뀐다. 「춘향전」에서는 변학도가 백성을 수탈하는 탐관오리이자 춘향을 위기에 몰아넣고 고난으로 몰고 가는 적대 세력으로서 비중이 있는 인물이었으나 〈방자전〉에서 변학도는 오직 성에만 관심이 있는 인물로 축소되고 희화화된다. 더욱이 위선적이고 이기적이며 계략이나 꾸미고 권모술수를 일삼는 지배계층이라는 의미에서 서생이라는 카테고리 안에 묶여 원작에서는 적대인물이었던 몽룡과 한패가 된다. 몽룡과 변학도는 갈등하기는커녕 자신의 입신출세와 성적 야욕을 위해 노골적으로 결합하는데 이 과정에서 선비로서 공맹의 이념에 위배되는 행동을 하는 자신들에 대해서 일말의 수치심도 없다. 이들은 학문이 오직 출세를 위한 수단일 뿐 도덕이나 윤리를 지키는 일과는 전혀 동떨어진 일이 되어버린 오늘날의 비양심적이고 타락한 정치인들을 빗대고 있다.

반면 서생의 몸종에 불과하던 방자가 강력하게 부상한다. 가진 것 없는 방자도 당대의 미녀 춘향에 대한 사랑의 대열에 끼게 되는 것이다. 방자는 「춘향전」에서처럼 계급상 어울리는 파트너라 할 수 있는 향단에게는 관심이 없다. 그는 현실에 순응하는 인물이 아니라 자기의 상전이 점찍어둔 가장 아름답고 매력 있는 여자에게 욕망을 품고 그 욕망을 절제하거나 외면하려 하지 않고 구체적으로 실현하고자 하는 강력한 인물이다. 그리하여 비로소 「춘향전」은 서사구조의 가장 일반적 모형인 삼각관계의 구도를 갖게 된다. 구조상으로 보면 몽룡―춘향―변학도의 삼각관계보다는 몽룡―춘향―방자로 이루어지는 삼각관계가 더 사실적이다. 변학도처럼 춘향의 마음을 전혀 가질 수 없는 폭압적이며 일방적인 인물은 팽팽한 긴장과 갈등을 구현하는 삼각관계의 한 축을 차지할 수 없기 때문이다. 한 여자를 사이에 두고 겨루는 두 남자는 여자가 어느 한쪽을 쉽게 선택할 수 없을 만큼의 서로 다른 강한 매력을 가져야 한다. 몽룡은 상류계층의 자제이자 그 계층을 유지할 지식인이며 가진 자를 대표한다. 철저한 계급사회에서 방자가 몽룡과 맞서기 위해서는 그가 갖지 못한 것을 가져야만 한다. 그것은 순수하고 진실한 인간미라고 요약할 수 있는 눈에 보이지 않는 것들이다.

「춘향전」의 춘향은 고난 중에도 단호하게 정조를 지킨 정절녀로서 이상화되어 있다. 그러나 〈방자전〉의 춘향은 그렇게 고정되어 있는 평면적 인물이 아니라 복잡다기한 면모를 가진 입체적 인물이다. 기생의 딸이라는 출신성분의 한을 풀기 위해 안정된 상류계층에 확실하게 소속되기를 바라고 그러한 세속적 목표를 위해서 몽룡을 선택하고 이용하려는 인물이다. 그러면서도 한편으로는 인간적인 방자의 남성적 매력을 느끼고 성적 욕구를 발산할 수도 있는 자신의 욕망에 충실한 여성이다. 또한 춘향은 미모를 자기의 목적을 위해 이용하려는 계산적 여성이다. 몽룡도 방자도 일단 춘향의 외모에 사로잡히고 그것은 성적 욕망으로 연결되는데 이는 육체가 구원의 대상이 된 오늘날의 현대적 욕망을 반영한다. 구원이라고 하는 도덕적 이데올로기의 기능에서 오늘날에는 육체가 영혼을 대신[18]하게 되었다. 아름다움은 이제 여성에게 있어서 절대적이며 종교

---

18 장 보드리야르, 앞의 책, 190~196면.

적이라고 할 만한 지상명령이 되었는데 아름다움이 절대적인 이유는 그것이 자본의 한 형태이기 때문이다. 아름다움의 윤리란 육체의 모든 구체적 가치 즉 에너지적, 동적, 성적 사용가치를 교환가치로 환원하는 것이다. 오늘날 육체의 재발견과 소비를 방향 짓는 것은 성욕이다. 아름다움은 성욕의 발현으로서의 에로티시즘을 초래한다. 환상으로서의 육체를 지배하는 것은 욕망이지만 에로틱한 육체를 지배하는 것은 교환의 사회적 기능이고 춘향은 이를 충분히 이해하고 활용한다는 면에서 현대화된 욕망의 구현자이다.

몽룡은 자칭 '사랑놀음에 하세월 할 시시한 놈'이 아니라 출세를 위해 사랑도 이용하려는 야비한 지략가이다. 출세를 원한 그는 춘향과의 사랑을 시대를 놀라게 할 미담으로 조작하려 하고 변학도의 도움을 받으며 춘향과 협상을 벌인다. 춘향은 기꺼이 그 계략에 동조하여 정절녀라는 계약 연기를 하기로 약조한다. 그에 대한 보답으로 안정된 신분상승이라는 대가를 받기로 한 것은 물론이다. 이들은 타락한 세상의 타락한 인물들로 현대사회의 물질중심의 가치관을 그대로 반영하며 인간의 사랑과 진실 같은 삶의 진정성에 대해서는 전혀 가치와 의의를 두지 않는다.

방자는 타락한 세상의 마지막 남은 순수한 인물로서 끝까지 자신의 사랑을 지키고 진정성을 구현한다. 그에게 주어지는 보상은 정신을 잃고 아기가 되어버린 춘향을 보호하면서 숨어사는 것이다. 그럼에도 그는 끝까지 사랑의 순수성을 지키기 위해 이야기 속에서나마 춘향이 행복해지고 이상화되기를 바라며 색안경에게 그런 이야기를 써달라고 한다. 여기서 방자는 새로운 영웅으로 이상화되고 오늘날의 타락한 세계를 구원할 초인으로 재창조된다. 초인은 자신에게 주어지는 억압을 넘어서 새로운 가치를 창조하려는 탈주를 감행하는 자[19]이다. 탈주는 현존하는 세계를 질서 짓고 그 내부와 외부를 가르는 경계선을 허무는 것이다. 다양한 삶의 형태나 활동을 기존 질서의 경계 안에 끼워 맞추거나 배제함으로써 스스로를 유지해가는 그 경계선을 허물고 새로운 세계를 창조하려는 셈이다.

몽룡의 성공에 대한 욕망, 춘향의 신분상승과 사랑을 모두 가지려는 욕망, 방자의 사랑에 대한 욕망, 이 모든 욕망은 근본적으로 모두 실패한다. 들뢰즈와 가타리는 오직 욕망이 실패할 때만 제대로 작동한다고 주장한다. 성공적인 욕망은 이미지에 불과하고 오히려 욕망의 억압이라는 것이다. 욕망이 정말로 작동하는 것은 오직 그것이 고장났을 때, 곧 어떠한 대상도 그것의 충족이 아니라고 거부될 때 뿐[20]이다. 욕망이 실패한 자리에는 창백한 서생의 그림자만 남기고 사라져버린 몽룡과 자신의 욕망의 자리를 놓치고 자아를 완전히 잃어버리고 아예 아이로 퇴행해버린 춘향, 그리고 그녀에 대한 순수한 마음을 지키는 방자가 남아 있다. 진정한 사랑과 진실의 가치를 배반하지 않은 방자는 욕망을 열린 채로 유지하는 사람이다. 현실적인 사랑은 불가능하지만 이상화된 사랑은 허구 안에서 여전히 가능하다.

---

19 이진경, 앞의 책, 139면.
20 클레어 콜브룩, 앞의 책, 222면.

3) 작가와 '작가'의 거리—키치적 글쓰기

방자는 색안경을 불러 허구 안에서 춘향을 이상화하고 행복하게 만들어줄 것을 요청한다. 그는 현실적으로 실패한 자신의 사랑에의 욕망을 허구 안에서 이상적으로 완성하기를 원하며 자기가 아닌 춘향의 행복에 초점을 둔다. 그것은 〈방자전〉 안에서 다시 가상의 방자를 이상화하는 일이다. 「춘향전」을 뒤집어 〈방자전〉을 재창조한 김대우는 다시 〈방자전〉의 끝에서 「춘향전」을 기록하여 후세에 남기는 방자를 상상해낸다. 이렇게 하여 플롯은 뒤집기에 뒤집기를 반복하면서 방자라는 인물의 진정성을 강화하기에 주력한다.

〈음란서생〉에서 난잡한 글쓰기에 적극적이고 능동적인 주체가 되었던 윤서 곧 김대우 작가는 〈방자전〉에서 방자와 색안경이라는 자신의 이원화된 분신을 만든다. 방자가 스토리를 제공하고 플롯도 짜주고 인물의 성격과 주제도 잡아주는 반면 색안경은 대필이나 해주는 왜소해진 작가의 모습이다. 방자는 체험을 기반으로 나름의 주제를 잡아 상상력을 펼쳐 자신의 연인을 이상화함으로써 실패한 사랑을 상상 속에서 완성한다. 반면 방자가 구술하는 이야기를 받아 적는 단순한 글쓰기 기술자로 전락한 색안경은 독자적 사고력도 없고 상상력도 없어서 자기의 독창적인 글을 쓰지도 못한다. 곧 방자는 자유로운 꿈을 펼치는 작가의 이상적 분신이고 색안경은 돈을 받고 주문에 따라 받아쓰기나 하는 존재로 추락한 작가의 현실적 분신이다. 당시 첨단의 문명을 상징하는 안경을 쓰고 겉멋이나 부리는 색안경은 개성도 없고 창조적이지도 않은 존재로 전락한 오늘날 작가의 모습을 보여준다. 이 모습은 시나리오 작가로서 주문받은 글쓰기를 하면서 갈등하던 작가 자신의 모습을 반영한다. 주변적 인물로 밀려난 왜소한 작가의 모습은 권위적 저자의 죽음의 시대를 살고 있는 작가의 재현이다. 다각도로 극중 작가의 모습을 통해 글쓰기에 대한 고민을 하고 있는 김대우는 여전히 감독 이전에 작가의 자리를 모색하고 있다.

변학도는 관료로서의 기능은 완전히 벗어버리고 오직 성적인 욕구에만 관심이 있는 색골로 강조되는데 특히 원작에서의 라이벌 관계이자 상호간 적대인물인 몽룡과 의기투합한다는 설정에서 신념이나 가치관 없이 이익에 따라 이합집산을 일삼는 타락한 사회와 정계에 대한 비판과 풍자를 드러낸다. 어수룩한 듯하면서도 자기의 이익을 위해서는 가차 없이 무력을 행사하는 변학도의 다혈질적인 면모는 촌스럽고 무지한 가면 뒤에 숨어 있는 관료주의와 서생의 이중성을 나타낸다. 방자의 음란스승 격인 마노인은 성에 대한 탁월한 능력과 비법을 전해주면서 방자를 점차 음란의 달인으로 변모시킨다. 향단은 방자를 좋아하지만 그가 춘향을 사랑하게 되자 오히려 몽룡과 관계를 맺게 된다. 신분이 다른 두 쌍을 서로 어긋나게 연결하는 것 또한 작가의 새로운 전략이다. 이는 사랑이나 성적 욕망의 구현이 계층이나 신분과는 무관해진 세태를 반영하고 있다. 월매는 원초적인 모성애와 수선스럽고 촌스러운 분위기를 털어내고 춘향에게 차분하고 세련된 멘토로 기능한다. 이 감각적인 조연들은 대체로 솔직하고 해학적이며 무게를 잡지 않으며 심각하지도 않다. 가벼운 대사를 던지고 성적 욕망에 솔직하고 그 욕망의 구현에 실제적으로 충실한 인물들이다.

작가는 고전의 재해석과 재구성 과정에서 오늘날의 핵심적 관심사로

부상한 성적 욕망을 강조해서 드러내면서 스스로 음란서생 곧 대중적으로 각광받는 작가가 된다. 대중의 보편적 관심을 적극 수용한다는 점에서 그의 일련의 글쓰기를 키치적 글쓰기와 연결시킬 수 있다. 전문적인 문화에 문외한인 소비자대중에게 호소하는 문화산업은 이미 다 만들어져 있는 효과를 판매하는 동시에 그러한 제품의 사용조건을 미리 규정하며 메시지와 함께 그러한 메시지가 환기해야 하는 반응까지도 미리 처방해준다. 이러한 배경을 바탕으로 키치는 작품이 청중들에게 불러일으켜야 하는 반응에 초점을 맞추며 사용자의 감정적인 반응 자체를 존재이유로 간주[21]한다. 쉽게 소화할 수 있는 예술의 대용품인 키치는 별로 힘들이지 않고 미의 가치체계를 즐기려는 게으른 청중들에게는 이상적인 음식이며 이는 대중들의 문화적 허세를 만족시켜준다. 이러한 측면에서 키치는 예술의 서자라고 하는데 소비자가 향유하기 원하는 바로 그 순간에 특정한 감동을 만들어낼 수 있는 서자의 등장이야말로 오히려 현대사회에서는 예술의 삶뿐만 아니라 예술의 사회적 운명에도 불가피하다.

키치는 미학적 체험이라는 외투를 걸친 채 예술이라도 되는 양하며 감각을 자극하려는 목표를 정당화하는 작품이라고 폄하되기도 하지만 대중문화의 전범은 언제나 고급문화였다는 것을 간파하지 못한 채 대중문화를 하위문화와 동일시하는 편견에도 반성할 필요가 있다. 더욱이 키치가 되려면 청중에게 팔기 위해 작가가 내세우는 명분과 함께 그것을 감상하려는 독자의 의지가 필요하다는 점에서 대중과의 교류가 중요하다.

---

21 움베르토 에코, 앞의 책, 99~104면.

김대우가 〈방자전〉에서 보여주는 글쓰기는 예술을 사치한 기만이나 짓궂은 장난으로 만들어 예술의 가치체계를 어지럽히는 키치의 측면을 보여주는 동시에 바로 그러한 요소들을 통해서 삶이 기만으로 가득 차 있음을 확인해주는 유익함을 가진다. 본격적이고 난해한 예술을 거부하는 현대라는 소비의 시대에 예술의 대용품으로 세계를 재현하는 키치는 예술의 사회적 운명일 수 있는 것이다.

무게 잡는 정전으로서의 고전을 해체하고 정식화되어 있는 견고한 가치를 무력화시키며 변화한 시대의 대중들에게 걸맞는 가볍고 흥미로운 작품으로 새롭게 가공한 키치로서의 글쓰기는 「춘향전」을 비틀어 〈방자전〉을 만들어내고 고전을 대중문화로 환골탈태시키며 긴 세월 동안 사람들을 기만해왔던 거짓된 윤리를 비웃는다. 예술의 무게 대신 인물의 내적 진실을 파헤치고 인물의 진정성을 계급이 아닌 개인 고유의 것으로 무게중심을 이동시키면서 대중예술 시대의 새로운 면모를 보이며 해체 재구성한 작품이다. 이 과정에서 사용되는 대중적 글쓰기로서의 키치는 모든 위장된 껍데기를 걷어내고 솔직하게 인간의 욕망을 드러내며 이해하기 쉽고 감동마저 주는 재미있는 가공물을 내놓았다. 그것이 바로 이 소비의 시대에 걸맞는 통속작가이기를 선택한 음란서생 김대우의 키치적 글쓰기의 결과물이다.

Ⅲ. 결론

　본고에서는 최근 흥행에 성공한 대표적 사극 영화인 김대우 작가/감독의 〈음란서생〉과 〈방자전〉을 글쓰기/영화 창조 과정에 관한 메타영화로 보고 소비시대로 요약되는 현대사회에서 글쓰기를 하고 영화를 만드는 작가/감독의 창작과정이 어떻게 영화 안팎에서 의미를 생성해 나가는지 고찰하고자 하였다.

　이 영화들은 과거로 거슬러 올라가 인간의 사랑과 열정을 탐구하면서 성적 욕망을 탐미적 영상미로 세련되게 표현함으로써 관객들에게 예술 작품을 감상한다는 만족감을 주었다. 탄탄한 스토리와 캐릭터를 잘 살린 배우들의 연기가 흥행의 부분적 요소이기는 했으나 관객 동원에 성공한 가장 큰 이유는 주로 성적 환상의 충족에 대한 욕구와 연결되었다. 김대우 작가는 실제로 등장인물과 관객의 외적인 연결고리를 동일화를 통한 성적 욕구와 환상의 충족에 두었다. 영화 감상에서 등장인물의 욕구와 관객의 욕구를 동일화하는 것은 관객으로 하여금 인물과의 감정적 결속을 맺게 한다는 점에서 기본적으로 중요하기 때문이다. 상품의 논리가 문화, 섹슈얼리티, 인간관계, 심지어 환상과 개인적 욕망까지 지배하는 소비의 시대인 오늘날 그의 영화들은 익숙한 방식으로 쉽게 소비된다. 수용되기 쉽게 포장 변형시킨 이러한 작품이 주는 안도감과 만족감은 키치적 예술이 목표하는 바이며 주된 효용성이라 할 것이다.

그러나 〈음란서생〉의 경우 성적 환상의 욕구 충족을 위한 표현들은 영화의 외적인 장치이고 내적으로는 작가로 대표되는 소수자로서의 개인의 탈주 욕망과 갈등을 담고 있다. 〈방자전〉의 성적 표현 또한 관객과의 소통을 위한 장치이고 그 안에는 글쓰기에 대한 작가의 고민이 담겨 있다. 그러한 노력에도 불구하고 탈주 욕망을 추동력으로 삼아 본격적인 개인의 탄생으로 나아가지 못하고 다수자 문학에서 소수자 문학으로의 확고한 이행을 보여주지 못하는 아쉬움을 남긴다. 비록 〈음란서생〉의 엔딩에서 그 가능성을 열어두고는 있으나 과감하게 탈주선을 넘어 도약하지 못하는 윤서의 한계는 대중예술의 총아인 영화의 대중성 안에 갇힌 김대우의 한계와 맞물려 있다. 소비사회의 글쓰기에 대한 작가의 고민은 결국 〈방자전〉에서 통속을 선택함으로써 키치들의 세상이 되어버린 소비사회의 시대에 걸맞는 대중예술 작가/작품에 머물게 된다.

국내서

권보드래, 『연애의 시대』, 현실문화연구, 2003.

권택영, 『감각의 제국』, 민음사, 2001.

김경재, 「여학생 여러분께 고하노라」, 『신여성』, 1926.4.

김미지, 『누가 하이카라 여성을 데리고 사누』, 살림, 2005.

김소영, 『근대성의 유령들』, 씨앗을 뿌리는 사람, 2000.

김원주, 「여자교육의 필요」, 〈동아일보〉, 1920.4.6.

김원주, 「창간사」, 『신여자』 1호, 1920.

나혜석, 「이혼고백서」, 『삼천리』, 1934.8~9.

박정희, 「1930년대 영화로 본 중국 신여성과 재현의 정치학」, 『중국어문학』 47,
　　　영남중국어문학회, 2006.

박혜명, 「민족주의를 배제한 여류비행사의 솔직한 삶」, 『씨네21』, 2005.12.27.

박혜은 · 이준익 감독, 『위대한 여성성의 찬가』, 『스크린』, 2008.8.

배성룡, 「조선여성운동의 현재」, 『근우』 1호, 1929. 『여성』 3집, 창작과 비평사, 1989.

변혜정 편, 『섹슈얼리티 강의 두 번째』, 동녘, 2006.

서인숙, 『씨네페미니즘의 이론과 비평』, 책과길, 2003.

손자희, 「한국 페미니즘 문화형세와 여성주체 구성의 문제」, 『문화과학』 49호.

수유연구실+연구공간 너머, 『철학극장 욕망하는 영화기계』, 소명출판, 2002.

신하경, 「1930년대 일본 영화 속의 여성담론」, 『일본문화학보』 37집, 2008.

심영희 외, 『모성의 담론과 현실』, 나남출판, 2000.

여성문화이론연구소, 『페미니즘과 정신분석』, 여이연, 2003.

─────────────, 『다락방에서 타자를 만나다』, 여이연, 2005.

연동원, 「〈음란서생〉과 포르노그라피」, 『우리문학연구』 20집, 우리문학회, 2006.

연세대 미디어아트연구소 편, 『박하사탕』, 삼인, 2008.

유계숙 외, 『영화로 배우는 가족학』, 신정, 2005.

유민영, 『비운의 선구자 윤심덕과 김우진』, 새문사, 2009.

유진월, 『여성의 재현을 보는 열 개의 시선』, 집문당, 2003.

이만식, 「이창동 영화의 문화적 의미」, 『비교문학』 44집, 한국비교문학회, 2008.

이민희, 『조선의 베스트셀러』, 프로네시스, 2007.

이삼돌, 『해외 입양과 한국민족주의』, 소나무, 2008.

이수자, 『후기근대의 페미니즘 담론』, 여이연, 2004.

이승환, 『식민지 근대의 영화적 재현을 통한 한국사회의 인식』, 『영화연구』 41호, 한국영화학회, 2009.

이재경, 『가족의 이름으로』, 또 하나의 문화, 2003.

이정석, 「포스트모던 시대의 기독교」, www.jsrhee.com.

이진경, 『필로시네마 혹은 영화의 친구들』, 소명출판, 2002.

이형식 외, 『문학텍스트에서 영화텍스트로』, 동인, 2004.

임영호 편역, 『스튜어트 홀의 문화이론』, 한나래, 2008.

임호준, 『시네마, 슬픈 대륙을 품다』, 현실문화연구, 2006.

정진성, 「여성억압기제의 전통과 근대」, 『창작과 비평』, 1996, 겨울호.

정한석, 「히스토리가 아니라 허스토리로 봐 달라」, 『씨네21』, 2008.7.

정희진, 『페미니즘의 도전』, 교양인, 2005.

조형래, 「모던보이 모던걸 마음껏 웃고 즐겨라」, 〈경향신문〉, 2008.10.2.

주유신, 「포르노그래피와 여성의 성적 주체성」, 『영화연구』 26호.

지승호, 『영화, 감독을 말하다』, 수다, 2007.

태혜숙, 『탈식민주의 페미니즘』, 여이연, 2001.

한국여성연구소, 『새 여성학 강의』, 동녘, 2002.

_____, 『여성의 몸』, 창비, 2005.

한국여성연구원 편, 『동아시아의 근대성과 성의 정치학』, 푸른사상, 2002.

허만욱, 「소설 「벌레이야기」와 영화 〈밀양〉의 모티프 변환 연구」, 『한국문예비평
          연구』, 2008.

홍성민, 『문화와 아비투스』, 나남출판, 2000.

_____, 『피에르 부르디외와 한국사회』, 살림, 2004.

국외서

거다 러너, 강세영 역, 『가부장제의 창조』, 당대, 2004.

다비드 르 브르통, 홍성민 역, 『근대성과 육체의 정치학』, 동문선, 2003.

조세핀 도노번, 김익두·이월영 공역, 『페미니즘 이론』, 문예출판사, 1993.

들뢰즈·가타리, 이진경 역, 『카프카—소수적인 문학을 위하여』, 동문선, 2001.

레이 초우, 정재서 역, 『원시적 열정』, 이산, 2004.

로널드 보그, 정형철 역, 『들뢰즈와 시네마』, 동문선, 2006.

로랑 크레통, 홍지화 역, 『영화와 시장』, 동문선, 2005.

로즈마리 통, 이소영 역, 『페미니즘사상』, 한신문화사, 1995.

리처드 다이어, 주은우 역, 『스타—이미지와 기호』, 한나래, 1995.

메리 리치, 이종인 역, 『영화로 철학하기』, 시공사, 2004.

미셸 푸코, 이규현 역, 『성의 역사 1』, 나남출판, 1997.

비르기트 볼츠, 심영섭 외 역, 『시네마테라피』, 을유문화사, 2006.

수전 보르도, 박오복 역, 『참을 수 없는 몸의 무거움』, 또 하나의 문화, 2003.

스티븐 모튼, 이운경 역, 『스피박 넘기』, 앨피, 2005.

아네트 쿤, 이형식 역, 『이미지의 힘』, 동문선, 2001.

앙드레 미셸, 변화순 역, 『가족과 결혼의 사회학』, 한울, 2007.

움베르토 에코, 조형준 역, 『스누피에게도 철학은 있다』, 새물결, 2005.

장 보드리야르, 이상률 역, 『소비의 사회』, 문예출판사, 1991.

조안 홀로우즈 · 마크 안코비치, 문재철 역, 『왜 대중영화인가』, 한울, 1999.

쥬디스 버틀러, 김윤상 역, 『의미를 체현하는 육체』, 인간사랑, 2003.

찬드라 탈파드 모한티, 문현아 역, 『경계 없는 페미니즘』, 여이연, 2005.

케티 콘보이 외, 고경하 외 역, 『여성의 몸 어떻게 읽을 것인가』, 한울, 2001.

크리스 위던, 조주현 역, 『여성해방의 실천과 후기구조주의이론』, 이화여대 출판
　　　부, 1993.

_____, 이화영미문학회 역, 『포스트구조주의와 페미니즘비평』, 한신문화
　　　사, 1994.

크리스턴 글래드힐 편, 조혜정 박현미 공역, 『스타덤, 욕망의 산업1』, 시각과 언
　　　어, 1999.

클레어 콜브룩, 한정헌 역, 『들뢰즈 이해하기』, 그린비, 2008.

타니아 모들스키, 노영숙 역, 『여성 없는 페미니즘』, 여이연, 2008.

토릴 모이, 임옥희 외 역, 『성과 텍스트의 정치학』, 한신문화사, 1994.

피에르 부르디외, 하태환 역, 『예술의 규칙』, 동문선, 1999.

_____, 김용숙 역, 『남성지배』, 동문선, 2000.

피터 차일즈 · 패트릭 윌리엄스, 김문환 역, 『탈식민주의 이론』, 문예출판사,
　　　2004.

ㄱ

가부장 • 29, 35, 75, 196, 201, 208

가부장제 • 28, 34, 40, 45, 48, 52, 61,
　　62, 80, 122, 175, 190, 204, 229,
　　234

가부장제도 • 19, 30

가사노동 • 33

가장 • 28, 29

가족 • 34, 40, 143

가족 로망스 • 37, 63

가족 제도 • 37

가족 해체 • 28

〈가족의 탄생〉• 14

가족제도 • 213

가타리 • 268

각색 • 271

감독 • 188

강간 • 128

개인 • 219, 230, 237, 240, 248, 249,
　　268, 282

거세 • 174

거울 • 56

거울이미지 • 57

결핍 • 126, 145, 146

결혼 • 34, 39, 133, 166, 172, 176, 198,
　　241

〈결혼은, 미친 짓이다〉• 19, 33

결혼제도 • 35

경계 • 98

경계선 • 71

경계선 장애 • 54, 65

계급 • 84, 103

고소설 • 263

공포 • 72

공포영화 • 72

관객 • 188

관음증 • 18, 23, 31, 38, 147

광기 • 48, 61

괴물 • 71

교환 • 36, 110, 198, 200

교환가치 • 36, 275

구바 • 61

구원 • 93, 99

국가 • 206

권력 • 106, 111, 162, 267

그로테스크 • 58, 102, 146

근대 • 100, 219, 227, 237, 249

근대성 • 227

근대연구 • 219

근대의식 • 248

근대체험 • 220

근대화 • 209, 222

글쓰기 • 55, 261, 262, 265, 282

기괴함 • 59, 70

기능적 존재 • 23

기독교 • 97, 99

기혼여성 • 22, 134, 152

길버트 • 61

김기영 • 88, 102

김대우 • 256

김민정 • 260

김우진 • 225

김윤진 • 31

김일엽 • 228, 233, 238

김추자 • 205

김혜수 • 41, 48, 51

ㄴ

나르시시즘 • 57

나혜석 • 225, 238

낙원 • 100

남근 • 77

남근이성중심주의 • 52

남성중심사회 • 54

남성중심적 • 193

내러티브 • 67

노동의 분업 • 26

노스탤지어 • 99

눈 • 74

니체 • 98

ㄷ

다수자 • 96, 261

다중인격 • 71

담론 • 128, 162, 221

대상 • 139, 164

대중 • 87, 264

대중문화 • 255, 264, 280

대중예술 • 151, 280

더블 • 57

데리다 • 97

도구적 역할 • 26

들뢰즈 • 91, 105, 268

ㄹ

로버트 모리슨 • 34
리비도적 욕망 • 148
리좀 • 149, 150

ㅁ

〈메모리즈〉 • 52
메타영화 • 256
멜로드라마 • 232, 249
모녀 • 68
모녀관계 • 69
모던 • 221
모던걸 • 241, 248
모방 • 195
모성 이데올로기 • 19, 22, 41, 176
모성 • 58, 107
모성성 • 25, 45, 48, 68, 70, 72, 73,
    171, 173, 174, 212
모성신화 • 21
모성애 • 25, 28, 137
모성적 여성 • 197
모친 살해 • 49, 71, 73
모태 • 58
몸 • 48, 129, 138, 171
몸언어 • 61
무대화 • 61
무의식 • 54, 69

문

문소리 • 38, 118, 123, 151
문화 • 190
문화이론 • 190
물신 • 78
물화 • 198
미혼모 • 140
민족주의 • 238, 239, 242, 244, 247
〈밀애〉 • 14, 19, 30, 33, 35
〈밀양〉 • 84, 115

ㅂ

〈바람 피기 좋은 날〉 • 19, 41, 132
바람 • 41, 132
〈바람난 가족〉 • 19, 37, 40, 132
바르트 • 189
박경원 • 221, 235, 248
반공 • 200
반복 • 64
〈방자전〉 • 256, 269, 273, 277
배설 • 105
배우 • 52
「벌레이야기」 • 89
베트남전 • 203, 213
보드리야르 • 255
복고 • 206
복고적 향수 • 206
복수 • 30, 67, 111
복수주체 • 123

복장전도 • 167
복장전도서사 • 170
부권 • 141
부도덕 • 27, 29
부르디외 • 187
부르주아 • 108
부부 관계 • 27
부정성 • 76
분노 • 48, 61, 70
분단국가 • 200
분열 • 56
분열된 자아 • 71
분열자 • 89, 90, 100, 267
〈분홍신〉 • 48, 66
분홍신 • 74, 78
분화 • 64
불륜 • 14, 15, 18, 19, 24, 30
불임 • 133
불평등 • 126
비체 • 48, 71, 73, 107

ㅅ

사랑 • 25, 32, 43, 198
〈사의 찬미〉 • 221, 225, 247, 248
삼각관계 • 106, 232, 265
상징계 • 72
생산 • 134
설경구 • 127

성 • 43, 45
성노동 • 110
성담론 • 257
성별 분업 • 22
성역할 • 24, 26, 45, 166
성욕 • 104, 275
성의 정치학 • 184, 194, 205
성적 욕망 • 18, 25, 30, 43
성적 자결권 • 135, 172
성정체성 • 168, 184, 206, 208
성차별주의 • 179
섹슈얼리티 • 19, 28, 31, 42, 45, 48,
　　　55, 70, 79, 123, 133, 148, 151,
　　　153, 210
섹스 • 38, 41, 128, 134
소모품 • 205
소비 • 108, 211, 248, 255, 265, 266
소비사회 • 255, 269, 270
소비의 시대 • 266, 280, 282
소수자 • 96, 261, 268, 282
소수자-되기 • 96
소외의 시대 • 266
소유 • 58
소통 • 98, 131
수애 • 184, 189, 193
순결 • 104, 132, 172, 196, 223
순결 이데올로기 • 28
순수 • 100
순종 • 208

슈퍼우먼 • 164
슈퍼피메일 • 164
〈스캔들〉• 257
스타 • 87, 115, 192
스튜어트 홀 • 189
시각 • 74
시각적 쾌락 • 74
시선 • 122, 129
시장 • 263
식수 • 55
식욕 • 104
신문명 • 219
신성함 • 71
신여성 • 219, 223, 227, 238, 241, 247,
　　249
신은경 • 154, 160
신정조관 • 223
신정조론 • 231
실존 • 238, 245

ㅇ

아비투스 • 184, 190, 191, 195, 202
안데르센 • 66
알레고리 • 106, 213
알튀세 • 188
애도 • 67
액션영화 • 159
야생의 복수 • 29

어머니/여성 • 24, 57
어머니 • 28, 43, 68, 70
어머니의 몸 • 58
억압 • 59, 60
억압기제 • 24
얼굴 • 59
〈얼굴 없는 미녀〉• 48
엄정화 • 33
에로틱 • 23, 32, 43
엥겔스 • 36
〈여교수의 은밀한 매력〉• 143
여배우 • 18, 34, 188
여성 • 100
여성성 • 69, 70, 171
여성의 몸 • 30, 32, 76, 107, 121, 123,
　　133
여성적 글쓰기 • 48, 55
역담론 • 163
역전 • 63
역할 • 67, 196
연물 • 78
연애 • 38, 223, 230
영속성 • 57
영웅 • 245
예술 • 112
〈오아시스〉• 98, 125, 145
욕망 • 28, 44, 48, 49, 51, 52, 57, 60,
　　61, 65, 68, 70, 103, 104, 105,
　　108, 109, 146, 237, 240, 267, 275,

277, 279

용서 • 99

우울증 • 31

운동 이미지 • 91

위선 • 43

유목민 • 92

유토피아 • 89, 94, 98, 99

유통 • 36

유혹 • 63

육체 • 23, 32, 42, 76, 275

윤심덕 • 221, 225, 228, 238, 247, 248

〈음란서생〉 • 256

이데올로기 • 122, 171, 194, 246

이름 • 166

이리가레이 • 62

이미숙 • 21

이미지 • 194, 202, 213

이분법 • 150

이상향 • 130

이원화 • 61, 73

이창동 • 88, 152

이청준 • 89

이하 • 152

이혼 • 231

인권 • 129

일부일처제 • 19, 34, 36, 37, 39, 137, 139

일제시대 • 220

임상수 • 88, 102, 152

임신 • 39, 58, 106, 133, 136, 142, 169, 176

입양 • 38, 142

ㅈ

자매애 • 43, 135, 199

자본 • 275

자본주의 • 84, 103

자살 • 234

자아 • 48, 66

자유 • 238

자유연애 • 232

자유의지 • 238

작가 • 277

장미희 • 226

장애 • 146, 148

장애인 • 125

장자권 • 196

장진영 • 235

재영토화 • 92

재해석 • 272

재현 • 52, 114, 122, 163, 194, 213, 220, 238, 248

저항 • 42, 59, 60, 62, 127, 234

전도연 • 25, 84, 114

전복 • 58, 80, 138, 140, 148, 153, 168

전유 • 128

전이 • 57

절제 • 66

〈접속〉 • 114

정사(情事) • 23

〈정사〉 • 14, 19, 21, 24, 35, 257

정신 • 32, 130

정신분석학 • 52, 53

정신분열증 • 65

정체성 • 25, 55, 77, 130, 135, 149,
　　166, 191, 208

제복 • 103

젠더 • 168, 170, 175

조여정 • 271

〈조폭마누라〉 • 156, 160

조혼 • 230~232

존재론적 욕망 • 149

종교 • 101

죄책감 • 58

주변성 • 126, 207

주변인 • 160

주체 • 28, 31, 32, 39, 40, 42, 67, 72,
　　110, 132, 138, 141, 212

주체성 • 135, 148, 166, 203

죽음 • 57, 234

중산층 • 22

중첩 • 64

진실 • 103

질투 • 66, 73

집 • 70

징계 • 29, 32, 33

찌름 • 173

〈청연〉 • 221, 230, 235, 247

초인 • 276

추 • 129

「춘향전」 • 256, 269, 273, 274, 277

춘화 • 266

춤 • 75

〈친구〉 • 160

친일 • 244

친일파 • 239, 245

칸트 • 237

코믹액션 • 161

쾌락 • 32, 33, 42, 43, 107, 127, 133,
　　136, 138, 140, 142, 169

크리스테바 • 71

키치 • 260, 280

키치적 글쓰기 • 279

ㅌ

타자 • 59, 72, 165, 181, 204

탈영토 • 89, 90

탈영토화 • 101, 268

탈주 • 32, 101, 111, 148, 149, 264,
　　276, 282

탈중심화 • 149

탈코드화 • 267

태아 • 58

통과의례 • 23, 31

통속 • 270

통속성 • 255

통속작가 • 281

퇴행 • 213

투쟁 • 42

트루스 • 126

ㅍ

파슨스 • 26

판타지 • 128, 205

팜므파탈 • 169

페르소나 • 168

페미니즘 • 122, 151, 163, 174, 190,
220

페티시 • 77

페티시즘 • 77

폭력 • 95, 99, 100, 195

폭력성 • 70, 112, 159, 174

푸코 • 162

풍자 • 198

프로이트 • 37, 53, 77, 112

프롤레타리아 • 108

핍진성 • 165

〈핑크 팰리스〉 • 125

ㅎ

〈하녀〉 • 84, 88, 102, 115

하층계급 • 104

한국사회 • 44

한석규 • 259

해체 • 45

〈해피엔드〉 • 14, 19, 24, 25, 27, 30,
32, 114

행동 이미지 • 91

행동 • 91

혁명 • 111

호명 • 128, 194, 204, 205, 214, 220

혼외정사 • 38, 137

환상 • 56, 131

흑인 • 126

희생 • 202, 212

희생양 • 200

희생자 • 127, 201, 213

히스테리 • 48, 56, 60, 61, 62

영화, 섹슈얼리티로 말하다

인쇄 2011년 10월 25일 | 발행 2011년 10월 31일

지은이 · 유진월
펴낸이 · 한봉숙
주간 · 맹문재 | 편집 · 지순이 | 마케팅 · 이철로

펴낸곳 · 푸른사상사
등록   제2-2876호
주소   서울시 중구 초동 42번지 아시아미디어타워 502호
대표전화   02) 2268-8706(7) | 팩시밀리   02) 2268-8708
이메일   prun21c@yahoo.co.kr / prun21c@hanmail.net
홈페이지   www.prun21c.com

ⓒ 유진월, 2011

ISBN 978-89-5640-870-5 93680
 값 22,000원